清史論集

（三十）

莊 吉 發 著

文 史 哲 學 集 成
文史哲出版社印行

國家圖書館出版品預行編目資料

清史論集 / 莊吉發著. -- 初版. -- 臺北市：文史哲，
民 108.11
　　冊；　公分. -- (文史哲學集成；728)
　　含參考書目
　　ISBN 957-549-110-6 (第一冊:平裝) .-- ISBN957-549-111-4
(第二冊) .--ISBN957-549-166-1 (第三冊) . --ISBN 957-549-271-4
(第四冊) .-- ISBN957-549-272-2 (第五冊) .--ISBN957-549-325-7
(第六冊).--ISBN957-549-326-5 (第七冊) --ISBN957-549-331-1(第
八冊).--ISBN957-549-421-0(第九冊) --ISBN 957-549-422-9(第十
冊).--ISBN957-549-512-8(第十一冊)-- ISBN957-549-513-6(第十二.
冊)--ISBN957-549-551-9(第十三冊).-- ISBN957-549-576-4(第十四
冊）--ISBN957-549-605-1(第十五冊) -- ISBN957-549- 671-x(第十六冊)
ISBN 978- 957-549-725-5 (第十七冊) .--ISBN978-957-549-785-9
(第十八冊) ISBN978-957-549-786-6 (第十九冊 ISBN978-957-549-
912-9 (第二十冊 ISBN 978-957-549-973-0 (第廿一冊:平裝) --ISBN
978-986-314-035-1 (第廿二冊:平裝) --ISBN978-986-314-138-9 (第
廿三冊:平裝) --ISBN978-986-314-257-7 (第廿四冊:平裝) --ISBN978
-986-314-321-5 (第廿五冊:平裝) --ISBN 978-986-314-338-3(第廿六
冊:平裝) -ISBN978-986-314-338-3(第廿七冊:平裝) --ISBN978-986-
314-447-2 (第廿八冊:平裝) --ISBN978-986-314-479-0 (第廿九冊:平
裝) SBN978-986-314-497-7 (第三十冊:平裝)

1.清史　2.文集

627.007　　　　　　　　　　　　　　　108020145

文史哲學集成　　728

清　史　論　集（三十）

著　　者：莊　　　　吉　　　　發
出　版　者：文　史　哲　出　版　社
http:// www.lapen.com.tw
e-mail：lapen@ms74.hinet.net
登記證字號：行政院新聞局版臺業字五三三七號
發　行　人：彭　　　　正　　　　雄
發　行　所：文　史　哲　出　版　社
印　刷　者：文　史　哲　出　版　社
臺北市羅斯福路一段七十二巷四號
郵政劃撥：16180175　傳真886-2-23965656
電話886-2-23511028　　886-2-23941774

定價新臺幣六〇〇元

民國一〇八年（2019）十一月初版
民國一〇九年（2020）四月修訂再版

清 史 論 集
（三十）
目 次

出版說明 ……………………………………………………… 2

永曆年號——乾隆皇帝論南明統系 …………………………… 5

回頭向善——民間秘密宗教的社會教化功能 ………………… 17

異姓弟兄——清代人口流動與民間異姓結拜活動 …………… 31

寧 古 塔——《寧古塔紀略》中的滿語詞彙分析 …………… 69

白山黑水——《黑龍江志稿》方言中的滿語詞彙考察 …… 87

西天取經——玄奘取經《西遊記》滿文譯本會話選讀導讀 217

過陰收魂——《尼山薩滿的滿語對話》導讀 ………………… 233

滿漢合璧——《滿蒙漢合璧教科書》滿文選讀校注導讀 … 285

海疆鎖鑰——《故宮檔案與清代臺灣史研究》導讀 ………… 395

正大光明——評陳捷先教授著《雍正寫真》 ………………… 403

出版説明

　　我國歷代以來，就是一個多民族的國家，各民族的社會、經濟及文化方面，雖然存在著多樣性及差異性的特徵，但各兄弟民族對我國歷史文化的締造，都有直接或間接的貢獻。滿族以非漢部族入主中原，建立清朝，參漢酌金，一方面接受儒家傳統的政治理念，一方面又具有滿族特有的統治方式，在多民族統一國家發展過程中有其重要的地位。在清朝長期的統治下，邊疆與內地逐漸打成一片，文治武功之盛，不僅堪與漢唐相比，同時在我國傳統社會、政治、經濟、文化的發展過程中亦處於承先啟後的發展階段。蕭一山先生著《清代通史》敘例中已指出原書所述，爲清代社會的變遷，而非愛新一朝的興亡。換言之，所述爲清國史，亦即清代的中國史，而非清室史。同書導言分析清朝享國長久的原因時，歸納爲兩方面：一方面是君主多賢明；一方面是政策獲成功。《清史稿》十二朝本紀論贊，尤多溢美之辭。清朝政權被推翻以後，政治上的禁忌，雖然已經解除，但是反滿的情緒，仍然十分高昂，應否爲清人修史，成爲爭論的焦點。清朝政府的功過及是非論斷，人言嘖嘖。然而一朝掌故，文獻足徵，可爲後世殷鑑，筆則筆，削則削，不可從闕，亦即孔子作《春秋》之意。孟森先生著《清代史》指出，「近日淺學之士，承革命時期之態度，對清或作仇敵之詞，既認爲仇敵，即無代爲修史之任務。若已認爲應代修史，即認爲現代所繼承之前代，尊重現代，必不厭薄於所繼承之前代，而後覺承統之有自。清一代武功文治，幅員人材，皆有可觀。明初代元，以胡俗爲厭，天下既定，即表彰元世祖之治，惜其子孫不能遵守。後代於前代，評量政治之得失以爲法戒，乃所以爲史學。革命時之鼓煽種族以作敵愾之氣，乃軍旅之事，非學問之事也。故史學上之清史，自當占中國累朝史中較盛之一朝，不應故爲貶抑，自失學者態度。」錢穆先生著《國史大綱》亦稱，我國爲世界上歷史體裁最完備的國家，悠久、無間斷、詳密，就是我國歷史的三大特點。我國歷史所包地域最廣大，所含民族份子最複雜。因此，益形成其繁富。有清一代，能統一國土，能治理人民，能行使政權，能綿歷年歲，其文治武功，幅員人材，既有可觀，清代歷史確實有其地位，貶抑清代史，無異自形縮短中國歷史。《清史稿》的既修而復禁，反映清代史是非論定的紛歧。

　　歷史學並非單純史料的堆砌，也不僅是史事的整理。史學研究者和檔案工作者，都應當儘可能重視理論研究，但不能以論代史，無視原始檔案資料的存在，不尊重客觀的歷史事實。治古史之難，難於在會通，主要原因就是由於文獻不足；治清史之難，難在審辨，主要原因就是由於史料氾濫。有清一代，史料浩如煙海，私家收藏，固不待論，即官方歷史檔案，可謂汗牛充棟。近人討論纂修清代史，曾鑒於清史範圍既廣，其材料尤夥，若用紀、志、表、傳舊體裁，則卷帙必多，重見牴牾之病，勢必難免，而事蹟反不能備載，於是主張採用通史體裁，以期達到文省事增之目的。但是一方面由於海峽兩岸現藏清代滿漢文檔案資料，數量龐大，整理公佈，尚需時日；一方面由於清史專題研究，在質量上仍不夠深入。因此，纂修大型清代通史的條件，還不十分具備。近年來因出席國際學術研討會，所發表的論文，多涉及清代的歷史人物、文獻檔案、滿洲語文、宗教信仰、族群關係、人口流動、地方吏治等範圍，俱屬專題研究，題爲《清史論集》。雖然只是清史的片羽鱗爪，缺乏系統，不能成一家之言。然而每篇都充分利用原始資料，尊重客觀的歷史事實，認眞撰寫，不作空論。所愧的是學養不足，研究仍不夠深入，錯謬疏漏，在所難免，尙祈讀者不吝敎正。

二〇一九年十二月 **莊吉發** 謹識

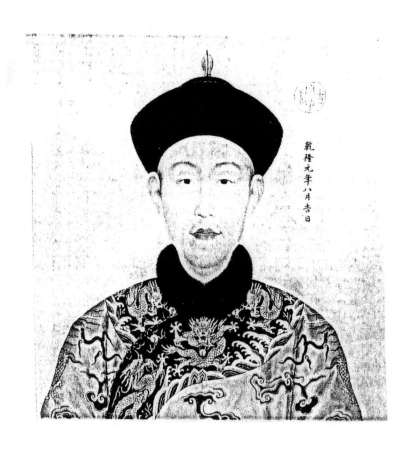

永曆年號
——乾隆皇帝論南明統系

　　明史與清史重疊的部分，時間較長。明神宗萬曆四十四年（1616），清太祖努爾哈齊統一女眞諸部，並建立金國，年號天命，他在位十一年（1616-1626）。皇太極繼承汗位後，改明年爲天聰元年（1627）。十年後，又改國號爲大清，年號崇德。崇德元年，相當西元一六三六年。崇德八年（1643），皇太極崩殂，福臨繼立，改明年爲順治元年（1644），相當明思宗崇禎十七年（1644）。是年三月，流寇李自成陷北京，崇禎皇帝自縊，南明福王、唐王、桂王先後即位，抗清運動，如火如荼。順治元年（1644），是滿洲入關定鼎京師的年分，並非明朝覆亡的年分，明朝統系尙未斷絕。順治十八年（1661），即永曆十五年（1661），桂王被執後，延平郡王鄭成功奉永曆正朔，以臺灣爲根據地，延續明室統系，永曆在臺灣，志在恢復。乾隆皇帝認爲，征服者欲取正統而代之，固然無可厚非，但正統政權的統系，也不可任意進退予奪。

前車覆轍　可爲殷鑑

　　滿洲崛起以後，與明朝處於敵對的狀態下，歷時甚久。滿洲入關後，滿漢關係易位，滿人取代漢人統治中國，種族矛盾，更加激化，彼此攻訐，不可盡信。但因盛清諸帝喜讀歷史，熟諳明朝掌故，清世祖順治皇帝目睹興廢，明朝艱難締造的國家基業，未及三百年而成丘墟，能不有「吳宮花草，晉代衣冠」之歎。

　　清聖祖康熙皇帝、清世宗雍正皇帝、清高宗乾隆皇帝三人統治時間長達一百三十四年，他們成熟且有系統的政治思想，對當時及後世的影響，都很深遠，他們對明朝政府施政得失的評論，也相當中肯。

　　清初君臣評論明朝史事的範圍很廣，舉凡官書史料、典章制度、地方吏治、社會經濟、學術思想、歷史人物、人主勤惰、宦寺朋黨、民心士氣等等，均與一代盛衰興亡攸關。他們能以前車覆轍爲殷鑒，朝乾夕惕，孜孜圖治，可見他們爲了國家的長治久安，頗能以明朝施政得失作警惕。因此，清初君臣注視明史的焦點，不可輕忽。

　　清初諸帝不僅重視《明史》的纂修，他們對明朝歷史的評論，也有一定的客觀性。康熙皇帝講求經史，熟悉掌故，他對《明史》的纂修，尤其愼重，他在面諭大學士明珠等時，曾云：「爾等所修之書，往日告成呈覽，朕萬幾之餘，講求經史，無多暇晷，而成書盈帙，堆積几案，一時急於披閱，未得從容研索，體驗於身心政事。今聞《明史》將次告成，若將已成者，以次進呈，亦可徐徐繙閱，考鏡得失，不致遺漏。」

　　元人修《宋史》，明人修《元史》，頗多失實，以《宋史》、《元史》爲殷鑒，《明史》不可重蹈覆轍，必須盡善盡美，方能使人心信服，否則便是盡信書不如無書，後人必然歸罪於清人。康熙皇帝爲《明史》所作御製文中有一段內容說：「《明史》不可不成，公論不可不採，是非不可不明，人心不可不服，關係甚鉅，條目甚繁。朕日理萬幾，精神有限，不能逐一細覽，即敢輕定是非，後有公論者，必歸罪於朕躬，不畏當時而畏後人，不重文章而重良心者此也。卿等皆老學素望，名重一時，《明史》之是非，自有燭見，卿等衆意爲是即是也，刊而行

之，偶有勘酌，公同再議，朕無一字可定，亦無識見，所以堅辭
以示不能也。」康熙皇帝對纂修《明史》具有強烈的使命感，他
重視是非公論，不堅持己見的客觀態度，尤其值得肯定。

修正舛誤　不遺餘力

雍正十三年（1735）十二月二十七日，因總裁大學士張廷玉
等具奏《明史》稿本告成，乾隆皇帝降旨，略謂《明史》卷帙繁
多，恐其中尚有舛訛之處，准其展限半年，在此期間，由總裁張
廷玉等率同纂修各官再加校閱，有應改正者，即行改正，然後交
由武英殿刊刻。

在《明史》稿本告成以前，康熙皇帝已多次指出它的疏漏。
康熙四十八年（1709）十一月十七日，康熙皇帝面諭大學士云：
「正統間事，史書所載，不能明確，其在沙漠，嘗生一子，今有
裔孫，見在旗下。」康熙五十六年（1717）十一月二十四日，康
熙皇帝在乾清宮東煖閣召見大學士、學士、九卿等，在談話中提
及《明史》的問題，他說：「朕素不看《明史》，偶一翻閱，嘉
靖年間，倭寇為亂，不能平，後滿洲征服，至今倭刀、倭椀等
物，現存禁內，而《明史》不載，可見《明史》偽妄，不足信
也。」

乾隆皇帝想看史可法與多爾袞往來書信，軍機大臣遵旨查閱
各書，查明《八旗通志》、《宗室王公表傳》等書，俱載多爾袞
致史可法書，至於史可法答書，祇稱其語多不屈，未將原書載
入。《明史‧史可法傳》並不敘多爾袞致書事，至外間書坊及藏
書之家，一時未能查得。由史可法列傳可知《明史》的疏漏。

乾隆年間（1736-1795），因訪求遺書，並編纂《欽定四庫
全書》，所以對《明史》的改訂也是不遺餘力。乾隆三十九年

（1774）八月初五日，《寄信上諭》指出，「明季末造，野史甚多，其間毀譽任意，傳聞異詞，必有詆觸本朝之語，正當及此一番查辦，盡行銷燬，杜遏邪言，以正人心，而厚風俗，斷不宜置之不辦。此等筆墨妄議之事，大率江浙兩省居多，其江西、閩粵、湖廣，亦或不免，豈可不細加查核。」

此外，乾隆皇帝認為《明史》內蒙古、滿洲等人名、地名、官名等，對音訛舛，譯字鄙俚，因此諭令查改。他說：「《明史》乃本朝撰定之書，豈轉可聽其訛謬，現在改辦《明紀綱目》，著將《明史》一併查改。」《明史》中人名、地名等專有名詞的對音，多倣照《遼金元國語解》之例譯改挖補，例如將人名「卓禮克兔」改為「卓禮克圖」等等。

由於《明史‧英宗本紀》尚未允協，故命英廉、程景伊、梁國治、和珅、劉墉等將原本逐一考覈添修，必須使首尾詳明，辭義精當，仍以次繕進，俟欽定後重刊頒行。

比較現存乾隆四年（1739）刻本與乾隆四十二年（1777）英廉等奉敕重修本，可以了解添修的文字。例如明英宗正統十四年（1449）五月庚子條，刻本原文云：「巡按福建御史汪澄棄市，並殺前巡按御史柴文顯。」重修本改為「巡按福建御史汪澄坐失機，前御史柴文顯匿不奏賊並逮誅。」同年秋七月己丑條，刻本原文云：「瓦剌也先寇大同，參將吳浩戰死，下詔親征。吏部尚書王直率群臣諫，不聽。」重修本改為「衛拉特額森寇大同，參將吳浩戰死。王振挾帝親征。吏部尚書王直率群臣諫，不聽。」八月辛酉條，刻本原文云：「次土木，被圍。」重修本改為「次土木，諸臣議入保懷來，王振沮之，被圍。」由此可知，乾隆四十二年（1777）補纂本，並非扣定字數挖補人名、地名或官名對音譯字而已，同時也另行添修重刊。

　　《明史》從順治年間（1644-1661）開始纂修，經歷康熙、雍正，至乾隆四十二年（1777）始告完成，前後歷時一百二十餘年，清朝纂修《明史》的態度，確實十分慎重。

君臣失德　宦官禍國

　　清初君臣對明季太監如劉瑾、魏忠賢等人的惡行，知之甚詳。其中魏忠賢是肅寧人，《明史》記載他「少無賴，與群惡少博，不勝，為所苦，恚而自宮，變姓名曰李進忠，其後復姓，賜名忠賢。」天啟年間（1621-1627），宮中稱呼魏忠賢為老伴，凡事都由魏忠賢掌控。

　　康熙四十二年（1703）四月二十三日，康熙皇帝御暢春園內澹寧居聽政，將魏忠賢的惡行告知大學士馬齊等人云：「朕自沖齡，即每事好問，彼時之太監，朕皆及見之，所以彼時之事，朕知之甚悉。太監魏忠賢惡跡，史書僅書其大略，並未詳載。其最惡者，凡有拂意之人，即日夜不令休息，逼之步走而死；又并人之二大指，以繩拴而懸之於上，兩足不令著地，而施之以酷刑。明末之君多有不識字者，遇講書，則垂幔聽之。諸事皆任太監辦理，所以生殺之權，盡歸此輩。」大學士張玉書奏稱：「此明之所以至於敗亡也。」

　　乾隆皇帝也認為明朝政權的敗亡，為太監禍國殃民所致。乾隆四十七年（1782）四月十七日，《寄信上諭》云：「昨於養心殿存貯各書內，檢有《明朝宮史》一書，其中分段敘述宮殿樓臺，及四時服食宴樂，併內監職掌，宮闈瑣屑之事。卷首稱蘆城赤隱呂毖較次，其文義猥鄙，本無足觀。蓋明季寺人所為，原不堪採登冊府，特是有明一代，秕政多端，總因閹寺擅權，交通執政，如王振、劉瑾、魏忠賢之流，俱以司禮監秉筆，生殺予奪，任所欲為，遂致權柄下移，乾綱不振。每閱明代宦官流毒事蹟，殊堪痛恨。即如此書中所稱司禮監掌印秉筆等，竟有秩尊視元輔，權重視總憲之語。以朝廷大政，付之刑餘，俾若輩得以妄竊國柄，奔走天下，卒致流寇四起，社稷為墟，伊誰之咎乎？著將此書交總裁等，照依原本，鈔入四庫全書，以見前明之敗亡，實由於宮監之肆橫，則其書不足錄，而考鏡得失，未始不可藉此以為千百世殷鑒，並將此旨錄冠簡端。」

明朝的敗亡，太監流毒，固然不能辭其咎，但是，明季政治的惡化，造成內部的危機，也是不能忽視。清初君臣已指出，明朝後期的君主，深處宮闈，自幼長於宦寺之手，未嘗與大臣面決政事。

明世宗嘉靖年間（1522-1566），政治十分惡化。《明史》世宗本紀論有一段內容說：「若其時紛紛多故，將疲於邊，賊訌於內，而崇尚道教，享祀弗經，營建繁興，府藏告匱，百餘年富庶治平之業，因以漸替。」雍正皇帝曾因呂留良案頒降諭旨，當中已指出，「明代自嘉靖以後，君臣失德，盜賊四起，生民塗炭，疆圉靡寧。」

明神宗萬曆年間（1573-1619），朝政更是每況愈下，內憂外患，國步更加艱難。雍正皇帝說過，「明萬曆之深居，百務盡隳，上下睽絕。」乾隆皇帝也說：「明之亡國，由於神、熹二宗紀綱隳而法度弛，愍帝嗣統時，國事已不可為，雖十七年身歷勤苦，不能補救傾危，卒且身殉社稷，未可與荒淫失國者一概而論。是以皇祖睿裁，將神、熹二宗撤出歷代帝王廟祀，而愍帝則特令廟祀，褒貶予奪，毫釐不爽。」

進退予奪　合乎情理

　　乾隆年間（1736-1795），搜訪遺書，可謂不遺餘力。遺書
中含有頗多南明史著述，其年號統系的書寫，成爲政治敏感問
題。例如朱璘著《明紀輯略》一書，浙江省地方大吏以書末附紀
南明三王年號，而奏請銷燬。乾隆皇帝詳加披閱原書後，以書中
敘及明季事實，俱稱清朝爲「大清」，並記載清太祖高皇帝廟
號，文詞敬順，實無誕妄不經字句，奉旨不必禁燬。又如儒臣評
纂《通鑑輯覽》時，於滿洲入關後，即剗去福王事實。乾隆皇帝
頗不以爲然，他說：「朕意在於維持正統，非第於歷代書法爲
然。洪惟我國家開創之初，當明末造，雖其國政日非，而未及更
姓改物，自宜仍以統系予之。至本朝順治元年，定鼎京師，一統
之規模已定。然明福王猶於江寧僅延一線，故《綱目三編》及
《通鑑輯覽》所載，凡我朝與明國交兵事蹟，不令概從貶斥，而
於甲申三月，尚不遽書明亡。惟是天心既已厭明，福王又不克自
振，統系遂絕。若唐、桂二王之竄徙無常，亦如宋末昺昰之流離
瘴海，並不得比於高宗南渡之偏安。蓋能守其統，則人共尊王，
而失其統，則自取輕辱，實古今不易之通義也。」

　　征服者欲取正統而代之，固然不可厚非，但是，正統政權的
統系，也不可任意進退予奪，乾隆皇帝的政治思想是客觀的，是
可以肯定的。明思宗崇禎十七年（1644），歲次甲申，即順治元
年（1644），是滿洲入關定鼎京師的年分，並非明朝覆亡的年
分，是年甲申三月，不當遽書明亡，明朝統系尚未斷絕。

　　乾隆皇帝也認爲，「明之末造，李自成既陷京師，江左遺
臣，相與迎立福王，圖存宗社。其時江山半壁，疆域可憑，使福
王果能立國自強，則一線綿延，未嘗不足比於宋高宗之建炎南

渡。特因其荒淫孱弱，君臣相率爲燕雀之處堂，尋至自貽顛覆，而偏安之規模未失，不可遽以國亡之例絕之。」因此，他特別諭令於甲申以後，附紀福王弘光年號，並書「明」字，意即「明福王弘光某年」。

　　順治二年（1645）五月，多鐸率清軍至南京，禮部尙書錢謙益等以城迎降，福王等走太平，入蕪湖，倚靠江北四鎭之一的靖國公黃得功。多鐸命圖賴領兵追擊，黃得功中流矢陣亡，五月二十五日，總兵官田雄等擁福王出降。乾隆皇帝認爲福王在蕪湖被執以後，「始大書明亡」。因爲福王在江寧，與宋室南渡相彷彿，位號猶存，爲維持正統，故書法尙宜從舊。其所以如此折衷，就是爲了「務合乎人情天理之公，以垂示天下後世也。」

南明政權　不應稱「僞」

　　對隆武、永曆時期的南明史，乾隆皇帝特別提出他的解釋。他認爲「唐王、桂王遁跡閩、滇，苟延殘喘，不復成其爲國，正與宋末昺昺二王之流離海島相類，自不得等於福王之例，是以輯覽內未經載入。但二王爲明室宗支，與異姓僭竊及私相署置者不同，本非僞託，且其始末雖無足道，而稱尊擅號，首尾十有餘年，事蹟亦多有可考。與其聽不知者私相傳述，轉致失實無籍，又何如爲之約舉大凡，俾知當日邊隅偷息不過若是之窮蹙無成，更可以正傳聞之訛異。」

　　乾隆皇帝認爲隆武、永曆首尾十餘年，事蹟多有可考，本非僞託，「且唐王等皆明室子孫，其封號亦其先世相承，非若異姓僭竊及草賊擁立一朱姓以爲號召者可比。」故當乾隆三十一年（1766）五月國史館進呈〈洪承疇傳〉時，乾隆皇帝即指出，〈洪承疇傳〉中於明唐王朱聿鍵名前冠以「僞」字，頗不以爲然。他認為「當國家戡定之初，于不順命者，自當斥之曰『偽』，以一耳目，而齊心志。今承平百有餘年，纂輯一代國史，傳信天下萬世，一字所繫，予奪攸分，必當衷于至是，以昭史法。若明之唐王、桂王，設竟以為『偽』，則又所謂『矯枉過正』，弗協事理之平。」

國史筆削，事關法戒，正名尤貴持平，唐王、桂王都是明室子孫，承襲先世封號，受明臣擁立，即位建元，都是合法的正統政權，並非僭竊。所以，順治四年（1647），相當明桂王永曆元年（1647），順治十八年（1661），相當明永曆十五年（1661），吳三桂進兵緬甸，緬人執桂王以獻。從福王弘光，經唐王隆武，至桂王永曆十五年（1661），都是明朝正統的延續。

南明諸臣，守節不屈，清初修《明史》，俱冠以「偽官」字樣，乾隆皇帝並不以為然。順治二年（1645）四月間，清軍攻揚州，史可法率眾堅守，歷七晝夜，最後，史可法壯烈犧牲，與城共存亡。史可法為人廉潔而重信義，與士卒共甘苦。他督師揚州時，行不張蓋，食不兼味，寢不解衣。每次繕寫奏疏時，都循環誦讀，聲淚俱下，聞者無不感動悲泣，歷史家常把史可法比作文天祥。乾隆皇帝認為「明末諸臣如黃道周、史可法等在當時抗拒王師，固誅僇之所必及。今平情而論，諸臣各為其主，節義究不容掩，朕方嘉予之，又豈可概以偽臣目之乎？」

國姓爺鄭成功，南安人，初名森，字大木，唐王賜姓朱，改名成功。桂王封為延平郡王。鄭成功奉永曆正朔，領導義師，延續明室統系，繼續抗清，以臺灣為根據地，設立郡縣，規模宏遠。永曆在臺灣，永曆是臺灣的年號，是正統的延續，惜其子孫不能遵守。康熙二十二年（1683），清廷領有臺灣，南明恢復事業，正式結束，但清廷「以成功受封明室，非他僭竊比，令其子經之喪歸葬南安。」

　　南明福王、唐王、桂王、延平郡王，都是明朝正統的延續，清人入主中原，南明延續正統，兩個正統政權，同時存在。南明諸臣，也不是偽官，而是正統政權的合法職官，不宜概從貶斥，乾隆皇帝論述南明歷史的觀點，是符合歷史事實的。

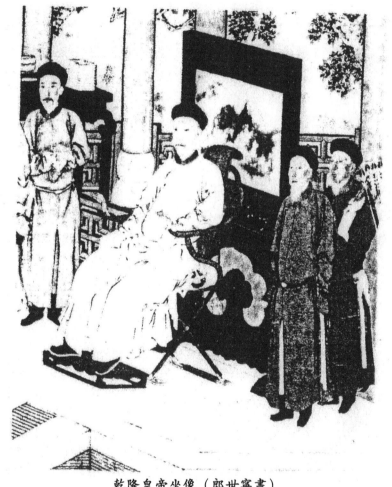

乾隆皇帝坐像（郎世寧畫）

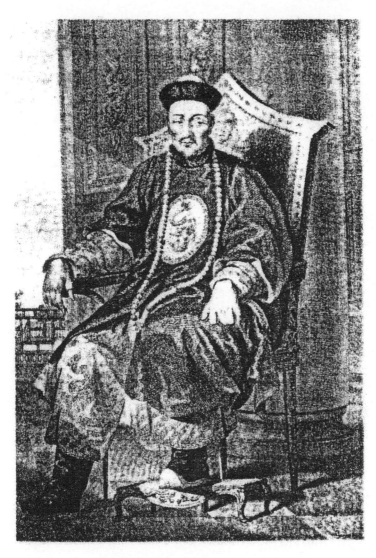

乾隆皇帝肖像（乾隆五十八年）

上出熊賜履呈覽明朝神宗熹宗以下史書四本
顧大學士等曰朕自冲齡即每事好問彼時之
太監朕皆及見之所以彼時之事朕知之甚悉
太監魏忠賢惡跡史書僅書其大畧並未詳載
其最惡者凡有拂意之人即日夜不令休息逼
之步走而死又并人之二大指以繩拴而懸之
於上兩足不令著地而施之以酷刑明末之君
多有不識字者遇講書則垂慢聽之諸事皆任
太監辦理所以生殺之權盡歸此輩張玉書奏
曰此明之所以至於敗亡也
上又曰此書所載楊漣左光斗死于北鎮撫司獄
中聞此二人在午門前受御杖死太監等以布
裹尸出之

《起居注冊》，康熙四十二年四月二十三日，上諭。

回頭向善
──民間秘密宗教的社會教化功能

　　宗教的行為規範功能主要是通過社會行為的宗教律法規範、教內行為的律法規範及宗教道德的行為規範等方式表現出來的，它與世俗律法和道德的行為規範有很大差異，它的根本特點是在於借用神的名義，賦與其行為規範具有一種特殊的神聖性，這不僅具有強化行為規範的作用，而且還有它獨立的自我規範。世俗道德的社會功能，主要是通過社會的輿論的方式來調節人與人之間的關係，而宗教道德除此之外，還蒙上了一層神聖的靈光，是在遵照神明意志的前提下來調節人與人之間的關係。而且宗教道德除了神聖性之外，還有補償性和感化性的特點。宗教道德把神祇的仁慈和懲治結合在一起，善行得到神祇的仁慈而上天堂，惡行要受到神祇的懲罰而下地獄。至於宗教的生動感化形象例如佛教的釋迦牟尼多被奉為人類真善美的化身，對於生動感化形象的崇拜，更能促使虔誠的信徒發自內心地遵守宗教道德的行為規範。當宗教道德的這種神聖性、補償性和感化性同一般的世俗道德結合在一起的時候，宗教道德的行為規範就比一般的世俗道德更具有自律自控的自我約束作用[1]。

　　長期以來，民間秘密宗教的道德行為規範，頗受誤解。各教派的成員，多屬於下層社會的販夫走卒或貧苦民眾，一方面由於

1　陳麟書撰〈宗教的基本功能〉，《世界宗教研究》，1990年，第三期，頁87。

信徒眾多，良莠不齊；一方面由於夜聚曉散，男女雜處，而有調戲婦女，行姦破身等不道德的社會案件。譬如嘉慶年間，直隸新城縣姚家莊人張黑子一家人都加入榮華會。據張黑子之女張姐供稱：

> 我係新城縣人，年二十二歲，跟我父親張黑子，母親王氏在姚家莊居住。我父母同我哥哥張文得俱是榮華會的人，我同村住的張二撓頭夫妻也是榮華會的人。我十七歲時，張二撓頭的女人勸我學好入了李得的榮華會，李得教我念真空家鄉無生父母八字。我跟李得等黑夜坐功，李得將我姦污，以後凡遇坐功，我與李得行姦。還有王雨姐、魏絃姐，也是榮華會的人。也時常與李得行姦，李得應許我們後來自有好處[2]。

孤男寡女，黑夜坐功，易致行姦。嘉慶三年（1798），直隸南皮縣人李可學因聽聞村人張成位傳習紅陽教，焚香治病，李可學因病求治，即拜張成位為師，入紅陽教。嘉慶十五年（1810），張成位身故，李可學繼續為人燒香治病。嘉慶二十四年（1819），李可學因原籍住屋出售，無處棲身，即在霸州等處傭工。道光三年（1823）六月，李可學在州民劉當家傭工期間，與劉當之母劉馮氏、其妹劉姐兒等，男女見面，彼此不避。同年十月，劉當祖母劉張氏染患眼疾，請求李可學醫治。李可學聲言必須病人親屬虔心燒香，方有效驗。李可學即於當天夜晚上香供茶，令劉當與母劉馮氏、妹劉姐兒跟同磕頭治病講好話，此後時相往來。道光四年（1824）七月，李可學到劉當家借宿。次早，

2　《軍機處檔·月摺包》，第2751箱，36包，53674號。嘉慶二十二年十一月初六日，英和等奏摺。

劉當出外工作，李可學乘隙與劉姐兒調戲成姦，後來又多次通姦。劉當及其父劉汝實，母劉馮氏均不知情。道光五年（1825）九月初七日夜間，李可學復至劉當家中，欲與劉姐兒通姦，被劉當族人劉塽等查知，將李可學拿解霸州知州衙門，訊出李可學傳習邪教，燒香治病。劉姐兒因姦情敗露，即於九月十四日晚羞愧投井身故，其父劉汝實亦因羞忿，於次日晚投井殞命[3]。因李可學調戲成姦，造成劉汝實的家庭悲劇，令人不齒。

　　民間秘密宗教男女調戲成姦的案件，雖然是事實，但並非普遍的現象，各教派的宗旨，主要在勸人遵守戒律，重視果報。各教派多具有認知的功能，承認傳統道德行為規範的價值。乾隆四十八年（1783），郝碩在江西巡撫任內，查出安仁縣民萬興仁吃齋，念誦勸世懺語，並搜出《大乘大戒經》等寶卷。《大乘大戒經》的內容，主要是拼湊儒釋道的教義思想而編寫出來的勸世經文，具有社會教化的作用。經文中勸戒在家修道者，孝順父母，尊敬長上，和睦鄉里，早辦國稅，生不遭王法，死不墮地獄。出家修行者，日則化飯充飢，夜則看經念佛，為善至勝，為國家保佑長生，祝延聖壽，理合自然。一切眾生，受之父母，不敢毀傷，一胎卵溼化眾生，不可故殺，萬般蟲蟻，皆是眾生，作業之報身而不信，有天地三界善惡神祇，只貪口資養，故殺萬般微細眾生，墮落人身，現世蟲類果報，因此不得故殺害命，其劫到來，當墮千劫，入於阿鼻地獄，永劫不得出頭。殺害物命，其劫甚重，雖然禮為天地神祇，猶為不孝之子也。身體髮膚受之父母，不敢毀傷，殺命供給父母者，是忤逆不孝之人也。若果行孝義，須用持齋受戒，修行者，名為大孝之子，殺傷物命，飲酒食

3　《外紀檔》，道光五年十二月十九日，直隸總督那彥成奏摺抄件。

肉者，是忤逆不孝之人，三世諸佛，同口說法度人。若人殺害生
靈，劏肉剁肉，只割其三世父，七代宗親，生死變化，豬羊雞鵝
鴨鳥六畜，三途苦楚，改形異相不識只故將刀殺其父母六親眷
屬，你可思憶，痛哉苦哉，若割自身肉痛，全不可殺牲供給父母
妻兒老小。食之死後，阿鼻千劫無間地獄。《大乘大戒經》的用
意，主要就是戒殺生，戒飲酒，持戒者得生佛道，飲酒食肉者，
正是忤逆不孝之人也，入無間地獄。受戒念佛之人，臨終得生西
方淨土。經文中一再強調修行吃素的重要。一切眾生謗道、謗
佛、謗法、謗僧者，墮於阿鼻地獄，永不得出頭。勸人修行，第
一功德，讚人修行，助人修行，得成佛道，生西方淨土，五百世
不入地獄。破人齋戒者，當隨鋸解地獄，做賊劫盜者，當墮該殺
地獄萬劫。《大乘大戒經》所描述的地獄是有五惡抄封九族，先
亡盡皆提來穿喉入鎖，銅釘鐵鍊穿腳穿手，鐵鎖纏身腳鐐。九族
先亡，一同受苦後五百惡鬼鐵棒打捉叫聲押入無間地獄受無量
苦。民間秘密宗教一方面將儒家的孝道觀念與佛教的戒律規範互
相結合，一方面又以佛教的價值觀，對善惡作了詮釋，《大乘大
戒經》指出，善者就是菩薩，惡者就是畜生；善者長生富貴，惡
者子孫貧窮；善者孝順，惡者忤逆；善者飽暖，惡者飢寒；善者
受戒持齋，惡者毀謗佛法。世間善惡，皆有報應，孝順善者，往
生天堂，忤逆惡者，沉於地獄。天堂就是西方淨土，金蓮臺上受
諸快樂；地獄就是無間地獄，永劫不得出頭 [4]。乾隆四十八年
（1783）十月，江西巡撫郝碩將《大乘大戒經》進呈御覽。乾隆
皇帝披覽後，認爲《大乘大戒經》「祇係將佛家詞句隨意塡寫，

4　《軍機處檔・月摺包》，第 2776 箱，147 包，35188 號，《大乘大
　　戒經》。

勸人信奉，愚民易於煽惑，不過藉得錢財，並無悖違字句[5]。」
《大乘大戒經》雖然文字俚俗，但不失為一部易於誦念的民間宗
教讀物。

　　民間秘密宗教各種寶卷及教首傳教時，都將孝順父母列為修
行的第一教義。山東城武縣人張懷亮先曾拜劉秉順為師，入離卦
教，時常為人治病。嘉慶元年（1796）三月，武城縣人劉化安因
染患時疾，邀請張懷亮至家中醫治，張懷亮勸令劉化安入教，可
以消災。劉化安允從，即拜張懷亮為師，學習離卦教。張懷亮即
教他中必須遵守的道德行為規範，譬如尊敬長上，孝順父母，敬
天地，修今生，知來生事，存心無歹，燒香磕頭，戒酒色財氣，
行好免罪[6]。直隸束鹿縣人劉黑知、孟洛功等人於嘉慶十三年
（1808）先後皈依離卦教，他們被捕後供出入教的好處，節錄一
段內容如下：

> 習教可以消災免難，遞相傳習，稱傳教之人為當家，點香
> 三炷，供茶三碗，跪地叩頭，並口授誓語；第一學好人，
> 遵當家；第二皈依佛，皈依法，皈依僧，皈依三寶向善；
> 第三再不開齋破戒，違者身化膿。又教令閉著口眼從鼻中
> 運氣功夫，有時聚會傳教之家，聽講孝順父母，敬重尊長[7]。

　　經過宗教儀式後的誓語，更具有約束力，學習做好人，尊敬
長上，孝順父母，齋戒向善，就是儒釋道的基本道德規範。離卦

5　《軍機處檔・月摺包》，第 2776 箱，148 包，35309 號。乾隆四十
　　九年十二月初八日，兩廣總督覺羅巴延三等奏摺錄副。

6　《軍機處檔・月摺包》，第 2751 箱，9 包，48628 號。嘉慶二十一
　　年七月二十四日，山東巡撫陳預奏摺。

7　《軍機處檔・月摺包》，第 2751 箱，19 包，50753 號。嘉慶二十二
　　年二月二十五日，直隸總督方受疇奏摺錄副。

教重視社會教化，潛移默化，對轉移社會風氣，具有正面的社會功能。一炷香教又稱如意門，教中講求信衆的修行，重視道德行爲規範的要求，節錄《外紀檔》一段記載如下：

> 王漢實籍隸山東恩縣，寄居平原縣，先於乾隆三十一年間拜昔存今故之禹城縣人李成名爲師，習一炷香教。此教因隨同學習之人往來各聽自便，並不相強，又稱爲如意門。李成名向王漢實告知一炷香教係山東商河縣董家村董姓所傳，教令王漢實早晚磕頭燒香，在門首燒香係敬天，就地燒香係敬地，令其習念父母恩理應贊念等歌詞。並令每月做道場三次，可以消災免難，並無經卷圖像邪術咒語，做道場之時，並不斂錢，各帶乾糧，齊集一處，用鼓板敲打念佛歌唱，並不與婦女見面。教內如有不孝父母，犯姦盜賭博之人，即不收其爲徒，並教給與人治病。治病之法，聲稱只須按病人部位，如頭痛必係不孝父母，手足痛，兄弟不睦，肚腹痛必係良心不善，令其對天磕頭改悔，不久即可痊癒，不許索取謝禮錢文，如情願入教者，聽其自便[8]。

一炷香教敬重天地，教中有讚頌父母恩歌詞，每月做道場三次，都不斂錢，而是自帶乾糧，也不與婦女見面。至於教中治病方法，只是假神道以設教的心理治療，病人頭疼，固然與不孝順父母沒有必然的關係，同樣，病人手足疼痛，也與兄弟情誼未必有關。但是，教中重視孝悌的社會教化意義，是值得肯定的。嘉慶三年（1798），直隸南皮縣人李可學因病拜同村張成位爲師，入紅陽教，每年兩次在張成位家做會，念誦《地藏經》，並唱說

8　《外紀檔》，嘉慶二十四年十二月十一日，據和寧奏。

孝順父母，和睦鄉鄰等好話[9]。許多教派都有勸化信衆，勸人行好的好話內容。江蘇沛縣人郭振拜陳柱爲師入震卦教後，即傳授好話的內容。據郭振供稱，「我聽了他的話，就認他做了師父。他叫我每日向著太陽磕頭三遍，口中念誦孝順父母，尊敬長上，和睦鄉里，不瞞心，不昧己的[10]。」禮拜太陽時說好話，具有誓願的性質。這種勸善好話，還編成歌曲，文字雖然鄙俚，但是較易唱念，頗能表現下層社會的說唱藝術。直隸束鹿縣人劉黑知等人傳習離卦黃陽教，教中念誦無字眞經歌訣。同教信徒遞相做會，邀集信衆到家中唱好話歌，前往聽歌的人也送給錢文[11]。由於說好話的風氣日益普及，「好話」一詞就逐漸形成了教派名稱，有所謂好話教、好話道摩摩教、一炷香好話摩摩教等教派。直隸冀州人崔延孟等傳習一炷香好話摩摩教，教中均以習教可免輪迴等語勸人入教，口念無字眞經歌訣及眞空家鄉無生父母八字眞言，並將《論語》中「學而時習之」等句，教人讀作運氣功夫[12]。民間秘密宗教將《論語》等改編成運氣歌訣，頗易被信衆所接受。

　　直隸寧晉縣高口人麥成章是收元教內分掌兌卦教的頭目，拳棒頗好。乾隆四十六年（1781）正月，南宮縣人簡七前往高口拜麥成章爲師，用黃紙一張塡寫徒弟姓名，望空燒化，令其磕頭爲

9　《外紀檔》，道光五年十二月十九日，直隸總督那彥成奏摺。

10　《乾隆朝上諭檔》，第十六冊，頁463。乾隆五十六年九月初六日，郭振供詞。

11　《軍機處檔·月摺包》，第2751箱，27包，52085號。嘉慶二十二年六月二十七日，直隸總督方受疇奏摺錄副。

12　《軍機處檔·月摺包》，第2751箱，19包，50647號。嘉慶二十二年二月十六日，直隸總督方受疇奏摺錄副。

徒。在黃紙內有「四相嚴謹，五行歸中」等句，文中大意總說：
「人之視聽言動，不可邪妄，教得好徒弟，愈多愈好，死後可以
上昇[13]。」張洛雄是直隸無極縣人，莊農度日。嘉慶八年
（1803），拜同縣人趙洛希為師，傳習天香教，每逢朔望向空焚
香三炷，供茶三鍾，叩頭禮拜，並勸人非禮勿視，非禮勿聽等
語，希圖消災獲福[14]。視聽言動，不可邪妄，非禮勿視，非禮勿
聽，都是提昇個人品德，端正社會風氣的基本要求，與儒家生活
規範，並無不同。嘉慶十三年（1808），直隸灤州人裴景義等拜
冀州南宮縣人陳攻玉為師，入三元教。教中每逢會期，信眾俱燒
香上供，磕頭念咒，坐功運氣。陳攻玉即告誡信眾，「遇世須從
仁義禮智體貼，不可為匪作惡，上等人學成時成仙得道，中等人
學成時卻病延年，下等人學成時消災免難[15]。」直隸靜海縣人崔
文載、崔煥父子拜崔大功為師，入未來真教後，崔大功即傳授五
戒十勸。五戒就是佛家不殺、不淫等戒律。十勸即：一勸回頭向
善；二勸低頭拜佛；三勸永不虧心；四勸指路明人；五勸改邪歸
正；六勸真心行好；七勸多積陰功；八勸休攬雜事；九勸休要錯
意；十勸普積善緣[16]。民間秘密宗教將儒家的生活規範與佛教的
戒律善行結合成為信眾的道德行為規範，善男信女皈依民間秘密

---

13 《軍機處檔・月摺包》，第 2776 箱，146 包，34875 號。乾隆四十
　　八年十二月初十日，直隸總督劉峨奏摺錄副。
14 《奏摺檔》（臺北，國立故宮博物院，民國六十八年五月），道光
　　八年五月，護理直隸總督屠之申奏摺抄件。
15 《軍機處檔・月摺包》，第 2751 箱，5 包，47948 號。嘉慶二十一
　　年六月二十八日，直隸三元教案奏摺。
16 《上諭檔》（臺北，國立故宮博物院），嘉慶二十一年三月初三
　　日，崔煥供詞。

宗教以後，彼此勸勉學好，凡事都要從仁義禮智體貼，並實踐於視聽言動的四相，自然不致爲匪作惡。山東人姜明等曾拜邵大棱爲師，傳習歌詞。隨後又邀劉八等人設立如意會，即如意教，上供燒香，念誦歌詞。嘉慶十九年（1814）正月，姜明等人被拏獲，軍機處將姜明所傳習的歌詞抄錄呈覽。嘉慶皇帝披覽歌詞後命軍機大臣傳諭山東巡撫同興，諭旨內容如下：

> 諭軍機大臣等，同興奏，審訊姜明、石瑾二案大概供情一摺，據稱，姜明於嘉慶九年正月間，由邵大棱傳給歌詞，伊即邀同劉八等起立如意會，燒香念誦。本年正月被該縣訪拏，伊情願改過自新，別無傳徒惑眾情事，並將姜明供出歌詞，鈔錄呈覽。朕閱其歌詞，雖屬鄙俚，均係勸人爲善，並無違悖字句。惟伊等既知勸善，則聖賢書籍，何非教人爲善之意？外此如世所傳之《陰騭文》、《感應篇》等類，朝夕誦習，亦可爲修身行善之助。若自行編造歌詞，私立會名，轉相傳授，是即與邪教相類。著同興廣出示諭，剴切訓導，俾無知愚民，共知禁戒，勿再效尤，致干法令，其姜明一案，質訊明確，即行擬結可也[17]。

民間秘密宗教的勸善歌詞，確實並無違悖字句，未含有政治意味。嘉慶皇帝以儒學爲國教，以儒家生活規範爲社會教化的行爲準則，因此，堅持要以聖賢書籍爲勸善的教材。引文中的《感應篇》，是《太上感應篇》的簡稱，清初順治年間有滿漢合璧刊本，其書內容以勸人爲善居多，託名爲老子之師太上，宣揚因果報應。民間秘密宗教的勸善歌詞及其勸善形式，主要是用宗教尤

17　《清仁宗睿皇帝實錄》，卷二八九，頁 14。嘉慶十九年四月辛未，寄信上諭。

其是民間秘密宗教精神作爲教化「愚夫愚婦」的生活規範。通過禮拜、燒香、禁忌、戒律、修行和教法等方面的行爲規範或活動方式表現出來，而使學好行善成爲善男信女發自內心的信仰，其行爲規範因而更能產生潛移默化的社會教化作用，遂使民間秘密宗教更能深植人心。

辛未諭軍機大臣等同興

奏審訊姜明石瑾二案大概供情一摺據稱姜明於嘉慶九年正月間由邵夫桂傳給歌詞伊即邀同劉八等起立如意會燒香念誦本年正月被該縣訪拏伊情願改過自新別無傳徒惑衆情事並將姜明供出歌詞鈔錄呈覽朕閱其歌詞雖屬鄙俚均係勸人為善並無違悖字句惟伊等既知勸善則聖賢書籍何非教人為善之意外此如世所傳之陰隲文感應篇等類朝夕誦習亦可為修身行善之助若自行編造歌詞私立會名轉相傳授是即與邪教相類著同興廣出示諭劉切訓導俾無知愚民共知禁戒勿再效尤致干法令其姜明一案質訊明確即行擬結可也至德平縣石瑾等窩匪一案搶劫多次擾及鄰省必須從嚴辦理將此諭令知之

《清仁宗睿皇帝實錄》，嘉慶十九年四月辛未，寄信上諭。

臣托津等謹

奏臣等遵

旨將直隸提督覆解之崔煥即崔四等一千人犯逐
加鞫訊據崔煥供伊素習音樂會過人家白事
前往吹打念經十一二年間同伊故父崔文載
拜交河縣人已故崔大功為師入未來真教亦
名天門真教傳授五戒十勤伊又傳徒張柏青
等十餘人張柏青素會過陰邪因徒弟俱不給
錢本年正月內伊令彼弟米明順往邀張柏青
前來過陰借神佛言語令伊□三宗法手接管教
事希冀衆敬信音送銀錢伊與張柏青復冷
朱明順崔才崔寶李昌玉王氏為五派許各目
收徒得錢分伊使用伊又於二月初至清河縣
吳家莊訪老教頭劉姓過見劉老秀告以劉姓
已故無子並言現在查拏邪教嚴緊勸伊慎密
伊聞言遂即回家令徒弟李玉安處囑其且
縣徒弟李玉安處囑徒字帖內所稱
卯金刀即係清河劉姓因劉姓之教從前傳自
河□已故張姓故云二立江山欽差插張柏青
因傳神佛言語即為神佛欽差朱子明順係邀
張柏青過陰之人故於帖內載入張三猴子伊
不認識係吳老秀告知其劉姓名字吳老秀未

《上諭檔》，嘉慶二十一年三月初三日，托津等奏稿

經告述實不知道伊始被感入教緣因圖錢選
人過陰書寫字帖派人傳徒實無別項為遲未
□伊訊朱明順崔才俱供□□教惑崔煥參考
五派尚朱傳徒各等語臣等□□□省聲獲送靜
海縣人韓雲狄旺孟和海豐縣人張希文四犯
姓名是否同教向各該犯逐細訊問據崔煥供
靜海縣安家人韓一德狄□昆俱係同教其韓
雲等四人均不認識是否同教實不知等語
崔煥供出韓一德狄是已開明住址年貌行文
緝拏謹繕崔煥朱明順崔才供單恭呈□

御覽謹
奏□

三月初三日

崔煥即崔四供　我是直隸靜海縣天五巷谷莊
居住年三十七歲父親文載母周氏大兄崔煊
已故二兄崔寅三兄崔賓出嗣本宗伯叔為子
我行四妻賈氏生二子俱幼我於十五六歲時
學習吹打念經經過人家白事前往吹打樂器唪
念大悲咒心經阿彌陀經名為音樂音喜十
一二年間有交河縣人同姓不宗的崔大功來
至本莊傭工說起他是未來真教內過去的
為燃燈佛現在的為釋迦謨未來的為彌勒佛
我父親崔文載就同我拜崔大功為師入了未
來真教傳了五戒十戒五戒就是佛家不殺不
淫等戒十勤是一勤回頭向善二勤低頭拜佛
三勤永不彭心四勤指路明人五勤改邪歸西
六勤真心行好七勤多積陰功八勤林讚雜事
九勤休要錯意十勤善緣曾經給過崔大
功盟總錢敬百文我族延崔才及同莊人朱明
順也拜了崔大功為師入教曾聞崔大功起過
此教始自順治康熙年間河南人張姓嗣張姓
身故其教不行至乾隆三四十年間有直隸清
河縣人劉姓徒興未來真教後來始傳給崔大
功那崔大功於十五六年上劉故我於十七八
九等年傳武清縣范兒口人張相青為徒張相

《上諭檔》，嘉慶二十一年三月初三日，崔煥供詞

青素會過陰傳，神佛的話他所傳的話是真是
假我不知憑細張相青之外我又傳過崔廷玉
崔建茂崔廷賢崔賓崔金崔銀劉狂器芝蘭輯
進孝呂添民李昌王崔兒崔雪兒件將崔大
功之徒崔才朱明順生收為徒弟他們都沒有
給過錢物性前有山東豐縣劉家莊人李玉
安引蔡公至來青菜子我引他入了教他給過
我黃芽菜子一簍雞蛋子一簍也沒給過銀錢
求想雖有徒弟俱未給錢必須接續張姓劉姓
管理教事徒弟方育敬信出錢因為本年正月
初十日令朱明順去邀張相青來販坐瞑泪不
言語派我接管教亭張相青到來跌坐瞑泪不
語約有一個時辰睜眼說神佛已傳示話來了
河南張姓及崔大功件我三人這就說是我與
該索紙單寫出這五張字帖內寫的三癡孫
隨索管教亭的意思五派帖內未寫姓名我應
張相青隨意是派了崔才朱明順崔賓李昌王及
崔才之母王氏令其將來各自收徒至卲金刀
二立江山一句卲金刀孫指清河劉姓北教始
於河南張姓再興於清河劉姓所以稱為二立
江山欽差係指張相青說是神佛差他傳話的
意思因是神佛所差所以稱為欽差又字帖內

有源至清河縣找尋劉姓後人往山東送信二
話我因於正月十六日即遂同朱明順起身同
至清河縣城外西北三里之晏家莊訪見劉姓
之徒吳老秀向問劉姓子孫吳老秀已知劉姓
已經身故無子只有續娶婦女在家又說過孟希
教嚴緊吲我慎密我聽了這話並因劉姓回家
有婦人不能訪問教中事務即與朱明順回家
又我本要令呂源民至山東豐縣李玉安處
呼李玉安傳徒因吳老秀有查拿嚴緊之言隨
於二月初間令呂源民去告知李玉安現在查
望邪教緊所以好好躲避且綴傳徒至十一
日晚間被獲解至馬蘭鎮衙門遂部的我始因
逆惑了五戒十勸的話入教傳徒又可以斂錢近
來想要騙鎖所以遭張柏青過跨借神佛語言
接管教事希圖徒眾敬信將來可以斂錢實無
別頊為匪不法的事未來真教又名天門真教
河南張姓有無子孫我不知道清河縣劉姓你
何名字吳老秀家送信寔止今他且綴傳徒
呂源民到李玉安家說明並不同教我問
並無勾結為匪的事將來吳老呂源民李玉
安到來都可質訊林清素不認識並不同教問
我的祝現劉第五劉呈祥董伯旺支進才劉成

章下落我俱不知道再吳老秀曾對我說有個
張三猴子是反叛他獲案板出清河縣劉姓帶
累劉姓到棗後案來劉姓病故張三猴子正法連
話我曾告訴過崔才的又宋坤朱名太二人定
不在教是誆拏來的問我的又龍海縣人韓雲秋
旺孟和海豐縣人張希文一德反吳家莊五人在孟
有靜海縣安家莊人韓一德的狄旺孟也是我教中人
家莊絡孟傑看晝草地的狄昆也是我教中人
孟傑亞未入過教至韓雲秋旺孟和張希文四
人我定不知道韓一德將近三十歲無麻無鬚
中身量肥胖昆科近四十歲微鬚矮身量是瘦

三月初三日

異姓弟兄
——清代人口流動與民間異姓結拜活動

　　秘密會黨是下層社會多元性的異姓結拜組織，各異姓結拜組織，或取其特徵，或就其所執器械，或以其特殊記認，而倡立會名。會黨林立，名目繁多。有的是獨自創生的，有的是輾轉衍化的，有清一代，就是秘密會黨最爲活躍的時期。排比清代各會黨案件的分佈，有助於了解秘密會黨的發展過程。檢查現存檔案，會黨案件的正式出現，是始於雍正年間（1723～1735），包括：鐵鞭會、父母會、桃園會、子龍會、一錢會、鐵尺會等。乾隆年間（1736～1795），會黨案件更加頻繁，包括：關聖會、子龍小刀會、邊錢會、關帝會、父母會、北帝會、鐵尺會、天地會、小刀會、添弟會、雷公會、牙籤會、遊會、龥黨會等。各會黨主要起源於閩粵地區，可以稱之爲閩粵系統的秘密會黨。其中天地會是較晚出現的一個會黨，最早只能追溯到乾隆中葉。林爽文起事以後，下層社會對天地會的名稱，已經家喻戶曉，耳熟能詳；天地會的隱語暗號，傳佈益廣，各會黨結盟立誓時，多模倣天地會的儀式，傳習天地會的隱語暗號。因此，閩粵系統的秘密會黨又可以稱之爲天地會系統的秘密會黨。秘密會黨的傳佈，與人口流動有密切的關係，閩粵兩省由於地狹人稠，其無田可耕無業可守的貧民，因迫於生計，而紛紛出外謀生，在清代人口的流動現象中，福建和廣東就是最突出的兩個省分。雍正、乾隆時期，秘密會黨最盛行的地區，主要在福建、廣東，隨著閩粵人口的向外流動，其鄰近省分結盟拜會的風氣，亦逐漸盛行。嘉慶十年

（1805）以後，江西地區先後破獲天地會、三點會、洪蓮會、邊錢會、添弟會、忠義會、五顯會、太平會、添刀會、鐵尺會、天罡會、長江會、鎣巴會、關爺會等。嘉慶十一年（1806）以後，廣西地區結盟拜會的風氣，亦更加盛行，先後破獲的會黨包括：天地會、添弟會、忠義會、老人會等。嘉慶十七年（1812）以後，雲南、湖廣秘密會黨亦相繼出現。嘉慶二十一年（1816）以後，貴州也開始出現各種會黨。這種傳佈現象，反映秘密會黨是隨著移民潮的出現而橫向發展。由於閩粵地區向外遷移的流動人口遠至邊境各省，而將結盟拜會的風氣，傳佈至邊陲地帶。大致而言，在太平天國起事以前，江西、廣西、雲南、貴州、湖南、四川等省的秘密會黨，主要就是閩粵會黨的派生現象，可以說是屬於閩粵系統或天地會系統的秘密會黨。例如乾隆七年（1742），福建漳浦縣已破獲小刀會案件，其出現早於天地會。就臺灣地區而言，乾隆三十七年（1772），彰化小刀會的活動，在嚴煙渡臺傳授天地會以前已極頻繁，漳浦縣、彰化縣的小刀會，俱未受天地會的影響。嘉慶二年（1797）十二月，臺灣淡水港地方有楊肇等人倣照天地會儀式結拜小刀會，這個小刀會可以說是天地會系統的秘密會黨。乾隆年間，臺灣諸羅縣的添弟會與彰化縣的天地會，其倡立時間、地點、人物，俱不相同，是獨自創生的異姓結拜組織，並非同音字。嘉慶年間以降的添弟會，多為天地會的同音字，是從天地會轉化而來的秘密會黨。同時就添弟會名稱的廣泛襲用而言，還可以看出添弟會傳佈的過程。乾隆五十一年（1786），臺灣出現添弟會。嘉慶七年（1802），福建建陽縣出現添弟會，廣東博羅縣也出現添弟會。嘉慶十三年（1808），廣西容縣等地出現添弟會。嘉慶十六年（1811），江西龍泉縣出現添弟會。嘉慶十七年（1812），雲南師宗縣出現添弟會。嘉慶二十一年（1816），貴州興義府出現添弟會。嘉慶二十三年（1818），湖南道州出現添弟會。嘉慶年間，福建、廣東、廣西、江西、雲南、貴州、湖南等地的添弟會，都是天地會的同音字，屬於天地會系統的秘密會黨，添弟會的倡立及其傳佈，多有軌跡可尋。福建漳浦縣人歐狼，是添弟會的會員，遷居霞浦縣。嘉慶十九年（1814），歐狼因貧難度，但稔知添弟會的手勢口訣等暗號，於是起意結會，先後邀得謝奶桂等三十六人結盟拜會，因盟誓時跪拜天地，父天母地，所以取名父母會。雍正年間，臺灣父母會是獨自創生的秘密會黨。嘉慶年間，福建霞浦縣父母會則為嘉慶初年以來添弟會的派生現象。臺灣父母會是屬於閩粵系統的秘密會黨，霞浦縣父母會是屬於閩粵系統，同時也是天地會系統的秘密會黨。嘉慶十年（1805），福建長汀縣人黃開基在南平縣拜鄭細觀為師加入添弟會。嘉慶十九年（1814）二月，黃開基在順昌縣糾眾拜會，將添弟會改名為仁義會。嘉慶年間，廣東出現三合會。嘉慶二十四年（1819），御史黃大名條陳積弊一摺已指出廣東三合會名目即從前的添弟會。道光十年（1830）八月，廣東番禺縣人張摭在樂昌縣會遇英德縣人范孝友，談及添弟會改名三合會之事。同年十月，張摭因貿易前往湖南藍山縣。道光十一年（1831）正月，張摭在藍山縣糾邀李金保等結拜三合會。同年，貴州開泰縣人馬紹湯前往廣西懷遠縣找尋生意，會遇船戶吳老二。吳老二告知廣東舊有添弟會，改名三合會，會中隱語"三合河水出高溪"，是因添弟會改名三合會之意。給事中劉光三具摺時亦稱，三合會即添弟會的遺種。由此可知三合會是添弟會的派生現象。是屬於閩粵天地會系統的秘密會黨。道光九年（1829），江西南安府上猶縣地方有鄒學洪等人結拜添弟會。道光十年（1830）十一月，《寄信上諭》指出南安一道，向有添弟會名目，千百成群，劫掠搶奪，又名添刀會，每人隨身帶刀一把。添弟會的本質，就是一種異姓弟兄的結拜組織，增添弟兄，以便遇事相助，會中成員隨身帶刀一把，每增兄弟一人，即添刀一把，故稱爲添刀會，又名千刀會，千百成群，以示兄弟衆多。由此可知添刀會或千刀會就是由添弟會轉化而來的秘密會黨。"三八二十一"隱寓"洪"姓，三點會即因"洪"姓而得名。李江泗原籍廣東龍川縣，是三點會的會員，後至福建邵武縣開張雜貨店。據李江泗供稱，三點會原係添弟會，又名三合會。閩浙總督鍾祥具摺時亦稱，邵武等府的三點會，就是從前閩粵各省辦過添弟會的"餘孽"，變易其名而來。易言之，三點會也是由添弟會轉化而來。道光十五年（1835），江西贛州府雩都縣有蕭輝章等人結拜天地會。改名長江會。道光二十四年（1844），廣東潮陽縣人黃悟空糾衆拜會，因天地會名稱沿用已久，恐難吸收會員，於是改名雙刀會。後來黃悟空又糾人結會，製得紅布三角"洪令"小旗，上寫"龍飝芳"字樣，以隱藏天地會的名稱。道光二十七年（1847）正月，江西長寧縣有凌成榮等人結盟拜會，因天地會歷奉拏辦，恐致張揚敗露，所以改名關爺會，以蔽人耳目。由此可知長江會、雙刀會、關爺會等都是由天地會轉化而來，都是屬於閩粵天地會系統的秘密會黨。在太平天國起事以前，川楚地區的各種會黨，主要是天地會或添弟會的派生現象，是屬於閩粵天地會系統的秘密會黨。哥老會起自四川，而盛行於湖廣，受到閩粵天地會系統會黨的影響極大，吸收許多傳統的要素。但因哥老會吸收嗹嘟的組織特色，同光時期，哥老會盛行，在組織、儀式等方面又有許多獨創，頗能反映區域特徵。因此，可以稱爲川楚系統的會黨。同時因爲有許多會黨是由哥老會轉化而來，所以也可以稱之爲哥老會系統的秘密會黨。舉

凡哥老會、哥弟會、江湖會、在園會、洪江會、清明會、龍華
會、同仇會等，可以說是屬於川楚系統或哥老會系統的秘密會
黨。其中哥弟會是哥老會的別名，江湖會又名英雄會。同治六年
（1867）二月，湖南湘鄉縣有曾廣八等率領江湖會起事案件。湖
南巡撫劉崑具摺時已指出，江湖會皆各路營勇在營時輾轉拜盟，
遣撤後仍復固結不解[1]。袁世凱在直隸總督任內查明彰德府境內
的在園會，是由哥老會餘黨別立名目而來[2]。彰德府人彭雲山，
曾當營兵被革，投入哥老會，後改立洪江會。湖南瀏陽縣人楊青
山曾在各省充當營勇，因事被革，先入哥老會，繼入洪江會，先
立刑堂，續充山主。此外，如仁義會、洪蓮會等，在太平天國起
事以前，可以歸入閩粵天地會系統，而在同光時期哥老會盛行後
可以歸入哥老會系統內。嘉慶十九年（1805），福建長汀縣人黃
開基將添弟會改為仁義會。光緒二年（1876）九月，江西東鄉縣
拏獲仁義會要犯戴金鸞等三名。江西巡撫劉秉璋具奏時指出，
仁義會即哥老會[3]。嘉慶十三年（1808），福建永定縣人廖善罄
等在江西安遠縣談及三點會奉官查禁，起意商改三點會為洪蓮
會。光緒三十二年（1906），江西破獲洪蓮會。據要犯黃淑性供
稱，加入昆侖山洪蓮會，充當饒州總頭目，以仇教為名[4]。同光
時期，仁義會、洪蓮會吸收更多哥老會要素，更具哥老會特色。
仁義會、洪蓮會雖然是由添弟會、三點會轉化而來，但在同光時
期，已與哥老會合流，可以歸入川楚哥老會系統內。由於人口流

1　《軍機處檔・月摺包》，第 2766 箱，38 包，100948 號，同治九年
　　四月十九日，湖南巡撫劉崑奏摺錄副。
2　《辛亥革命前十年間民變檔案史料》，上冊，頁 50。
3　《月摺檔》，光緒二年九月二十九日，江西巡撫劉秉璋奏片。
4　《辛亥革命前十年間民變檔案史料》，下冊，頁 307。

動的頻繁，以及散兵游勇的無縣無之，閩粵天地會系統及川楚哥老會系統的秘密會黨，都打破了地域限制，而互相影響，相激相盪，彼此合流，廣義的天地會，就是包括閩粵天地會系統及川楚哥老會系統的各種會黨。

　　秘密會黨是多元性的異姓結拜組織，其組織形態，可以分為內部組織和外部組織。各會黨名目不同，但都是異姓弟兄的金蘭結義，會內以兄弟相稱，即所謂內部組織，這種組織最能凸顯各種會黨的共同特色。例如雍正六年（1728），臺灣諸羅縣蔡蔭等人結拜父母會，公推蔡蔭為大哥，以石意為尾弟。陳斌等人結拜父母會時，公推湯完為大哥，以朱寶為尾弟，蔡祖為尾二。乾隆五十一年（1786）十一月，林爽文領導天地會起事以後，天地會內部俱呼林爽文為大哥，彼此以兄弟相稱。但林爽文對外卻稱順天大盟主，或盟主大元帥，此外設有都督、元帥、將軍、先鋒、軍師、提督、同知、知縣等文武職稱，都是外部組織。清代中期以降，閩粵天地會系統會黨組織的顯著變化，不在其外部組織，而在其內部組織。嘉慶十三年（1808）四月，廣東南海縣人顏超等在廣西來賓縣結拜天地會，顏超將白扇一柄贈送給顏亞貴，稱為清風扇，作為傳會的信物。咸豐三年（1853）七月，御史陳慶鏞具摺指出，福建上游小刀會有衣扣髮辮各暗號，並有鐵板令、草鞋令、過江龍等名目。此時所謂草鞋、鐵板也不過是會中權威性較高的指令，尙非會中職稱。道光十年（1830）五月，江西清江縣人張義老聚眾結拜三點會，會中共推張義老為老大，黃廣六善走，被推為老滿頭，其餘分一肩至十肩。道光二十年（1840）十月，貴州大定府白蟒碯人汪擺片等結拜老人會，會中公推汪擺片為大哥，陳小蟲等十二人為二哥，陳二纏等十二人為三哥，張老四等十人為四哥，張老三等九人為五哥，許小么等二人為么

大，羅大幗等二人爲滿大。如遇事出力，則么大、滿大陞爲五
哥，其餘以次遞陞，倘臨事退縮，亦以次遞降。會中雖仍以大
哥、二哥等相稱，但是二哥、三哥各十二人，而且又有么大、滿
大等名目。光緒十六年（1890）十月間，廣東雷瓊道朱采訪聞遂
溪縣有天地會逸犯結盟拜會案件，揭春亭爲大哥，李幗汰爲二
哥，此外有紅棍、先生、草鞋等名目。光緒二十二年（1896）七
月，廣東平遠縣破獲沙包會，何羅盤三充當三七鐵板，凌文仲充
當金花。光緒三十一年（1905），江西龍南縣人吳盛發等加入三
點會，吳盛發被封爲紅棍，袁連珍被封爲白扇，黃月譜、張觀
蘭、何恩明被封爲四糾，劉德華被封爲鐵板等職。光緒年間，白
扇、草鞋、鐵板、紅棍、金花、四糾等都成爲會中內部組織的職
稱。洪門兄弟公推出來的首領稱爲大哥，手執紅棍。可以責罰不
守規章的弟兄，後來紅棍也成爲會中重要頭目的職稱。白扇原先
只是傳會的憑據，持有白扇，就可以邀人結會。洪門兄弟中掌管
文書的先生，手持白扇，其地位僅次於香主，因持白扇，後來白
扇就成爲先生的別稱。草鞋、鐵板是負責奔走各處傳遞消息，考
查弟兄的頭目。閩粵天地會系統會黨內部組織的變化，反映會黨
規模的擴大，分工愈細。川楚哥老會系統會黨內部組織更爲複
雜，名目繁多，各種職稱所扮演的角色，更加專業化，反映哥老
會組織更趨嚴密，對內強化其約束力，對外增進其發展力，終於
使川楚哥老會系統的各種會黨，形成動輒聚衆起事，攻城掠地的
群衆組織。

　　秘密會黨的活動，與我國通俗文化的關係，極爲密切，各會
黨一方面吸收了古代通俗文化的許多內容及形式，另一方面廣泛
流傳於各會黨內部的隱語、口訣、詩歌等又豐富了清代通俗文化
的內涵。在各會黨中流傳的隱語、詩句，是屬於一種藏頭詩的形

式，又稱為嵌字詩，即在各詩句中分別嵌入一字，作為暗號，使會內成員易於辨認，並引起重視，而會外人則莫名其妙。除嵌字入詩外，還利用拆字法或拼字法改造新字，作為暗號。乾隆末年，據天地會成員賴阿邊等人供稱會中流傳的詩句內有"木立斗世知天下"等語，據稱"木"字是指順治十八年（1661）；"立"字是指康熙六十一年（1722）；"斗"字是指雍正十三年（1735）；"世"是指乾隆三十二年（1767），傳說天地會起於乾隆三十二年，故以"世"字暗藏[5]，意即"世"字暗藏著"三十二"。渡臺傳授天地會的嚴煙也供稱：「旗上書寫"洪號"字樣，並有五點二十一隱語，都是取洪字的意思，曉得暗號，就是同會，即素不認識之人，有事都來幫助[6]。」隱語也是一種暗號，"洪"字可以拆成"五點二十一"，使用"五點二十一"隱語的秘密組織，就是以"洪"姓為集團，或洪門弟兄，天地會就是洪姓集團。林爽文起事失敗以後，天地會逸犯陳蘇老等潛返福建同安縣原籍。為了復興天地會，陳蘇老於乾隆五十七年（1792）八月間，糾邀陳滋等人結拜龘䨻會。會中以青氣為天，以黑氣為地，即以"龘䨻"字樣暗代"天地"二字。嘉慶十六年（1811）五月，廣西巡撫成林將東蘭州姚大羔所藏天地會的會簿、三角木戳等咨送軍機處，會簿中書明"青氣為天，黑氣為地，山乃為會"等字號[7]，意即以"龘䨻屴"字樣暗代"天地會"三字。道光二十四年（1844）八月，廣東潮陽縣人黃悟空起

5　《宮中檔乾隆朝奏摺》，第六十三輯，頁 89，乾隆五十二年正月二十一日，兩廣總督孫士毅奏摺。

6　《宮中檔乾隆朝奏摺》，第六十七輯，頁 472，乾隆五十三年三月初六日，大學士福康安等奏摺。

7　《天地會》（一），頁 3，廣西巡撫成林呈軍機處咨文。

意結拜雙刀會，會中製成紅布三角洪令小旗，旗面書寫"龣龤
芳"三字，暗代天地會。嘉慶七年（1802）五月，廣東香山縣人
黃名燦等六人結拜天地會。會中使用"共洪和合，結萬爲記"暗
號，刻成木戳，刷成紅白二號，凡是入會者，每人分給二塊，一
存各人家內，一帶自己身上，作爲憑據。嘉慶十九年（1814）三
月，江西龍南縣人鍾錦瀧聽從廣東連平州人邱利展糾邀結拜三點
會，會中紅布書寫"五祖分開一首詩，身上洪英無人知，自此傳
得衆兄弟，後來相見團圓時"等詩句。道光十五年（1835）二
月，廣東添弟會黨曾大名傳授"三八二十一，合來共一宗"、
"五房留下一首詩，深山洪英少人知，有人識得親兄弟，後來相
會團圓時"等詩句。會黨成員的會員證，稱爲腰憑，多以布片印
成八角形數層，各層文字的連綴，頗有變化，或一句中顛倒其文
字，或各句中互相錯綜，務令外人難於索解，因腰憑本底樣式多
成八角形，所以習稱八卦 8。腰憑內各層文字，多爲各會黨流傳
的隱語及詩句，陸續拼湊，八卦層次日增，由簡而繁，經過長期
的拼湊，愈演變而愈錯綜複雜。腰憑本底樣式，近似八卦圖形，
其外層上方居中爲"龣"，暗代"天"字；下方居中爲"龤"，
暗代"地"字；右側居中嵌入"日"字；左側居中嵌入"月"
字，日月合爲"明"字，暗藏天地會反清復明的宗旨。八卦外層
左起詩句爲"五分一詩首開人，後相團時园認來，身洪無知人英
上，自傳衆弟兄得此"。句中文意錯亂，但對照歷年會黨案件所
錄會員供詞後，可以寫成"五人分開一首詩，身上洪英無人知，
自此傳得衆兄弟，後來相見團圓時"，與供詞文意相近。龣龤會
在乾隆末年僅僅是一個會黨名稱，"五人分開一首詩"等句，在

8　平山周著《中國秘密社會史》，頁 54。

嘉慶中葉，也不過是詩句而已，後來都刻成腰憑。因此，此圖式樣，其出現的上限，最早只能追溯至嘉慶年間。圖中左上角，取"忠心義氣"偏旁拼造新字，是一種組合字，是下層社會通俗文化極爲常見的造字方法。除隱語、詩句外，各會黨的口訣、手勢等暗號，也是由簡而繁，富於變化。乾隆五十二年（1787），天地會成員林功裕供出，會中是以三指拿煙喫茶，遇搶奪之人，則用三指按住胸膛爲暗號。問從那裡來？只說水裡來，便知同會[9]。天地會的三指暗號，其由來或與李、朱、洪三姓倡立天地會的傳說有關，或與三八二十一的"三"有關，或指桃園劉、關、張三結義而言，以象徵異姓結拜的意義。口訣中的"水裡"，隱寓"洪"字，亦即兄弟結拜共姓"洪"的意思，是洪門弟兄的共同暗號。天地會成員許阿協亦供稱，會中以大指爲天，小指爲地，凡入會者用三指按住心坎爲號，便可免於搶奪。謝志原籍廣東，遷居臺灣南投。乾隆五十五年（1790）九月，謝志等十八人在南投虎仔坑結拜天地會，會中傳授用左手伸三指朝天的暗號，相見時用左手伸三指朝天的暗號，就知道是同會弟兄[10]。嘉慶六年（1801），廣東新寧縣的天地會已使用"開口不離本，舉手不離三"暗號。嘉慶十七年（1812）九月，福建武平縣人劉奎養加入添弟會，會中暗號是以外面布衫第二鈕釦寬解不扣，髮辮盤起，辮梢向上，及"開口不離本，出手不離三"要訣。嘉慶十九年（1814）閏二月，李文力在福建建陽縣結拜添弟會，傳授取物喫煙俱用三指向前暗號。福建漳浦縣人歐狼，遷居霞浦縣。

9　《宮中檔乾隆朝奏摺》，第六十三輯，頁 456，乾隆五十二年二月二十七日，兩廣總督孫士毅奏摺。

10　《明清史料》，戊編，第四本，頁395，乾隆五十六年三月十二日，臺灣鎮總兵奎等奏摺移會抄件。

嘉慶十九年（1814）六月，歐狼在霞浦縣天岐山空廟內結拜父母
會。會中除傳授"三八二十一"洪字口號及取物喫煙俱用三指暗
號外，還傳授問答口白。問：從那裡來？答：從東邊來，西邊
去。問：從那裡過？答：從橋下過。所謂"從東邊來"，是指旭
日東昇；"西邊去"則指西方月窟，日與月隱寓"明"。"從橋
下過"是因誓詞中「有忠有義橋下過，無忠無義刀下亡」等句而
來。從嘉慶年間以降，各會黨紛紛效法，編造五花八門的口訣、
手勢暗號，極富變化，更豐富了清代通俗文化的內涵。

關羽是三國時期蜀國名將，唐代以來，中原內地對關羽的崇
拜，已經盛行，逐漸成為佛、道二家共同崇拜的神祇。佛教寺院
尊關羽為伽藍神之一，道教崇敬關羽有過之而無不及，至明代萬
曆年間（1573～1619），關羽被道教封為"三界伏魔大帝神威遠
震天尊關聖帝君"的顯赫尊號，簡稱關帝，習稱關公。關帝信仰
傳入遼東後，很快地被女真人或滿族等少數民族所接受，歷代相
沿，在各地留下了很多的關帝廟。這位由英勇善戰的忠義名將衍
化而來的神祇，對崇尚武功的滿族、錫伯族，尤具吸引力，清太
祖努爾哈齊、太宗皇太極父子都喜讀《三國志通俗演義》，皇太
極曾引黃忠落馬，關公不殺的一段故事來指責朝鮮國王的背信棄
義[11]。當明代後期滿族等部落首領與明朝邊將盟誓時，照例要請
出雙方都篤信的關帝聖像，擺設香案祀奠，然後再刑白馬烏牛，
白酒拋天，歃血盟誓[12]。在滿族入關前，《三國志通俗演義》已
經開始繙譯成滿文，關帝的故事，在滿族社會中，更是家喻戶

---

11 《舊滿洲檔》（臺北，國立故宮博物院，民國五十八年八月），第
  九冊，頁4195。
12 《明清史料》，甲編，第九本，頁857。

曉，關帝就以戰神的形象進入了薩滿信仰的神祇行列，關帝信仰遂日益普及化。秘密會黨強調忠義千秋，各會黨的腰憑或隱語詩句，多屬於嵌字入歌的藏頭詩形式，在藏頭詩內多嵌入“忠心義氣”等字樣，各會黨所標榜的就是關帝的忠義精神，關帝秉燭達旦，春秋義薄雲天，在洪門兄弟的心目中，關帝的地位高過劉備。有清一代，由於秘密會黨的盛行，關帝信仰在下層社會裡更加普及，有許多會黨的名稱，就是以關帝命名。例如乾隆元年（1736），福建邵武縣破獲的關聖會，就是因關聖帝君而得名。乾隆十二年（1747）十一月，江西人蕭其能在江西宜黃縣加入關帝會，此會黨亦因崇拜關帝而得名。道光二十七年（1847），江西長寧縣出現的關爺會，也是因關公崇拜而命名。有些會黨的結拜儀式，則選在關帝廟內舉行。周宗勝是廣東南海縣人，在廣西上林縣傭工度日，嘉慶十二年（1807）五月，周宗勝等三十人在上林縣東山嶺關帝廟內結拜天地會。有些會黨的結拜儀式，是供設關帝神位，例如嘉慶十三年（1808）三月，江西人鄒麻子等四十四人在江西樂安縣境內僻靜地方寫立關帝神位，結拜邊錢會。嘉慶二十年（1815）十月，廣東南海縣人梁老三等人在廣西恭城縣結拜忠義會，擺設案桌，用紙書寫“忠義堂”三字，粘貼桌邊，同時供設關帝神位。道光十年（1830）五月，江西清江縣人張義老等結拜三點會時，是選在清江縣境內山僻地方舉行，因無關帝廟，而寫立關帝神位，傳香結拜。以忠義著稱的關帝，是洪門兄弟膜拜的神明，關帝在會黨的舞臺上確實扮演了十分重要的角色。由於各會黨的崇拜關帝，使關帝信仰在下層社會裡，更加普及化。

　　秘密會黨的起源，與閩粵地區異姓結拜風氣的盛行，有非常密切的關係；秘密會黨的發展，則與閩粵等省的人口流動，有十分密切的關係。在清代人口的流動中，福建、廣東是我國南方最突出的兩個省分，其流動方向，除了向海外移殖南洋等地，在華人社會也發展各種會黨外，其國內移徙方向，一方面是向本省沿邊山區流動，一方面則向土曠人稀開發中的鄰近省分流動。福建的精華區域主要是集中於東南沿海福州、泉州、漳州等府，地狹人稠，其西北內陸山區，因交通阻塞，開發遲緩，地廣人稀，米價低廉，可以容納東南沿海精華區過剩的人口，提供貧民謀生的空間，福建地區省內人口流動的方向就是由沿海精華區流向西北內陸山區開山種地。延平、建寧、邵武等府，都在西北內陸，嘉慶年間（1796～1820），延平府境內開始破獲添弟會、拜香會、仁義會等案件，建寧府境內開始破獲百子會、仁義會、雙刀會、添弟會等案件，邵武府破獲花子會。除了閩省人口向西北內陸流動外，廣東、江西人口亦湧入福建西北內陸墾荒種地，例如嘉慶年間在建陽縣結拜仁義會的李青林是廣東人，劉祥書是江西人。道光十五年（1835），在邵武縣結拜三點會的李魁、鄒觀鳳等人是廣東人。江西與閩粵等省接壤，江西沿邊地帶可以種植經濟作物，贛南地方，礦區廣大，閩省等省貧民相繼湧入江西謀生。因此，江西秘密會黨的起源與發展，和閩粵人口的流入以及江西本省從閩粵回流的頻繁有密切的關係。乾隆年間，閩粵地區已屢次破獲天地會、添弟會案件，江西從嘉慶十年（1805）始查有天地會的活動。嘉慶十一年（1806），破獲三點會案件。嘉慶十三年（1808），因天地會奉官查禁已久，為避人耳目，改為洪蓮會。嘉慶十九年（1814），破獲添弟。大致而言，江西天地會、三點會、洪蓮會、添弟會盛行的地區，多鄰近福建、廣東，各種會黨的倡立者或起意拜會的會首，多屬於閩粵地區的外流人口。由此可以說明江西秘密會黨就是閩粵人口流動的產物，亦即閩粵會黨的延伸。廣西與廣東接壤，從廣東溯西江而上至廣西梧州後，可以順右江、左江到廣西沿邊墾荒，乾隆年間，從廣東流入廣西的人口，與日俱增。乾隆五十二年（1787），廣西蒼梧縣開始出現牙籤會。嘉慶十二年（1807）、十三年（1808），廣西平樂、上林、林賓、奉議州、藤縣等州縣先後出現天地會。廣東人口固然大量流入廣西，福建人口流入廣西者亦夥，為立足異域，進入廣西的福建人口，亦結盟拜會，廣西秘密會黨的倡立，就是廣東、福建秘密會黨的延伸。廣東、福建流入雲南、貴州的人口，亦極眾多，從嘉慶中葉以降，雲貴地區的外來人口，絡繹不絕，成長迅速。嘉慶十七年（1812），雲南寶寧、師宗等縣，破獲添弟會。嘉慶二十一年（1816），雲南文山縣、貴州興義府等地，破獲添弟會。雲南、貴州的添弟會，就是閩粵流動人口的異姓結拜組織，亦即閩粵秘密會黨的延伸。湖南與廣東、廣西接壤，兩廣游民進入湖南後，也結盟拜會。嘉慶二十一年（1816），湖南永明縣破獲忠義會。嘉慶二十二年（1817），湖南保靖縣破獲公義會。湖南永明等縣，與兩廣接壤，土客之間，彼此不相容，結盟拜會就成為粵籍客民自力救濟最常見的方式。臺灣與閩粵內地，一衣帶水，明末清初以來，一方面由於內地的戰亂，一方面由於地狹人稠，閩粵民人東渡臺灣者，接踵而至。臺灣的結盟拜會案件，與拓墾方向大致是齊頭並進的。臺灣南部，因其地理位置恰與福建泉州、漳州二府相當，早期渡臺民人，即在南部立足，臺灣南部遂成為早期的拓墾重心，康熙末年，朱一貴結盟起事的地點，就是在南部鳳山。其後由於南部本省人口的自然增殖，以及內地移民的不斷湧進，戶口頻增，南部開發殆盡，拓墾方向便由南部逐漸向北延伸。雍正年間的拓墾重心北移至諸羅一帶，湯完等人所結拜的父母會，就是出現於諸羅縣境內。彰化平原在鄭氏時代，已由泉州人開始移墾，清廷領有臺灣後，泉州籍移民在彰化平原更是佔了絕對的優勢，漳州莊頗受凌壓，於是結盟拜會，以圖抵制泉州莊。雍正元年（1723），彰化縣的增設，表示彰化平原在整個臺灣開拓史上確已顯出其區域性發展的重要意義。因諸羅一帶，人口日益飽和，拓墾重心逐漸北移，乾隆年間，彰化平原已成為拓墾重心，小刀會滋事案件，共計十起，都發生在彰化境內，漳州籍移民林爽文等人所領導的天地會也出現於彰化。其後拓墾重心繼續北移，北部平原可種稻米，山區可生產茶和樟腦，移殖人口日增，嘉慶年間，淡水廳出現了小刀會。道光年間，貓裡（苗栗鎮）廣東莊出現了兄弟會，又名同年會。咸豐年間，廈門小刀會滋擾雞籠、噶瑪蘭等處。同治初年，彰化縣民戴潮春結拜添弟會。但因臺灣與兩廣、雲貴、湖廣等內地各省的自然環境，不完全相同，其呈現的社會現象，亦有差異。同光年間以來，臺灣對外開放通商口岸，茶和樟腦等物產的出口量逐漸增加，對外貿易緩和人口壓力，行政區劃重新調整，文教工作的加強，使褊狹的地域觀念逐漸消弭，社會治安亦漸改善，盜賊減少。又由於臺灣的自然環境比較特殊，孤懸外海，宛如海外孤舟，較易產生同舟共濟的共識。更重要的是臺灣與閩粵內地因一海之隔，使太平天國之役並未波及臺灣，未遭受散兵游勇的劫掠破壞。因此，同光時期，臺灣社會已漸趨整合，分類械鬥案件已經明顯減少，結盟拜會的風氣並不盛行。內地各省的自然環境，與臺灣不同，幅員遼闊，空間廣大，其中廣西、雲南、貴州等省，既與川楚毗連，又與越南、緬甸接壤，邊境延袤，人口流動性較大，起源於閩粵地區的閩粵系統或天地會系統的各種會黨，隨著人口的持續流動，而繼續發展。太平天國起事以後流動性更大，隨著湘軍的四處征戰，散兵游勇的到處劫掠，哥老會的發展，已經突破地域性的限制。江湖會、哥老會、洪江會等會黨，可以說是屬於哥老會系統的秘密會黨，盛行於長江流域各省。由於哥老會的到處放飄，使哥老會系統的各種會黨，在同光時期日趨活躍，分佈益廣，包括：湖南、湖北、江西、安徽、江蘇、浙江、四川、陝西、甘肅、河南、河北、貴州、雲南、廣東、廣西、福建、新疆等省，其中湖廣地區，哥老會案件，所佔比例最高，華北地區，哥老會案件，所佔比例僅次於兩江地區 [13]。至於江西、貴州、雲南、湖南等地，是天地會系統與哥老會系統各種秘密會黨顯著重疊的地區，臺灣、福建、廣東、廣西等地，是天地會系統各種秘密會黨盛行的地區，哥老會案件較罕見。華北地區，哥老會較活躍，天地會系統的會黨案件較罕見。由於天地會系統與哥老會系統各種秘密會黨的彼此合流，相互激盪，更加擴大內地各省的社會動亂，造成更嚴重的社會侵蝕作用。

　　秘密會黨並非靜態的現象，它始終處在不斷地變化狀態之中，在不同時期，不同地區，有其差異性。各會黨的共同宗旨，主要是強調內部成員的互助問題，加入會黨後，彼此照顧，患難相助。出外人勢孤力單，恐被人欺侮，他們常藉閒談貧苦而倡立會黨。加入會黨後，大樹可以遮蔭，享有片面的現實利益。臺灣林爽文聞知天地會人多勢眾，即要求入會，泉漳分類械鬥規模擴大以後，漳州籍移民爲求自保，便紛紛加入天地會。林爽文所領導的天地會，其主要成員的原籍多隸福建漳州府各縣，茲據國立故宮博物院、中國第一歷史檔案館典藏《宮中檔硃批奏摺》、《軍機處檔奏摺錄副》及《臺灣檔》等資料，將乾隆末年臺灣天地會的籍貫分佈列表於下：

13　《哥老會的起源及其發展》，頁 152。

清代乾隆年間臺灣天地會籍貫分佈表

姓　　　名	原　　　　　　籍	在　臺　居　地	入會年分	職　　　　稱
嚴　　烟	福建漳州府平和縣	彰　　　　化	乾隆47年	
林　爽　文	福建漳州府平和縣	大　里　杙	乾隆49年	盟主大元帥
林　　繞	福建漳州府平和縣	大　里　杙	乾隆51年	耆　　　老
林　　領	福建漳州府同安縣	大　肚　溪	乾隆51年	大　都　督
林　水　返	福建漳州府平和縣	田　中　央	乾隆51年	副　元　帥
林　　漢	福建漳州府同安縣	鳳　　　山	乾隆52年	輔國左將軍
林　　舊	福建漳州府平和縣	大　　　墩	乾隆51年	總　先　鋒
林　　全	福建漳州府平和縣	彰　　化		總曹帥府
林　　九	福建漳州府平和縣	彰　　　化	乾隆51年	鎮北將軍
林　　扇	福建漳州府平和縣	大　　　墩	乾隆51年	鎮北將軍
林　　楓	福建漳州府平和縣	尖　厝　園	乾隆52年	九門提督
林　　駕	福建廈門	茄　老　莊	乾隆51年	右衛大將軍
林　　達	福建漳州府南靖縣	諸　　　羅	乾隆52年	宣略將軍
林　小　文	臺灣淡水廳	新　　　莊	乾隆51年	元　　　帥
林　　茂	福建漳州府平和縣		乾隆51年	建武監軍
林　　侯	福建漳州府南靖縣	大　里　杙	乾隆52年	管　糧　官
林　　良	福建漳州府平和縣		乾隆51年	後衛將軍
何　有　志	福建漳州府平和縣	大　肚　溪	乾隆51年	右　都　督
何　　泰	福建漳州府平和縣	大　排　竹		中路總提督
何　　洪	福建漳州府平和縣	彰　　　化	乾隆51年	武勝將軍
何　光　義	福建漳州府平和縣	楠　仔　仙	乾隆52年	順天副元帥
王　　茶	福建泉州府同安縣	葫　蘆　墩	乾隆51年	遊巡將軍
王　仆　方	福建漳州府龍溪縣	鳳　　　山	乾隆52年	副　先　鋒
李　春　風	福建漳州府詔安縣	彰　　　化	乾隆52年	順勇將軍
李　　載	福建漳州府詔安縣	猫　盂　蓁　莊	乾隆51年	掃北將軍
吳　　領	福建漳州府漳浦縣	彰　　　化	乾隆52年	股　　　頭

柯　　春	福建漳州府龍溪縣	大　排　竹	乾隆 51 年	鎮國大將軍
莊大田	福建漳州府平和縣	篤　家　港	乾隆 51 年	輔國大將軍
莊大韮	福建漳州府龍溪縣	鳳　　　山	乾隆 51 年	開南大將軍
莊大九	福建漳州府平和縣	鳳　　　山	乾隆 52 年	護國元帥
陳　傳	福建漳州府海澄縣	南　　　投	乾隆 52 年	安南大將軍
陳　梅	福建泉州府南安縣	笨　　　港	乾隆 52 年	軍　　　師
陳　牙	福建漳州府海澄縣	鳳　　　山	乾隆 52 年	開南左先鋒
陳　榜	福建漳州府漳浦縣	彰　　　化	乾隆 51 年	
陳秀英	福建泉州府晉江縣	諸　　　羅	乾隆 51 年	中南總統大元帥
陳天送	福建泉州府晉江縣	彰　　　化	乾隆 51 年	巡查察院
陳　舉	福建泉州府龍溪縣	鳳　　　山		洪號大將軍
陳寧光	福建漳州府龍溪縣	布　袋　尾　莊	乾隆 52 年	護駕大將軍
陳　元	福建漳州府平和縣		乾隆 52 年	遊擊將軍
陳　闖	福建漳州府詔安縣	諸　　　羅	乾隆 52 年	北路先鋒
陳　商	福建漳州府漳浦縣	諸　　　羅	乾隆 52 年	水陸將軍
陳　泮	福建漳州府漳浦縣	虎　仔　坑	乾隆 51 年	征南大都督
許光來	福建泉州府同安縣	鳳　　　山	乾隆 52 年	副　主　帥
許　尚	福建泉州府同安縣	大　武　壠	乾隆 52 年	靖海侯
涂　龍	福建漳州府詔安縣	諸　　　羅		左監軍
涂　虎	福建漳州府詔安縣	大　榔　梆	乾隆 52 年	遊擊將軍
張益光	福建泉州府同安縣	鳳　　　山	乾隆 51 年	招討使
張　回	福建泉州府同安縣	彰　　　化	乾隆 52 年	
郭　鑒	福建泉州府同安縣	北　　　投	乾隆 51 年	護國將軍
郭漢生	福建漳州府龍溪縣	彰　　　化	乾隆 51 年	輔信將軍
郭　丕	福建漳州府漳浦縣	大　肚　社	乾隆 51 年	
黃　潘	臺　　　灣			金吾將軍
黃　成	福建泉州府同安縣	下　淡　水	乾隆 52 年	副　主　帥
黃　富	福建泉州府同安縣	北　　　投	乾隆 52 年	護國將軍
簡添德	福建漳州府南靖縣	阿　里　港	乾隆 52 年	總參軍
高文麟	福建漳州府龍溪縣	彰　　　化	乾隆 52 年	管海口總爺

楊　振　國	福建漳州府漳浦縣	彰　　　化	乾隆 51 年	副　元　帥
楊　　　軒	福建漳州府龍溪縣		乾隆 51 年	辦　理　軍　務
楊　　　章	臺　　　灣	諸　　　羅	乾隆 51 年	管　　　隊
朱　　　開	福建漳州府平和縣	彰　　　化	乾隆 51 年	
賴　　　達	福建漳州府平和縣	獺　楚　埔　莊	乾隆 51 年	保駕大將軍
賴　　　樹	福建漳州府平和縣	新　　　莊	乾隆 51 年	北路大將軍
蔡　　　福	福建漳州府平和縣	諸　　　羅	乾隆 51 年	軍　務　總　督
蔡　　　綱	福建漳州府南靖縣	淡　水　廳	乾隆 51 年	把　　　總
謝　　　檜	福建漳州府龍溪縣	石　落　潭	乾隆 52 年	都　督　將　軍
鄭　　　記	福建泉州府晉江縣	阿　里　港	乾隆 51 年	總　先　鋒
葉　　　娥	福建泉州府同安縣	水　底　寮	乾隆 52 年	洪　號右將軍
蘇　　　敬	福建汀州府永定縣	牛　罵　頭	乾隆 52 年	左　都　督
蘇　　　良	福建泉州府同安縣	竹　頭　崎	乾隆 52 年	征　西　將　軍
蘇　　　普	福建漳州府同安縣	諸　　　羅	乾隆 51 年	存　城　千　總
蔡　　　挺	福建漳州府南靖縣	臺　　　灣	乾隆 52 年	信　義　將　軍
劉　　　升	福建漳州府龍溪縣	茄　老　角　莊	乾隆 51 年	盟主，副先鋒
劉　志　賢	福建泉州府惠安縣	彰　　　化	乾隆 51 年	
劉　　　三	福建泉州府南安縣		乾隆 52 年	忠　武　將　軍
劉　　　笑	福建漳州府南靖縣	貓　霧　棟	乾隆 51 年	英　武　將　軍
張　　　文	福建漳州府長泰縣	刺　桐　腳　莊	乾隆 51 年	
鍾　　　祥	福建汀州府武平縣	碑　仔　頭	乾隆 51 年	
陳　　　樵	福建漳州府漳浦縣	大　肚　山	乾隆 51 年	
劉　　　實	廣東饒平縣	彰　　　化	乾隆 51 年	
林　天　球	廣東饒平縣	彰　　　化		
林　　　萬	福建漳州府龍溪縣	彰　　　化	乾隆 51 年	
張　　　標	福建漳州府	南　　　投	乾隆 55 年	會　　　首

資料來源：國立故宮博物院、中國第一歷史檔案館典藏《宮中檔》、《軍機處檔》、
　　　　　《臺灣檔》。

　　就上表所列天地會主要成員共八二人，原籍隸福建內地者計
七十七人，約佔百分之九十四，籍隸廣東省者二人，其餘在臺灣
者三人。在籍隸福建省內地的七十七人內，其原籍隸漳州府者計
五十八人，約佔百分之七十六，原籍隸泉州府者共十七人，約佔
百分之二十二。林爽文等人所領導的天地會就是以福建漳州籍移
民爲基礎的異姓結拜組織。當林爽文起事以後，有少數泉州人也
加入天地會。當原籍泉州的林領、陳梅等被解送京師後，軍機大
臣進行熬訊。軍機大臣詰問陳梅等云：「你們旣是泉州人，向來
泉州與漳州旣不和睦，現在做賊的，又漳州的人多，你們就該幫
同義民殺賊，爲何反入了林爽文賊夥呢？」據陳梅供稱：「我雖
係泉州人，原住在笨港，算命起課度日。上年六月，林爽文來攻
笨港，燒毀村莊，將我家屬收禁，我所以從了他們入夥。後來林
爽文又封我做軍師是實[14]。」在前表中籍隸泉州的十七人，多數
是被裹脅入夥的。天地會旣以漳州籍移民爲基本成員，於是天地
會便對漳州莊形成了社會控制，漳州籍移民依附天地會，接受天
地會的盟誓規章約束，直接排斥朝廷的法律。但是天地會產生的
社會侵蝕作用，也是不容忽視的。林爽文起事以後，裹脅焚搶，
聲勢浩大，泉州莊、廣東莊多遭破壞。林爽文恐村中百姓充當義
民，於是在天地會控制地區，逼令村民在辮頂外留髮一圈，以便
識認，而形成了一種社會控制。泉州莊、廣東莊爲了保境安民，
發揮地緣村落守望相助的精神，於是多充義民，以抗拒天地會的
入境騷擾。

　　當某一原生團體進行活動時，其影響所及，往往能刺激另一

14　《天地會》（一），頁399。

應生團體的出現[15]。天地會是原生團體，林爽文起事以後的義民組織就是受天地會刺激而產生的應生團體，地方文武大員相信多增一千義民，即減少一千會黨，所以廣招義民，被天地會裹脅的泉州籍移民也紛紛投出，充當義民。當天地會頭目被官兵拏獲後，多供出義民不肯入會，拒絕接受林爽文的領導。由此可知臺灣早期移墾社會裡的漳州籍移民，其結盟拜會蔚為風氣，他們即以會黨為依附團體，而泉州莊及廣東客家莊則以義民組織為依附團體。以泉州莊及廣東莊為基礎的廣大義民組織，產生了與天地會勢不兩立的敵對力量，義民遂與官兵形成了聯合陣線，對天地會產生了反制力量。大學士福康安具摺時指出南路山豬毛廣東莊是東港上游，粵民一百餘莊，分為港東、港西兩里，因康熙末年平定朱一貴，號為懷忠里，在適中之地建蓋忠義亭一座，林爽文、莊大田起事後，曾遣涂達元、張載柏執旗前往招引粵民入夥，兩里粵民誓不相從，竟將會黨涂達元、張載柏兩人即時擒斬。粵民齊集忠義亭，供奉萬歲牌，決心共同堵禦會黨，挑選丁壯八千餘名，分為中左右前後及前敵六堆，按照田畝公捐糧餉，由舉人曾中立總理其事，每堆每莊各設總理事、副理事，分管義民，由劉繩祖等充任副理事。乾隆皇帝為了要獎勵義民，特頒御書褒忠匾額。各處義民，除少數由地方官衙門招募充當外，多由紳衿舖戶等招集，義民每日口糧亦多由義民首捐貲備辦。捐納四品職衛楊振文、文舉人曾大源，世居彰化，林爽文起事後，拒絕入夥，棄家返回泉州。大學士福康安在大擔門候風時，將楊振文、曾大源帶赴鹿仔港，招募義民，隨官兵進勦。清廷善於利用

---

15 陸寶千著《論晚清兩廣的天地會政權》（臺北，中央研究院近代史研究所，民國六十四年五月），頁233。

這一股強大的力量，嘉獎義民，屢飭地方官查明優賞，「如係務農經商生理者，即酌免交納賦稅。若係首先倡義紳衿，未有頂帶者，即開列名單，奏明酌予職銜，以示優異。」清高宗以廣東、泉州移民急公嚮義，故賞給匾額，令大學士福康安遵照鉤摹，遍行頒賜，以旌義勇。同時爲了將漳州籍移民從天地會中分化出來，清高宗復諭令臺灣府所屬各廳縣應徵地丁錢糧悉行蠲免，以示「一體加恩，普施惠澤」之意。

　　清軍進勦林爽文、莊大田期間，臺灣義民確實扮演了非常重要的角色。乾隆五十一年（1786）十二月十二日，署鹿仔港守備事千總陳邦光邀約泉州籍義民首林湊、林華等率領義民往救彰化縣城。林爽文聞知清軍將至，即出西門外駐箚，奪取彰化營汛鎗砲，陳邦光命義民分爲左右兩翼向前攻殺，會黨敗退，前後不能相顧，其執旗指揮的天地會副元帥楊振國、協鎮高文麟、先鋒陳高、辦理水師軍務楊軒等四名俱被義民擒獲，彰化縣城遂爲義民等人收復。陳邦光以署守備防守鹿仔港等汛地，僅有汛兵五十餘名，其能收復彰化縣城，屢敗會黨，實得力於義民首林湊等招募義民，始克蕆功。是月十三日，署都司易連帶領兵丁及義民進攻新莊，守備童得魁等帶領義民五百名由艋舺渡河直攻下莊，李因等督率義民五百名進攻中港厝，監生黃朝陽督率義民六百名進攻鶯歌與三峽之間的海山頭。廣東莊義民邱龍四等設伏於臺北樹林南方的彭厝莊。滬尾莊蔡才等率領義民三百名，和尚洲鄭窓等率領義民六百名，大坪頂黃英等率領義民四百名，合攻滬尾、八里坌等處。和尚洲鄭享等率領義民五百名由北投唭哩岸，孫勳等率領義民六百名由上埤頭會攻八芝蘭。同月十八日，淡水同知幕友年已七十高齡的壽同春，用計退敵，親赴各莊招集義民，收復竹塹。諸羅縣義民首黃奠邦、鄭天球、王得祿，元長莊義民首張源懃等也都率領義民隨同官兵打仗，搜拏會黨，購線招降，離間會黨，並差遣義民假扮會黨，四出偵探會黨內部軍情。淡水廳義民首王松、高振、葉培英，東勢角義民首曾應開，熟諳內山路徑，深悉內山情形，奉諭前往屋鼇、獅子等社，率領各社先住民在要隘地方堵截會黨。乾隆五十二年（1787）二月十二日，清軍探知林爽文率眾聚集於諸羅縣城外二十里的大坪頂地方，命義民首黃奠邦帶領義民於是日夜間五更啓程，次日黎明抵達大坪頂，擊退會黨。諸羅縣城被天地會黨夥圍困數月之久，糧食匱乏，岌岌不保，會黨久攻不克，確實應歸功於義民的堅守。義民作戰時，每隊各製一旗，以示進退。義民雖然未經訓練，但用以防守地方，則頗為奮勇可恃，十分得力。林爽文起事之初，南北兩路會黨如響斯應，聲勢既盛，在臺戍兵固然缺乏作戰能力，其防守城池，亦未得力，所以不得不多招義民，藉助於地方上的自衛力量，以保衛桑梓。清高宗頒諭時亦稱：「林爽文糾眾叛亂以來，提督柴大紀統兵勦捕，收復諸羅後，賊匪屢經攻擾，城內義民幫同官兵，奮力守禦，保護無虞，該處民人，急公嚮義，眾志成城，應錫嘉名，以旌斯邑。」[16]同年十一月初三日，詔改諸羅縣為嘉義縣，取嘉獎義民之義[17]。乾隆五十三年（1788）正月初五日，林爽文在淡水廳境內老衢崎地方被義民高振等人所擒獲，臺灣南北兩路旋即平定。林爽文在供詞中已指出天地會平海大將軍王芬等人「被鹿仔港義民殺了」。大都督林領供稱：「十二月初一日，

---

16 《清高宗純皇帝實錄》，卷1292，頁9，乾隆五十二年十一月丙寅，上諭。

17 《臺灣檔》（臺北，國立故宮博物院），方本，乾隆五十二年十一月初二日，更定諸羅縣擬寫縣名清單。

我們的家眷又被義民殺了，都逃到貓霧捒，常與義民打仗。」右都督何有志供稱：「官兵沿途追殺，直趕到淡水山內老衢崎地方，四面圍住，被官兵、義民及淡防廳差役將我拏來。」林爽文之役，自乾隆五十一年（1786）十一月至乾隆五十三年（1788）二月止，前後歷時一年又四個月。在歷次戰役中，官兵傷亡固然頗重，會黨更是慘遭屠戮，林爽文及各要犯俱按律凌遲處死，梟首示眾，其原籍祖墳，俱被刨挖。林爽文起事失敗以後，清廷針對臺灣復興天地會而修訂條例，將首犯等擬斬立決，一方面反映地方大吏審擬會黨案件因地而異的情形，一方面反映清廷治臺政策的嚴厲，欲藉重法抑制動亂的發生，以達到有效的社會控制，由於清廷的嚴厲取締及鎮壓，臺灣秘密會黨的發展，確實遭到重大的打擊，使臺灣社會不致失控。

當原生團體的活動趨於激烈時，其應生團體亦趨於活躍，並得到官方的獎勵。林爽文起事以後，由於會黨勢力的過度膨脹，而遭到義民的強烈反彈，經官兵與義民的合力進勦，終於使林爽文等人走上最後的悲劇下場。義民對臺灣社會控制產生了正面的社會功能，義民首黃奠邦是武舉出身，曾中立、曾大源也是舉人，都是屬於文化群的社會菁英，在他們領導下的義民對安定臺灣早期移墾社會，實有不世之功，貢獻卓著。大學士福康安奏請優獎義民首，曾中立賞戴花翎，教授羅前蔭協同管理義民，頗著勞績，按照曾中立之例賞給同知職銜，義民副理事劉繩祖、黃袞、涂超秀、周敦紀四名，極為出力，俱賞戴藍翎，義民首黃奠邦，打仗出力，曾賞給巴圖魯（baturu）即勇士名號，福康安奏請以守備補用，清高宗加恩改授同知，張源勳、王得祿等換戴花翎，葉培英等曾隨官兵在內山進勦會黨，賞給藍翎，以千總補用。

　　當原生團體消滅時，其應生團體亦隨之衰歇，同時遭受官方的壓抑。乾隆五十二年（1787）十二月以後，諸羅等處先後收復，不需多人防守，福康安即下令將中路各處官給口糧的義民大量裁減。當南北兩路平定後，各處義民陸續歸莊，所有自備刀矛，俱令義民逐件繳銷，發交地方官改鑄農器，散給貧民耕種，嚴禁私造器械。除菜刀、農具外，倘若私藏弓箭、腰刀、撻刀、半截刀、鏢鎗、長矛之類，即行從重治罪。泉、漳分類械鬥時，多用旗幟號召，即使不肯助鬥的村莊，亦須豎立保莊旗一面，方免蹂躪。紳衿等招募義民，亦豎旗號召，清軍平定臺灣南北路後，福康安奏請禁止義民私造旗幟，若有私造旗幟者，即照私造軍器例一體治罪。動亂結束後，原生團體既已消失，應生團體已無存在的必要，基於社會的整體利益，解散義民，就成為清廷的重要善後措施。從清廷解散義民的過程加以觀察，可以看出清廷對臺灣社會的控制，主要是在防範地方勢力的過度膨脹。

　　福康安等妥籌善後事宜，奏請整頓臺灣吏治，添調佐雜各員，南路鳳山縣城移建埤頭街後，即將下淡水巡檢一員移駐鳳山舊城，阿里港縣丞一員移駐下淡水。北路斗六門地當衝要，原設巡檢一員，官職卑微，另添設縣丞一員，歸嘉義縣管轄。臺灣是海疆重地，必需久任，福康安奏請將各廳縣照道府成例，一律改為五年報滿，俾能多歷歲時，以盡心民事。臺地向來只派御史前往巡視，職分較小，有名無實，奏請從乾隆五十三年（1788）二月起將巡臺御史之例停止，改由福建督撫、福州將軍及水陸兩提督每年輪派一人前往稽察。臺灣道向係調缺，地方大吏因臺灣道出缺，每視為利藪，貪緣徇情，為釐剔弊端，清高宗格外賞給臺灣道按察使銜，俾有奏事之責，遇有地方應辦事件，即可專摺奏事。除加強行政設施外，也加強防衛力量，增加各縣城內兵力，緊要地方及通衢大路，每處添兵一百數十名不等。此外，府廳各縣多改建城垣，以利防守。為清查臺灣積弊，福康安又妥籌善後章程，舉凡營兵操演、水師巡洋、總兵巡查、點驗戍兵、安設砲位、清查戶口、禁造器械、嚴懲賭博、考核各官、開放港口、嚴禁私渡、安設郵政等項，俱詳列辦法，對整頓臺灣地方及社會控制，具有積極的意義。嗣後臺灣社會逐漸向較健全的方向發展，乾隆末年的全面性整頓，對治理臺灣，奠定了更良好的基礎。

就清代前期而言，各會黨在倡立之初，既未含有濃厚的反滿種族意識，亦未具有強烈的反清政治意味。嘉慶年間以降，天地會或添弟會等會黨為號召群眾，遂開始以反清復明相號召。咸同年間，太平天國之役以後，受到種族意識的激盪，反清復明的政治意識，逐漸匯聚成為民族革命的洪流，各會黨響應革命運動，聚眾起事，於是公然標舉反清復明的宗旨。有清一代，秘密會黨名目繁多，其生態環境及結盟拜會的目的，彼此不同，各會黨的性質，遂不盡相同，有的是民間互助組織，有的是自衛組織，有的是械鬥組織，有的是竊盜組織，有加以分類的必要。例如雍正年間臺灣諸羅縣查禁的父母會，道光年間貴州大定府查禁的老人會，在組織形態上都是異姓結拜團體，在性質上而言，則屬於地方性的民間互助團體，具有正面的社會功能。但因其組織及活動，與大清律例相牴觸，而遭到官方的取締。乾隆年間臺灣彰化縣的各起小刀會，是屬於抵制營兵的地方性自衛組織。諸羅縣境內的添弟會與雷公會，是同籍同姓的械鬥組織。嘉慶年間江西長寧縣的忠義會與五顯會，貴州古州廳的邊錢會，都是械鬥組織。道光年間臺灣淡水廳的兄弟會即同年會，是屬於閩粵分類械鬥期間由廣東客家莊倡立的分類械鬥組織。天地會的宗旨，並非始終如一，其性質亦非沒有變化。乾隆年間，結拜天地會的目的，主要是強調內部成員的互助問題，所謂"婚姻喪葬事情，可以資助錢財，與人打架，可以相幫出力"等語，都是自力救濟的表現，加入天地會後，可以享有片面的現實利益，反清復明並非天地會初創階段的宗旨。乾隆末年，林爽文起事以後，順天行道的政治意味，逐漸濃厚。劫奪他人的財物，是一種不道德的掠奪行為。清代中期以降，許多地區的天地會都曾有過搶劫財物的不道德行為。其消極作用，極為顯著，"社會盜匪主義論"雖然不客觀，也不能將天地會和盜匪放在一條板凳上，完全等同起來[18]。廣西等地，不僅結盟拜會的風氣很盛行，其盜匪尤為猖獗，官方文書常把當地描繪成群盜如毛的景象。在盜匪充斥的社會裡，劫奪行為，司空見慣，互相模倣，逐積漸成為一種社會風氣。天地會與盜匪的勾結合流，就常由結盟拜會而劫奪村民。例如嘉慶十三年（1808），廣東南海縣人周宗勝等在廣西上林縣結拜天地會，以行劫打降為宗旨，會中三十人行劫宜山縣思練堡莫驕家財物。廣東人古致昇在廣西藤縣結拜天地會，會中成員黃德桂等十三人搶劫縣民何鳳儀財物銀兩分用。廣西桂平縣人蘇光等三十六人在平南縣結拜天地會，行劫客船，廣西地區結拜天地會，主要目的，就是為了行劫打降，多成了竊盜集團。不僅天地會糾眾劫掠，其他會黨亦多與土盜游匪互相結合。例如廣西良民會就是一種歛錢訛詐欺壓善良的竊盜集團，嘉慶十九年（1814）四月，廣西南寧府土忠州生員吳中聘倡立良民會，編造良民與匪類二冊，赴各村歛錢，凡肯出錢者，列入良民簿內，不肯出錢者，即列入匪類簿內，良民會到處歛錢漁利。嘉慶末年，江西擄子會，晝則為乞

18　諾維科夫撰〈試論"天地會"秘密團體的組織性質〉，《復旦學報・社會科學版》，一九八六年，第六期（上海，復旦大學，1986 年 11 月），頁 84。

丐，夜則行竊勒詐。道光十年（1830），給事中莫光三具奏時已指出，廣東地方，會黨蔓延，最為民害，一切搶劫之事無所不為。廣州府境內香山等處的三點會，每逢稻穀將熟，即勒令付給錢文，約為租金的十分之一、二，稱為打單。不遂所欲，即將田禾盡行芟刈踐踏，以洩其忿[19]。道光十一年（1831）五月，工科掌印給事中邵正笏具奏時指出，浙江紹興府嵊縣地方的鉤刀會，百十為群，橫行鄉曲。會中聯盟聚夥，設有人名總冊，凡入會者各給憑帖一張，鉤刀一把。分立大黨、小黨名目，起有老三十六太保，小三十六太保等綽號。每年十月十六日，各帶二尺長鉤刀，聚集村莊，賽神演戲，酣歌狂飲，肆無忌憚。每年七月二十七日，以迎元帥會為名，經由處所，恣意勒派，橫索錢財，打搶劫奪，習以為常[20]。鉤刀會是因會員各給二尺長鉤刀一把而得名，會中推嵊縣境內東山村富戶金有鑑為會首，各鎮“游手好閒之徒”捐貲入會者，不下一二千人，鉤刀會聲勢浩大，不言可喻，其橫行鄉里，橫索勒派，為害閭閻的案件，層出不窮。道光十九年（1839），湖南寧鄉縣人陶南山等四十四人在醴陵縣結拜認異會，用紙寫立關帝神位，議明鄉近二十里以內不准行竊，禁止放火、強搶、酗酒、姦淫等項，違者輕則罰錢責處，重則六根除一。會中成立紅黑五門，白日行竊為紅門，夜間行竊為黑門。五門包括河下兩門：即鋪花門，挨晚行竊；撬艙門，深夜行竊。岸上三門：即日間撒草門，挨晚吹登門，夜間挖孔門，義竊雞、

---

19 《硃批奏摺》（北京，中國第一歷史檔案館），第 661 卷，6 號，道光十一年五月十九日，兩廣總督李鴻賓等奏摺。

20 《軍機處錄副奏摺》（北京，中國第一歷史檔案館），第 8879 卷，36 號，道光十一年五月二十二日，工科掌印給事中邵正笏奏摺。

鴨、鳥等。在認異會控制的二十里內，盜賊絕跡，但在二十里以外的地區卻成為認異會焚搶姦淫的目標，雞犬不寧，就整體社會秩序而言，認異會的消極作用遠大於積極作用。道光三十年（1850），臺灣彰化縣民林連招等倡立小刀會被捕，其黨夥藉機尋仇報復，焚搶攻莊，擄殺百姓，斬首分形，燒屍滅跡，荼毒地方，對社會造成極大的侵蝕作用。同治、光緒時期，哥老會等會黨盛行，聲勢浩大，其燒殺擄掠的情形，更加嚴重。例如光緒十三年（1887）閏四月，湖北安鄉縣哥老會打著劫富濟貧的旗號，到處燒屋搶劫。光緒十四年（1888），湖北嘉魚縣人何老小，初入清明會，後入哥老會，倡立華蓋山采石水九華堂。何老小到安徽繁昌縣後即有姦佔民女之案。光緒十七年（1891），甘肅鎮原縣人惠佔熬糾邀五百餘人結拜哥老會後，即持洋槍刀械強劫村民曹邦彥等家銀錢。湖廣總督張之洞具摺指出，兩湖哥老會，開立山堂，散放飄布，黨夥多者竟至數萬，少者亦過千人，幾於無縣無之[21]。薛福成具奏時亦稱，湖南營勇立功最多，旋募旋撤，不下數十萬人，而哥老會結盟拜會的風氣，遂於湖南獨熾。立會之初，旨在互相救援，互濟貧乏而已，其後入會者既眾，不免恃勢滋事，打燬教堂，為從前所未有，哥老會逞一時之意，國家卻受無窮之累[22]。哥老會固然到處劫掠，其餘會黨亦荼毒地方，肆無忌憚。河南彰德府人彭雲山曾充營兵被革，投入哥老會，後改名洪江會。光緒三十年（1904），彭雲山探知江西新昌縣發生教案，遂起意藉鬧教為名，聚眾起事。是年七月初八日四更時刻，率眾至新喻縣獅子寺搶奪駐軍洋槍刀矛後，即至高安縣金家塘地

21　《月摺檔》，光緒十七年九月初七日，湖廣總督張之洞奏摺。

22　《月摺檔》，光緒十七年九月二十七日，薛福成奏片。

方，放火燒燬教堂一所。後來又到塘頭燒燬教民徐姓房屋，搶得銀錢衣物分用[23]。河北在園會，竟以能打洋人爲宗旨，動輒攻城掠地，殺害洋人。光緒三十一年（1905）七月，山西巡撫張曾敭致軍機處電文中指出，山西平、蒲、解、絳一帶，江湖會白晝開堂放票，奸淫搶殺，地方官莫敢告發[24]。光緒三十二年（1906），河南淮寧縣有仁義會劫殺教民案件。光緒三十三年（1907）五月，浙江嵊縣有九龍會敲詐劫掠、攻城搶擄案件。宣統三年（1911）閏六月，湖南巡撫楊文鼎具摺痛陳洪江等會爲害地方的嚴重情形。原奏指出，「近年洪匪黨衆勢盛，蔓延邊界，日益披猖，白晝橫行，毫無忌憚，搶劫擄贖，習爲故常[25]。」洪江會等擄人勒贖，動至銀數千元，駭人聽聞，對社會造成重大的破壞作用，成爲嚴重的禍患。清代後期，各地會黨受到種族意識的激盪，逐漸匯聚成爲種族革命的潮流。其中閩粵天地會系統各種會黨與革命黨的互相結合，使會黨的活動開始具有新的意義。同盟會成立後，革命黨曾對會黨展開宣傳教育，所得到的主要成果，便是將會黨從排外活動統一到排滿目標下，並置於革命黨的領導之下，洪門兄弟在革命黨領導下提供了衝鋒陷陣的實際武力，其積極作用，確實受到革命黨的肯定。但就清朝而言，對會黨一味採取鎮壓，取締無效，又不能將會黨轉化爲積極力量，終於使會盜合流，動亂擴大，嚴重地破壞社會秩序，付出重大的社會成本，秘密會黨走向群衆運動，走上叛亂，這不僅是金蘭結義的悲劇，也是社會的悲劇，更是清朝的悲劇。

---

23 《辛亥革命前十年間民變檔案史料》，上冊，頁 294。
24 同前書，上冊，頁 136。
25 同前書，上冊，頁 429。

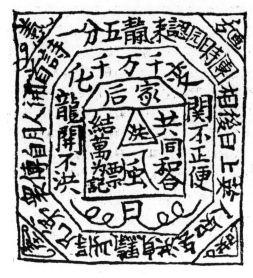

圖一：天地會腰憑圖式之一

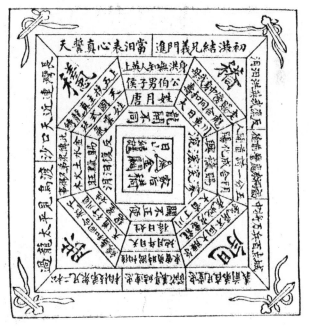

圖二：天地會腰憑圖式之二

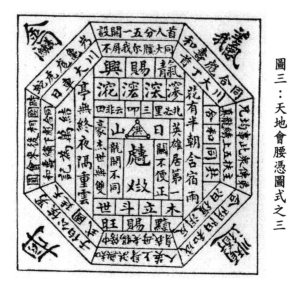

圖三：天地會腰憑圖式之三

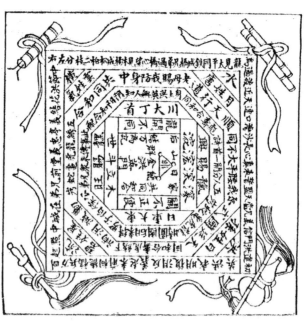

圖四：天地會腰憑圖式之四

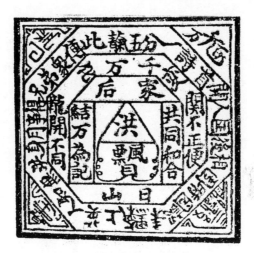

圖五：天地會腰憑圖式之五

兩廣總督暨廣東巡撫臣孫士毅跪

奏為訊取盤獲匪犯供詞先行恭摺奏

聞事竊臣前接臺灣逆滋事之信因惠潮名屬海口處

處可通且潮州接壤漳州多有往來貿易及在

臺耕種之人誠恐煽誘入夥勾通不法或因閩

省查拏緊急竄匿原籍地方當即嚴飭惠潮所

屬州縣愼密盤查細心訪緝途次即據饒平縣

知縣程煥稟報盤獲形跡可疑匪犯許阿協賴

阿恩林阿俊涂阿番四名訊明住址當即馳赴

該犯等家中逐一搜查並無別項不法字跡等

因前來其時臣以調兵剿逆匪及防範地方

等事為重若遽就現獲之許阿協等刑訊跟求

恐一時混捏扳誣紛紜解轉致內地人心搖

惑事近張皇是以即將該犯等提禁府監暫緩

鞫訊經臣於正月十二日具

奏接准閩省咨查匪犯洪姓未姓摺內聲明現據

地方官獲有數犯未經究有端倪仍未

聞在案茲閩閩省水陸提臣業已抵臺該處逆犯諒

《宮中檔》，乾隆五十二年正月二十一日，孫士毅奏摺

可即日剔除粵東派調征兵亦經分駐停妥邊

境極為寧貼臣即在潮州府城督同送兵到潮

之督糧道吳延瑞署惠潮道惠州府顧聲雷潮

州府孫泳海陽縣韓義饒平縣程煥侯補知縣

嚴守田等提犯親訊現據許阿愓供稱向在閩

省平和縣地方與開張麵店之賴阿邊販麵度

日上年十月內路過蔴塘地方被搶醬銀告之

賴阿邊據賴阿邊說你若入天地會將來行走

便可免於搶奪此時被搶花銀亦可代你要回

小的一時情急當即應許與賴阿邊年賴阿邊

之弟賴阿立一同拜會當將搶去醬銀要回並

經賴阿邊授以大指為天小指為地并接遞茶

烟暗號復又傳授詩句現在尚約略記得等語

又據賴阿恩供有子賴娘如林阿俊供有子林

阿真向在漳州福興班唱戲該二犯於上年六

月十月先後到漳看視伊子賴阿恩途次被人

搶去衣包告知管班梁阿步勾引入會取運衣

包林阿俊回時伊子給有銀錢梁阿步亦以路

上防有搶奪之言恐嚇邀其入會均各教以如

遇搶奪之人只用手指三個接住心坎即為同

影暗號並傳授詩句誘令入影該二犯先後回

家彼此告知其事隨分該犯等當堂嘿寫雖不

能記憶齋全或一句兩句有互異者亦有相同

者率皆僅鄙之詞不成文理詰之亦別無意義

惟內有木立斗世知天下句似係隱語必有所

指嚴加究詰該犯等始猶支吾不吐加以刑嚇

始據供稱木字係指順治十八年立字係指康

熙六十一年斗字係指雍正十三年世字因天

地會係起於乾隆三十二年故以世字暗藏臣

聞之不勝髮指復加嚴訊據供凡入會之人曉

得此句歌訣者庶多並據該犯等堅供從未到

過臺灣亦無遘斗彩戲黨情事涂阿醬平日赶墟

賣飯據供曾有已經病故之詔安人黃阿瑞積

欠飯錢勾其入會告以大指為天小指為地及

接烟暗號記犯因從未到過福建未經免從各

等供臣查迷犯林奱文結黨為匪聚眾至數千

人諒非一朝一夕之事許阿協賴阿恩林阿俊
三犯俱稱上年七月十月入會所供勾引之賴
阿邊梁阿步俱籍隸漳州現無質證之人其中
必有不實不盡涂阿番雖供未聽從入會或
因黃阿瑞業經病故為此狡賴妄不另有知
情勾引之人查賴阿邊梁阿步等犯俱經該犯

許阿協等開有聞省有住居地方名色　臣現在密
咨閩浙督臣轉飭該地方官嚴筆賴阿邊梁阿
步等務獲訊取確供覆核辦仍通飭惠潮各
屬凡有往來漳泉入彩匪犯務須嚴密查痛
予懲創毋使一名漏網以淨根株　臣俟臬司姚
棻到後覆得有臺灣逆匪湯平確信先將分駐各

兵陸續撤回察視地方寧謐無事　臣再起程回
省將惠潮二府屬查辦匪犯之事令該司留潮
督緝審辦容易隨時奏
聞合將現獲匪犯訊供緣由先行附驛馳
御覽伏乞
奏並繕寫供單敬呈
皇上睿鑒謹
奏

乾隆五十二年正月　二十　日

印務有缺

臣福康安鄂輝跪

奏為詳查天地會根由的籌辦理恭摺具
奏事竊照臺灣民習俗悍搶竊成風結會拜盟尤
為惡習所有天地會名目起自內地輾轉私傳
天有一種游手匪徒生事擾民名為羅漢腳以
天地會入眾勢強剝於糾搶無不聽從入會若

非會內之人即行搶奪是以稱有身家及負販
營生者亦多畏其搶奪不得不從以致南北兩
路日聚日多一經廳縣查拏動輒抗官拒捕州
次林爽文謀逆不法即由糾合會匪而起其林
爽文入會係嚴烟傳授五十二年正月內常
青訊取賊匪楊咏供詞其奏據稱聽得嚴烟說

起會的根源見廣東有個洪二房和尚居住後
溪鳳花亭同一個姓朱的年纔十五六歲不知
名字也不知住在那裡等語並經士殺逐處
密查不但並無其人抑亦無地上等到臺
灣後廬將天地會根由訊問賊犯僅知取烟吃
茶俱用三指說話不離本字等暗號不能備悉

其詳及嚴獲林爽文研究再三拷訊思烟係
鮮京要犯未便使用刑嚴烟隨思首先在
於臺灣傳會之犯且係有名賊目必須嚴譬跟

《宮中檔》，乾隆五十三年三月初六日，福康安、鄂輝奏摺

究當即嚴密查緝己將該犯拿獲臣等親加研
訊嚴烟即係莊烟又名嚴若海係漳州平和縣
人於乾隆四十八年藉賣布為名來至臺灣四

十九年在漢底阿鑒里庄傳授天地會見年三
月十五日林爽文開知會內人眾便於斜塘即
聽從嚴烟入會五十一年八月林爽文復約同

林泮林領林水返回何有忌在車輪埔飲酒
約各處村庄互相傳習遂致拒捕戍官釀成
逆案臣等以該犯既係臺灣首先傳會之人則

天地會傳自何人起自何地必知備細向其逐
一跟究據供這天地會聞說是朱姓等起的
傳自川內年分久遠了有個馬九龍糾集和尚

四十八人演就驅遣陰兵法術分投傳教後來
四十八人內死亡不全只有十三人四處起會那
在廣東起會的是萬和尚俗名涂喜如今在那

裡實不知道又有趙明德陳丕陳彪三人從廣
東惠州府東到漳州詔安縣雲霄地方傳會這
雲霄有個姓張的不知名字因而上疤痕甚多

綽號叫做破臉狗他常留趙明德等在家居住
附近高坑苓馬坑廟丁仔峽石碌尾溪都是傳
會之處乾隆四十八年陳彪借行醫為名到平

和縣縂傳進入會的傳會的這些人是陳彪告
訴我的其實都未見過又聞得陳丕也曾到過

臺灣傳會如今早回內地去了等語臣等將因
何興起此會如何煽誘不法切訊問嚴烟堅
不承認加以刑嚇始據凡傳會時在僻靜

地方設立香案排列刀劍令在刀下鑽過即傳

給會內口號結為弟兄連父母妻子不許告知
也不寫帖立簿那起會的朱姓叫朱鼎元幫同
傳會的李姓實在不知名字也們兩家傳下一

個洪字暗號所以叫做洪二房賊旗上畫寫洪
號字樣并有五點二十一隱語都是取洪字的
意思曉得暗號就是同會即素不認識之人有

事都來幫助等語復查嚴究此外有無不法語句
據該犯供出木立斗世及李朱洪等暗號與孫
士毅從前查奏之語大畧相同臣等研究之下

奸徒編造暗號詞籍圖煽誘實堪痛恨兩云
四十餘人都會驅遣陰兵法術語甚屬妄誕
不經其由川省起會傳至廣東之處並不能指

實川省粵省是何縣分與孫士毅前奏乾隆三
十二年起自漳州之語不將恐竟係逆匪等本
與粵人不合又因粵人聚集義民拒賊出力希

圖架詞傾陷其起會之朱鳴元李姓又無實在

下落供詞甚為閃爍臣福康安前在四川總督

任內查緝嘔咂遍加詭歷並未聞天地會名目

臣郡輝在川年久亦未聞有此事但既有此語

不可以所供無據置之不辦且天地會聚眾搶

奉與閩咂撫奉相近或竟係自四川省傳來亦

未可定現據供出趙明德陳丕陳彪三人在諮

會李侍堯士毅不動聲色嚴密察訪候閩廣

密查辦李侍堯士毅俱係曉事之人必能辦

理安協斷不致張皇漏洩至臺灣天地會情形

臣等連日訪察其首先傳會之人藉端煽惑聚

泉結盟原屬心懷叵測兩附從入會者固紛泉

安雲霄地方傳會自必深知此會根由應從

此根查徹底嚴究臣等現已密派妥弁責信知

得有根據如果起自川省即飛咨川省一體嚴

捨奉被惑聽從及至入會後科派銀錢遇有搶

奉等事即須互相幫擬其威好之家不敢

不隨同前往是以會內之人有因缺錢助鬩心

生退悔者可見邪教惑人之事一時圖利相聚

必不能始終合夥串通一氣即如阿里港殷戶

陳國英原曾入會從逆嗣以姓大田苛索銀錢

不遂將伊父毋殺害復逃至山豬毛粵庄頒充

義民因粵庄不肯收留勁交戰石氣忿身死又

有本係會內之人因畏懼干連串充當義民隨

同勦賊匪如義民首頗水艰叝等俱曾入天地會

賊匪滋事之初即捐資招集義民打仗出力即

此可知入會之人並非全行從賊自大兵進勦

以來仰頼

皇上天威赫濯

廟算精詳官軍乘勝長驅得以屢次克捷凡係助惡

當羽望風潰散不能復行糾集而所從賊匪

人數眾多紫已殲除殆盡問有未獲逸犯上緊

緝拏每日有就獲者即審明後即行正法此等匪徒

斷不能復行漏綱至此外義民庄民等亦有曾

經入會者經此義民大加懲創之後人情已極

懦不敢復蹈惡習若於人心甫定之時再行追

究從前紛紛查辦未免滋擾轉況此天地會並

無經像無憑指實或啟告訐詭索之端轉於地

方無益性有嚴密確查首先傳會之人以絕其

源其來臺灣傳會者除嚴烟外尚有陳丕一犯

是否實已潛回內地抑尚藏匿村庄現仍一體

查拏究辦並責成地方官永遠嚴行禁止凡有

拜盟立會即非天地會名目亦即嚴懲示儆不

但不使有糾揪之事並不得存結會之名以仰

副我

皇上綏靖海疆整飭民俗之至意除將匪犯嚴拏務

行派員解京外理合撣實具

奏伏乞

皇上睿鑒謹

奏

蘇州書館方瑮

乾隆五十三年三月初六日

寧古塔
——《寧古塔紀略》中的滿語詞彙分析

　　寧古塔是清朝的發祥地，有新舊二城。舊城在今黑龍江海林縣海浪河南岸舊街鎮。清世祖順治十年（1653），置昂邦章京及副都統，鎮守寧古塔。清聖祖康熙元年（1662），改昂邦章京為鎮守寧古塔等處將軍。康熙五年（1666），遷建寧古塔新城，在今寧安縣城。吳江人吳兆騫，字漢槎，因丁酉科案，遣戍寧古塔二十三年。康熙三年（1664）十月，吳兆騫生子吳桭臣。吳桭臣後歸故里，晚年追憶往事而作《寧古塔紀略》，敍述寧古塔風土人情，及南歸所經驛站、里程。有《漸西村舍叢刊》本、《叢書集成初編》本、《漸學廬叢書》本。民國五十六年（1967），臺北臺聯國風出版社據《漸學廬叢書》本影印出版《寧古塔紀略》一冊。

　　原書記載寧古塔在大漠之東，過黃龍府七百里，與高麗之會寧府接壤，為金阿骨打起兵之處。相傳昔有兄弟六箇，各占一方。滿洲語稱「六」為「寧古」（ninggun），「箇」為「塔」（ta），「寧古塔」（ningguta），意即「六箇」。有木城兩重，舊城六十餘里，內城周二里許，只有東西南三門，其北因有將軍衙署，故不設門。內城中僅容將軍護從及守門兵丁駐守，其餘悉居外城，周八里，共四門，南門臨江，漢人各居東西兩門之外。吳漢槎父子等人即居住在東門外，有茅屋數椽，庭院寬曠，周圍都是木牆，沿街留一柴門，近窗牖處，俱栽花木，餘地種瓜菜。東門外三里有林，稱為覺羅，就是清朝的發祥地，其東、北、西沿城，都是平原曠野，榛林玫瑰，一望無際。每年五月間，玫瑰開花，香聞數里，吳漢槎家採玫瑰花製作玫瑰糖。

張尙瑗在序文中指出，《寧古塔紀略》全書將近萬餘言，首尾敘述吳漢槎父子等出塞入塞始末及山川風土等見聞，頗爲詳盡。吳振臣指出，當其父吳漢槎初到寧古塔時，其地寒苦，自春初至三月終，日夜大風如雷鳴，電激塵埃蔽天，咫尺皆迷。七月中，有白鵝飛下，便不能復飛起，不數日即有濃霜。八月中，即下大雪。九月中河盡凍。十月，地裂盈尺，雪纔到地，即成堅冰。初至寧古塔者，必三襲裘，久居則重裘，即可禦寒。至三月終，冰凍始解。

寧古塔地方，房屋大小不等，木料極大，只一進，或三間、五間，或有兩廂，俱用蓋房草搭蓋。泥牆極滑，厚幾尺。冬間寒氣侵入，如同霜屋。屋內南、西、北接繞三炕。炕上用蘆席，席上鋪大紅氈。炕闊六尺，每一面長二丈五六尺，夜則橫臥炕上，必竝頭而臥，即使出外亦然。櫥箱被褥之類，俱靠西北牆安放。門在南窗之旁，窗戶俱從外閉，恐夜間虎來，易於撞進。無椅橙，有炕桌，俱盤膝而坐。客來俱坐南炕，內眷不避。無作揖打恭之禮，相見惟執手，送客垂手，略曲腰。如久別乍晤，彼此相抱，復執手問安。滿洲人家歌舞，叫做「莽式」（maksin），有男莽式、女莽式，兩人相對而舞，旁人拍手而歌。

寧古塔山川土地，俱極肥饒，物產鮮美，任人自取。南門臨鴨綠江，西門外石壁高千仞，叫做「雞林哈達」（girin hada），意即「沿江一帶地方的峰崖」，習稱「吉林崖」。在吉林崖上，古木蒼松，橫生倒插，白梨紅杏，參差掩映。端午左右，石崖下芍藥遍開。至深秋，楓葉萬樹紅映滿江。江中「發祿」（falu），意即「黑鯿花魚」，鮮肥而多，滿洲人喜食發祿。又有一種生於江邊淺水處石子下的哈什馬（hasima），上半身似蟹，下截似蝦，長二、三寸，鮮美可食。此外還有鱘鰉魚、青魚、鯉魚、鯿魚、鯽魚等，其肥美異於他處。

寧古塔舊城臨河，河內多蚌蛤，多出東珠（tana），其重有二、三錢者。色彩艷麗，有粉紅色，有天青色，有白色。《寧古塔紀略》記載一則故事云：「有兒童浴於河，得一蚌，剖之，有大珠，徑寸，藏之歸。是夕，風雨大作，龍繞其廬，舒爪入牖，攫取其珠而去，風雨頓止。」

赫哲，古名黑斤，習稱烏稽韃子，意即窩集韃子。因其衣魚皮，又稱魚皮韃子。赫哲族居住地區，不產五穀，盛產貂皮、玄狐、黃狐、黃鼠、灰鼠、水獺。寧古塔八旗四季常出獵打圍，有朝出暮歸者，有兩三日而歸者，稱為打小圍。秋間打野雞圍。仲冬打大圍。八旗兵丁排陣而行，成圍時，未奉命令，不准擅射，經二十餘日始歸。所獲者為虎、豹、豬、熊、獐、狐、鹿、兔、野雞、鵰羽等物。其獵犬最猛，能捉虎豹。熊極兇猛，其力能拔樹擲人。海東青是第一等的鷹，能捉天鵝，一日能飛二千里。此外，還有白鷹、蘆花鷹，俱極貴重，都是進貢珍禽。鵰則大而多，多用其翎毛為箭。

《寧古塔紀略》中一書含有頗豐富的滿語漢字音譯詞彙，節錄一段內容如下。

> 江中往來，俱用獨木船，名威呼。凡各村庄滿洲人居者多，漢人居者少。凡出門不齎路費，經過之處，隨意止宿，人馬俱供給。少陵所謂「馬有青芻，客有粟」也。如兩人遠出，年幼者，服事年長者。三人同行，則最幼者，服事其稍長者，亦公然坐而不動。等輩彼此稱呼曰阿哥，有呼名者。稱年高者曰馬發，朋友曰姑促，父曰阿馬，母

曰萵娘，大伯曰昂邦阿馬，叔曰曷克赤〔曷赤克〕，子曰
濟，女曰叉而漢濟，甥曰濟頒即哈，夫曰畏根，妻曰叉而
漢，男人曰哈哈，女人曰赫赫，兄曰阿烘，弟曰多，嫂曰
阿什，姊姊曰格格，妹曰那，小廝曰哈哈朱子，丫頭曰叉
而漢朱子，好曰山音，不好曰曷黑，吃飯曰不打者夫，吃
肉曰烟立者夫，吃酒曰奴勒惡米，吃燒酒曰阿而吃惡米，
讀書曰必帖黑呼辣米，射箭曰喀不他來，書曰必帖黑，筆
曰非，墨曰百黑，紙曰花傷，硯曰硯洼，金曰愛星，銀曰
蒙吾，錢曰濟哈，水曰目克，木曰木，土曰鱉烘，火曰
托，炭曰牙哈，有曰畢，無曰阿庫，是曰音喏，不是曰洼
喏，富曰拜央，窮曰呀打，人曰亞馬，坐曰突，立曰衣
立，行曰弗立米，走曰鴉波，睡曰得多蜜，去曰根吶蜜，
來曰朱，要曰該蜜，不要曰該辣庫，小曰阿即格，大曰昂
邦，買曰烏打蜜，賣曰溫嗟蜜，兩曰央，錢曰即喀，一曰
曷瓜〔曷木〕，二曰朱，三曰衣朗，四曰對音，五曰孫
查，六曰佞我，七曰那打，八曰甲工，九曰烏永，十曰
壯，百曰貪吾，千曰銘牙，萬曰土墨，貂皮曰色克。人參
曰惡而訶打（下略）。

　　《寧古塔紀略》所載漢字音譯的滿語詞彙，可與規範滿文對
照，列表說明如下。

《寧古塔紀略》滿漢詞彙對照表

順次	漢文	滿文	羅馬拼音	詞義
1	寧古塔		ningguta	六箇
2	撥什庫		bošokū	領催
3	發祿		falu	黑鯿花魚
4	哈什馬		hasima	田雞類
5	烏祿		ulu	空殼沒有果仁的松子、榛子
6	衣朗哈喇		ilan hala	三姓
7	昂威赫		an wehe	磨刀石，木變石
8	安答		anda	賓友，友人

順次	漢文	滿文	羅馬拼音	詞義
9	衣扯滿洲		ice manju	新滿洲
10	佛滿洲		fe manju	舊滿洲
11	威呼		weihu	獨木船
12	阿哥		age	阿哥
13	馬發		mafa	老翁、爺爺
14	姑促		gucu	朋友
15	阿馬		ama	父
16	葛娘		eniye	母

順次	漢文	滿文	羅馬拼音	詞義
17	昂邦阿馬		amba ama	大伯
18	曷克赤〔曷赤克〕		ecike	叔
19	濟		jui	孩子
20	叉而漢濟		sargan jui	女兒
21	濟頒即哈		jui banjiha	甥
22	畏根		eigen	夫
23	叉而漢		sargan	妻

順次	漢文	滿文	羅馬拼音	詞義
24	哈哈		haha	男人
25	赫赫		hehe	女人
26	阿烘		ahūn	兄
27	多		deo	弟
28	阿什		aša	嫂
29	格格		gege	姊
30	那		non	妹
31	哈哈朱子		haha juse	小廝
32	叉而漢朱子		sargan juse	丫頭

順次	漢文	滿文	羅馬拼音	詞義
33	山音		sain	好
34	曷黑		ehe	不好
35	不打者夫		buda jefu	吃飯
36	烟立者夫		yali jefu	吃肉
37	奴勒惡米		nure omimbi	吃酒
38	必帖黑		bithe	書

順次	漢文	滿文	羅馬拼音	詞義
39	阿而吃惡米		arki omimbi	吃燒酒
40	必帖黑呼辣米		bithe hūlambi	讀書
41	喀不他來		gabtara	射箭
42	非		fi	筆
43	百黑		behe	墨
44	花傷		hoošan	紙
45	硯洼		yuwan	硯

順次	漢文	滿文	羅馬拼音	詞義
46	愛星		aisin	金
47	蒙吾		menggun	銀
48	濟哈		jiha	錢
49	目克		muke	水
50	木		moo	木
51	鱉烘		boihon	土
52	托		tuwa	火
53	牙哈		yaha	炭
54	畢		bi	有
55	阿庫		akū	無

順次	漢文	滿文	羅馬拼音	詞義
56	音喏		inu	是
57	洼喏		waka	不是
58	拜央		bayan	富
59	呀打		yadahūn	窮
60	亞馬		niyalma	人
61	突		te	坐
62	衣立		ili	立
63	弗立米		feliyembi	行
64	鴉波		yabu	走
65	得多蜜		dedumbi	睡

順次	漢文	滿文	羅馬拼音	詞義
66	根吶蜜		genembi	去
67	朱		jio	來
68	該蜜		gaimbi	要
69	該辣庫		gairakū	不要
70	阿即格		ajige	小
71	昂邦		amba	大
72	烏打蜜		udambi	買
73	溫嗟蜜		uncambi	賣
74	央		yan	兩

順次	漢文	滿文	羅馬拼音	詞義
75	曷尤〔曷木〕		emu	一
76	朱		juwe	二
77	衣朗		ilan	三
78	對音		duin	四
79	孫查		sunja	五
80	佞我		ninggun	六
81	那打		nadan	七
82	甲工		jakūn	八
83	烏永		uyun	九
84	壯		juwan	十

順次	漢文	滿文	羅馬拼音	詞義
85	貪吾		tanggū	百
86	銘牙		minggan	千
87	土墨		tumen	萬
88	色克		seke	貂皮
89	惡而訶打		orhoda	人參
90	差非		saifi	湯匙
91	叉不哈		sabka	箸、筯
92	麼樂		moro	碗
93	呼什		huwesi	小刀

順次	漢文	滿文	羅馬拼音	詞義
94	鴉他庫		yatarakū	火鐮
95	法拖		fadu	袋
96	封枯		fungku	手帕
97	莽式		maksin	舞
98	叉馬		saman	巫
99	昂邦多紅		amba dogon	大渡口

資料來源：吳桭臣著《寧古塔紀略》，漸學廬叢書。臺北：臺聯國
風出版社，1967 年 12 月。

　　漢語「各六」，滿文讀作"ninggute"。表中「寧古塔」，
滿文讀作"ningguta"，意即「六箇」。《寧古塔紀略》記載，
寧古塔雖以塔名，實無塔。相傳昔有兄弟六箇，各占一方，滿洲
語稱「六」為「寧古」，「箇」，為「塔」，其言「寧古塔」，

猶華言「六箇」也。《寧古塔紀略》校注本引楊賓《極邊紀略》謂寧古塔城舊在覺羅北五十二里，康熙五年（1666），移於覺羅城西南八里，新城建，舊城遂廢。

表中「撥什庫」，滿文讀作"bošokū"，意即「領催」。《寧古塔紀略》作者吳振臣之父吳漢槎流放寧古塔後曾言於將軍，稱其精通滿漢文理，將軍即用為官庄撥什庫。《寧古塔紀略》校注本引《黑龍江外紀》謂撥什庫例以識字者充補。

表中「發祿」，滿文讀作"falu"，是一種黑鯿花魚。《寧古塔紀略》指出，寧古塔南門臨鴨綠江，西門外三里石壁亦臨江，江中有魚，極鮮肥而多，有形似項鯿，滿洲人喜食之，夏間最多，吳振臣少時喜釣，每於晡夕，持竿垂釣，頃刻便得數尾而歸。表中「哈什馬」，滿文讀作"hasima"，生於江邊淺水處石子下，上半身似蟹，下截似蝦，長二、三寸，鮮美可食，皇帝祭太廟，必用哈什馬。表中「烏綠」，滿文讀作"ulu"，意即「空殼沒有果仁的松子或榛子」，其味極美。

表中「衣朗哈喇」，滿文讀作"ilan hala"，意即「三姓」，是土城，有官駐守。表中「昂威赫」，滿文讀作"an wehe"，意即「磨刀石」，又稱「木變石」。《寧古塔紀略》記載，虎爾哈河繞寧古塔西南又北折入混同江，江中出石砮。相傳松脂入水千年所化，有紋理如木質紺碧色，其堅過於鐵，土人用以磨刃，名為昂威赫，即古肅慎氏所貢楛矢石砮。

赫哲（heje）、虎爾哈（hūrha）、非牙哈，即費雅喀（fiyaka），都是東海女眞族。赫哲族有黑斤、黑津、黑金、黑哲、赫眞等不同的漢字音譯。歷史上曾因赫哲以魚皮為衣，而稱為魚皮達子。表中「安答」，滿文讀作"anda"，意即「賓友」，或作「友人」。黑斤彼此稱呼「安答」。

　　表中「衣扯滿洲」，滿文讀作"ice manju"，意即「新滿洲」。「佛滿洲」，滿文讀作"fe manju"，意即「舊滿洲」。《寧古塔紀略》校注引《黑龍江外紀》謂「滿洲有佛、伊徹之分，國語舊曰佛，新曰伊徹，轉而爲伊齊、一氣」。

　　表中「葛娘」，滿文讀作"eniye"，意即「母親」。叔父，滿文讀作"ecike"，表中「曷克赤」，當作「曷赤克」。甥，規範滿文讀作"ina"，表中作「濟頒即哈」（jui banjiha），異。表中「畏根」，滿文讀作"eigen"，意即夫妻的「夫」。「嫂」，赫哲語讀作"asi"。表中「阿什」，滿文讀作"aša"。「邢」，滿文讀作"non"，意即「妹」。「央」，滿文讀作"yan"，意即銀兩的「兩」。數字「一」，滿文讀作"emu"，漢字音譯可作「曷木」，表中作「曷朮」，頗有出入。「十」，滿文讀作"juwan"，漢字音譯可作「專」，表中作「壯」。「千」，滿文讀作"minggan"，漢字音譯可作「明安」，表中作「銘牙」。「萬」，滿文讀作"tumen"，漢字音譯可作「圖們」，表中作「土墨」。「火鐮」，滿文讀作"yatarakū"，表中作「鴉他庫」，似可作「雅他拉庫」。「袋」，滿文讀作"fadu"，漢字音譯可作「法都」，意即「囊袋」，表中作「法拖」。《寧古塔紀略》記載了頗多滿文漢字音譯的常用詞彙，有助於了解寧古塔地區滿洲通用的方言，與清朝官方規範滿文的書面語讀音，並無差異。《寧古塔紀略》的作者吳桭臣，是吳江漢族，對寧古塔通用的滿語發音，雖然未能十分準確的掌握，表中所列部分漢字音譯確實有待商榷，但是流人重視當地文化的表現，是值得肯定的。寧古塔滿族使用滿語，對傳承滿洲語言文化，確實作出了重要的貢獻。

白山黑水
──《黑龍江志稿》方言中的滿語詞彙考察

　　《黑龍江志稿》，成書於民國二十一年（1932）六月。原書包括：地理志、經政志、物產志、財賦志、學校志、武備志、交涉志、交通志、職官志、選舉志、人物志、藝文志，計十二類，凡六十二卷。原書卷首標明纂校姓名，包括：監修黑龍江省政府主席萬福麟，總纂張伯英，纂修張從仁、孫宣、黃維翰、孫雄、譚祖任，分纂徐東僑、謝國楨、魏毓蘭、韓樸全、張家璠、杜鴻賓、褚芳林，收掌楊秉彝，繕校呂雲龍、李宗沆，繪圖王鎮華。

　　《黑龍江志稿》地理志對黑龍江地區的民情風俗，描述頗詳。譬如原書記載農人所用之履係皮革製成，叫做烏拉，履內實以草，即烏拉草，輕便耐寒。達呼爾以牛乳造酒，叫做「阿爾占」，滿文讀作"arjan"，意即「奶子酒」。蒙古諸部人家，都喝奶子酒。邊地苦寒，人多借酒，以禦寒氣，鄂倫春部尤為酷嗜，諳達（anda），即賓友入山，多攜酒以饋。

　　黑茶，滿讀作"kara cai"。《黑龍江志稿》，漢字音譯作「喀喇釵」。土人熬飲黑茶，間入奶油，炒米以當飯。呼倫貝爾人嗜好食羊，故多有羶氣，羊一歲，謂之庫爾布子。句中「庫爾布」，錫伯文讀作"kurbo"，意即「小羊羔」。黑龍江地區的居處，滿蒙漢大致相近。其土平房，建築簡易，工料甚廉，室內隔壁，多用拉哈。句中「拉哈」，滿文讀作"laha"，意即「掛泥草」，以草合泥束於壁間，兩面抹細泥。呼倫貝爾布特哈就水草轉徙，逐水草而居，故以穹廬為室，便於拆遷。句中「穹廬」，滿文讀作"monggo boo"，意即「蒙古包」。《黑龍江志稿》記載，「蒙古博」，俗讀「博」為「包」，多用氈氄，夏用樺皮及葦。

　　鄂倫春地方產樺，其皮堅紉，可製廬帳，樺皮也可製「扎哈」，滿文讀作"jaha"，意即「刀船」。「威呼」，滿文讀作"weihu"，意即「獨木舟」，刳木為之，長二丈餘，闊容膝，頭尖尾銳，蕩漾中流，駛行如箭。扒犁，滿文讀作"fara"，漢字音譯作「法喇」，屈木為轅，如冰牀而不施鐵條，架以牛或馬，走冰雪上，疾如飛。

　　《黑龍江志稿・地理志》卷七，列表記載方言，分為二十類，包括：第一，天文類；第二，地理類；第三，時令類；第四，人物類；第五，人倫類；第六，禮儀類；第七，形體類；第八，衣服類；第九，飲食類；第十，宮室類；第十一，文事類；第十二，政治類；第十三，數計類；第十四，武事類；第十五，器用類；第十六，動物類；第十七，植物類；第十八，礦物類；第十九，神怪類；第二十，俗語類。每類依次標明漢語、滿語、蒙語、達胡爾語、索倫語、鄂倫春語等六種方言。其中滿語、蒙語標明滿文、蒙文，並標注漢字音譯，為說明黑龍江地區常用滿文詞彙，可列出簡表如下。

黑龍江志稿卷七　地理志　風俗　天文類（局部）

漢語	滿語	蒙語	達胡爾語	索倫語	鄂倫春語
天	阿卜卡	滕里	滕格勒	烏吉勒布呼	卜瓦格
日	順	那蘭	那拉	西文	的爾查
月	必牙	薩拉	薩若祿	必牙嘎	必牙嘎
星	烏奚哈	鄂端	霍都	鄂西克特	沃西特
風	額敦	薩勒忻	和音	額定	額定
雲	吐吉	額古勒	歐稜	圖庫蘇	土克蘇
雷	阿克占	阿永嘎	洪都魯	阿克的	阿克的
電	塔拉淺	〔察奇勒王〕他列	他列	他列	他列

漢語	滿語	蒙語	達胡爾語	索倫語	鄂倫春語
雨	阿噶	玻羅于（干）	化拉	臥敦	臥東
雪	尼犙吉	察蘇	察子	雅木恩德	雅瑪那
霧	他拉滿	玻登	瑪南	瑪南	他拉瑪子
露	西楞吉	希古德里	遂得勒	西路克蘇	西勒克子
烟	向監	鄂他嘎	霍尼	參能	善安
霞	札克散	托業	歐楞瓦來僧	土庫蘇瓦力查	土克蘇瓦力查
虹	牛倫	索薩阿	謝如	竊德	謝榮
冰雹	伯諾	們都爾	巴納	布瓦訥	布瓦尼

黑龍江常用滿語詞彙簡表

順次	漢字	滿語	規範滿文	羅馬拼音	詞義
1	阿卜卡			abka	天
2	順			šun	日
3	必牙			biya	月
4	烏奚哈			usiha	星
5	額敦			edun	風
6	吐吉			tugi	雲
7	阿克占			akjan	雷
8	塔拉淺			talkiyan	電
9	阿噶			aga	雨
10	尼犨吉			nimanggi	雪

順次	漢字	滿語	規範滿文	羅馬拼音	詞義
11	他拉滿			talman	霧
12	西楞吉			silenggi	露
13	向監			šanggiyan	烟
14	札克散			jaksan	霞
15	牛倫			nioron	虹
16	伯諾			bono	冰雹
17	邢			na	地
18	邢烏西忻			na usihin	地濕
19	邢德爾伯渾			na derbehun	地潮

順次	漢字	滿語	規範滿文	羅馬拼音	詞義
20	邢沃勒渾			na olhon	地乾
21	阿林哈達			alin hada	山峯
22	達巴干			dabagan	嶺
23	綽勒渾			colhon	嶽
24	忙堪			mangkan	岡
25	蒙干			munggan	陵
26	霍羅			holo	谷
27	岳霍倫			yohoron	溝

順次	漢字	滿語	規範滿文	羅馬拼音	詞義
28	額克欽			ekcin	崖
29	美佛合			meifehe	坡
30	奴哈連			nuhaliyan	窪
31	木克			muke	水
32	德爾伯渾			derbehun	潮
33	木克舒敏			muke šumin	水深
34	穆克敏其賢			muke micihiyan	水淺

順次	漢字	滿語	規範滿文	羅馬拼音	詞義
35	穆克德伯克			muke debeke	水漲
36	穆克郭其卡			muke gocika	水落
37	穆克特和			muke tehe	水淳
38	烏拉			ula	江
39	畢拉			bira	河
40	莫得力			mederi	海
41	滕錦			tenggin	湖

順次	漢字	滿語	規範滿文	羅馬拼音	詞義
42	沃莫			omo	泡
43	霍欽			hocin/ hūcin	井
44	舍力			šeri	泉
45	通古			tunggu	淵
46	畢拉干			birgan	溪
47	力法哈			lifahan	泥
48	撥以渾			boihon	土
49	布拉奇			buraki	塵
50	永干			yunggan/ yonggan	沙

順次	漢字	滿語	規範滿文	羅馬拼音	詞義
51	烏忻			usin	田地
52	奇瑪力			cimari	晌
53	依瑪力			imari	畝
54	烏勒和烏忻			urehe usin	熟地
55	道藍			dooran	生荒
56	額阿			a　　e	陰陽
57	孫札佛特恩			sunja feten	五行

順次	漢字	滿語	規範滿文	羅馬拼音	詞義
58	奇克 特恩			cikten	干
59	嘎爾干			gargan	支
60	額林			erin	時
61	佛爾滾			forgon	運
62	札蘭			jalan	世
63	珠勒格			julge	古
64	特			te	今
65	阿尼牙			aniya	年
66	畢牙			biya	月
67	順			šun	日

順次	漢字	滿語	規範滿文	羅馬拼音	詞義
68	甯聶力			niyengniyeri	春
69	抓力			juwari	夏
70	伯羅力			bolori	秋
71	托力			tuweri	冬
72	蘇崇阿 依能吉			sucungga inenggi	元旦
73	寒西			hansi/ hangsi	清明

順次	漢字	滿語	規範滿文	羅馬拼音	詞義
74	孫章嘎依能吉			sunjangga inenggi	端午
75	邢當嘎依能吉			nadangga inenggi	七夕
76	畢陽嘎依能吉			biyangga inenggi	中秋
77	烏用格依能吉			uyungge inenggi	重陽
78	卓爾滾依能吉			jorgon inenggi	臘日〔臘日〕

順次	漢字	滿語	規範滿文	羅馬拼音	詞義
79	佛牙木吉			fe yamji	除夕
80	準倭臣畢			jun wecembi	自祭〔竈祭〕
81	阿那干以畢牙			anagan i biya	閏月
82	沙胡倫			šahūrun	寒
83	哈勒渾			halhūn	暑
84	夏			hiya	旱
85	必散			bisan	潦

順次	漢字	滿語	規範滿文	羅馬拼音	詞義
86	尼牙勒瑪			niyalma	人
87	尼堪尼牙勒瑪			nikan niyalma	漢人
88	滿洲尼牙勒瑪			manju niyalma	滿人
89	蒙郭尼牙勒瑪			monggo niyalma	蒙人
90	回子尼牙勒瑪			hoise niyalma	回人

順次	漢字	滿語	規範滿文	羅馬拼音	詞義
91	吐伯特尼牙勒瑪			tubet niyalma	藏人
92	恩都凌格尼牙勒瑪			enduringge niyalma	聖人
93	才薩尼牙勒瑪			saisa niyalma	賢人
94	阿莫巴畢特黑尼牙勒瑪			amba bithei niyalma	大儒

順次	漢字	滿語	規範滿文	羅馬拼音	詞義
95	阿莫巴 薩塞薩			ambasa saisa	君子
96	布牙尼 牙勒瑪			buya niyalma	小人
97	索密哈塞薩			somiha saisa	處士
98	畢特黑尼 牙勒瑪			bithei niyalma	文人
99	綽海尼 牙勒瑪			coohai niyalma	武人

順次	漢字	滿語	規範滿文	羅馬拼音	詞義
100	烏忻以尼牙勒瑪			usin i niyalma	農人
101	法克西尼牙勒瑪			faksi niyalma	工人
102	胡代尼牙勒瑪			hūdai niyalma	商人
103	呢瑪哈布他西			nimaha butasi	漁夫
104	毛薩奇勒尼牙勒瑪			moo sacire niyalma	樵夫

順次	漢字	滿語	規範滿文	羅馬拼音	詞義
105	將軍丞相			jiyanggiyūn cenghiyang	將相
106	吉力黑杭阿哈哈			jilihangga haha	烈士
107	強千哈哈			kiyangkiyan haha	俠客
108	札朗阿和合			jalangga hehe	節婦

順次	漢字	滿語	規範滿文	羅馬拼音	詞義
109	吉力黑杭阿和合			jilihangga hehe	烈女
110	孝順			hiyoošun	孝
111	斗欽			deocin	悌
112	托恩多			tondo	忠
113	阿克敦			akdun	信
114	郭信			gosin	仁
115	珠爾干			jurgan	義
116	多羅倫			dorolon	禮
117	莫爾根			mergen	智

順次	漢字	滿語	規範滿文	羅馬拼音	詞義
118	巴彥			bayan	富
119	倭西渾			wesihun	貴
120	牙達渾			yadahūn	貧
121	付西渾			fusihūn	賤
122	沃克托西			oktosi	醫
123	佛岳多羅			foyodoro	卜
124	化山			hūwašan	僧
125	霍神			huwešen	尼
126	付奇西			fucihi	佛

順次	漢字	滿語	規範滿文	羅馬拼音	詞義
127	拉嗎			lama	喇嘛
128	和神			hešen/ hūwašan	和尚
129	道色			doose	道士
130	奇拉吐瓦拉 尼牙勒瑪			cira tuwara niyalma	相士
131	薩滿			saman	巫者
132	烏楚勒勒尼 牙勒瑪			uculere niyalma	伶人
133	庫們以 伯以滾			kumun i boigon	樂戶

順次	漢字	滿語	規範滿文	羅馬拼音	詞義
134	郭錦			g'ogin	鱇
135	昂阿西			anggasi	寡
136	烏木都			umudu	孤
137	額木特力			emteli	獨
138	布特海尼牙勒瑪			buthai niyalma	獵人
139	綽哈			cooha	兵卒
140	究霍吐			giohotu/ giohoto	乞丐
141	達嗎發			da mafa	高祖

順次	漢字	滿語	規範滿文	羅馬拼音	詞義
142	翁古嗎發			unggu mafa	曾祖
143	巴呢音嗎發			banin mafa	祖父
144	阿嗎			ama	父
145	額莫			eme	母
146	阿渾			ahūn	兄
147	寶			deo	弟
148	額云			eyun	姊
149	漱〔嫩〕			non	妹
150	阿木吉			amji	伯父
151	阿木			amu	伯母
152	額奇克			ecike	叔父

順次	漢字	滿語	規範滿文	羅馬拼音	詞義
153	烏胡莫			uhume	嬸母
154	阿沙			aša	嫂嫂
155	寶烏倫			deo urun	弟婦
156	額依根			eigen	夫
157	薩爾干			sargan	婦
158	札拉西居			jalahi jui	侄
159	臥莫羅			omolo	孫
160	札依札蘭以臥莫羅			jai jalan i omolo/ omolo i omolo	曾孫

順次	漢字	滿語	規範滿文	羅馬拼音	詞義
161	依拉奇札蘭臥莫羅			ilaci jalan omolo	玄孫
162	烏倫			urun	兒媳
163	札拉西烏倫			jalahi urun	侄媳
164	臥莫羅烏倫			omolo urun	孫媳
165	額訥恩			enen	嗣
166	穆坤			mukūn	族戶〔族長〕
167	烏克孫			uksun	宗派

順次	漢字	滿語	規範滿文	羅馬拼音	詞義
168	哈朗阿			halangga	姓氏
169	札蘭			jalan	世代
170	阿嗎卡			amaka	翁
171	額莫克			emeke	姑
172	阿嗎哈			amha	岳丈
173	額莫和			emhe	岳母
174	霍吉渾			hojihon	婿
175	和和克力			hehe keli	妯娌
176	邢克楚			makcu	舅

順次	漢字	滿語	規範滿文	羅馬拼音	詞義
177	依那居			ina jui	甥
178	安他卡			antaha	賓
179	古初			gucu	朋
180	色傅			sefu	師
181	沙必			šabi	徒
182	阿哈			aha	奴
183	訥胡			nehu/ nehū	婢
184	多羅倫			dorolon	禮
185	多羅倫必			dorolombi	行禮

順次	漢字	滿語	規範滿文	羅馬拼音	詞義
186	多羅阿蘭必			doro arambi	施禮
187	產朱蘭必			canjurambi	作揖
188	伯業莫渾必			beye mehumbi	鞠躬
189	恒奇勒恩必			hengkilembi	叩頭
190	額勒和伯巴音必			elhe be baimbi	請安
191	呢牙庫蘭必			niyakūrambi	唲〔跪〕

順次	漢字	滿語	規範滿文	羅馬拼音	詞義
192	胡蘭必			hūlambi	贊禮
193	法依丹必			faidambi	排班
194	依本必			ibembi	引進
195	伯德勒恩必			bederembi	引退
196	克西德恒奇勒恩必			kesi de hengkilembi	謝恩
197	阿勒本札法恩必			alban jafambi	進貢
198	倭陳必			wecembi	祭祀

順次	漢字	滿語	規範滿文	羅馬拼音	詞義
199	多博恩必			dobombi	供獻
200	薩林英西			sarin yengsi	筵宴
201	和貞必			hejembi	定親
202	薩都蘭必			sadulambi	結親
203	札凡			jafan	納幣
204	和碩札凡必			hošo jafambi	聘禮
205	霍勒博恩必			holbombi	匹配

順次	漢字	滿語	規範滿文	羅馬拼音	詞義
206	霍勒博恩必			holbombi	合卺
207	索力勒 付德勒			solire fudere	請送
208	沃克多恩必			okdombi	迎接
209	恭訥楚克			gungnecuke	恭
210	敬古勒恩必			ginggulembi	敬
211	郭奇斯渾			gocishūn	謙

順次	漢字	滿語	規範滿文	羅馬拼音	詞義
212	阿那渾占必			anahūnjambi	讓
213	西那干			sinagan	孝喪
214	特布莫必			tebumbi	入殮
215	圖奇布莫必			tucibumbi	出殯
216	布爾欽必			burkimbi	下葬
217	西那嘎蘭必			singalambi	丁艱
218	西那嘎蘭必			sinagalambi	守制

順次	漢字	滿語	規範滿文	羅馬拼音	詞義
219	札蘭必			jaliyambi/ waliyambi	祭掃
220	西薩蘭必			sisalambi	奠酒
221	都倫			durun	儀
222	阿爾本 都爾孫			arbun dursun	形體
223	伯業			beye	身
224	烏朱			uju	首
225	德勒			dere	面
226	昂阿			angga	口

順次	漢字	滿語	規範滿文	羅馬拼音	詞義
227	付矗和			funiyehe	髮
228	法依坦			faitan	眉
229	雅薩			yasa	目
230	山			šan	耳
231	沃佛羅			oforo	鼻
232	爲和			weihe	齒
233	依楞古			ilenggu	舌
234	薩祿			salu	鬚
235	佛莫			femen	唇
236	必拉哈			bilha	喉

順次	漢字	滿語	規範滿文	羅馬拼音	詞義
237	梅份			meifen	項
238	斐薩			fisa	背
239	佛和勒恩			feheren	印堂
240	霍卓法哈			hojo faha	瞳人
241	乇金			šenggin	額顱
242	吉朗吉			giranggi	骨
243	牙力			yali	肉
244	付勒欽			fulcin	顴
245	沙克沙哈			šakšaha	腮

順次	漢字	滿語	規範滿文	羅馬拼音	詞義
246	牙才渾他哈			yasa i hūntahan	眼眶
247	書祿			šulu	太陽穴
248	森車合			sencehe	頷
249	孟滾			monggon	脖頸
250	蘇伯			sube	筋
251	烏莫嘎			umgan	脂
252	庶吉			šugi	膏
253	呢牙滿			niyaman	心

順次	漢字	滿語	規範滿文	羅馬拼音	詞義
254	烏付胡			ufuhu	肺
255	法渾			fahūn	肝
256	西勒西			silhi	胆
257	德力渾			delihun	脾
258	郭吉和			guwecihe/ guwejihe	胃
259	都哈			duha	腸
260	和佛力			hefeli	肚
261	伯斯霍			bosho	腎
262	西付祿			sifulu	膀胱

順次	漢字	滿語	規範滿文	羅馬拼音	詞義
263	都哈多			duha du/ duha do	臟腑
264	僧吉			senggi	血
265	敖力			oori	精
266	蘇達拉			sudala	脉
267	蘇克敦			sukdun	氣
268	法揚阿			fayangga	魂
269	沃倫			oron	魄
270	烏楞古			ulenggu	臍
271	額普奇			ebci	肋

順次	漢字	滿語	規範滿文	羅馬拼音	詞義
272	達拉			dara	脊
273	西哈力			sihali	腰眼
274	霍托			hoto	腦蓋骨
275	哈勒巴			halba	琵琶骨
276	綽恩伯力			comboli	軟脇
277	烏拉			ura	臀
278	胡渾			huhun	乳
279	薩爾佳			sargiya	袴襠
280	通根			tunggen	胸

順次	漢字	滿語	規範滿文	羅馬拼音	詞義
281	嘎拉			gala	手
282	伯特和			bethe	足
283	西莫渾			simhun	指
284	托布見			tobgiya	膝
285	蘇庫			sukū	皮膚
286	法朗古			falanggū	掌
287	奴札			nuja/ nujan	拳
288	西他渾			kitahon/ hitahūn	指甲
289	沃郭			ogo/ oho	腋

順次	漢字	滿語	規範滿文	羅馬拼音	詞義
290	額爾根			ergen	命
291	烏爾滾			urgun	喜
292	色布貞			sebjen	樂
293	郭西霍倫必			gosiholombi	哀
294	尼莫恩必			nimembi	痛
295	吉力			jili	恕〔怒〕
296	沃勒霍巴			olhoba	懼
297	布音必			buyembi	愛
298	額合			ehe	惡

順次	漢字	滿語	規範滿文	羅馬拼音	詞義
299	霍奇崑			gocihon/ hocikon	俊
300	博奇西			bocihe	醜
301	雅令阿			yalingga	胖
302	吐爾干			turha/ turga	瘦
303	德恩			den	高
304	瑪克占			makjan	矬子
305	音者勒			injere	笑
306	松郭羅			songgoro	哭

順次	漢字	滿語	規範滿文	羅馬拼音	詞義
307	吉寸			gisun	語
308	額吐庫阿都			etuku adu	衣服
309	多羅依額吐庫			doroi etuku	禮服
310	西吉尖			sijigiyan	袍
311	庫如木			kurumu/kurume	褂
312	吉布察			jibca	裘
313	沃勒博			olbo	馬褂
314	德和勒			dehele	坎肩

順次	漢字	滿語	規範滿文	羅馬拼音	詞義
315	嘎哈力			gahari	衫
316	察木奇			camci	襯衣
317	胡布吐			hubtu	棉袍
318	庫崩格 額吐庫			kubungge etuku/ kubun i etuku	棉衣
319	朱爾蘇 額吐庫			jursu etuku	裌衣
320	額木爾蘇 額吐庫			emursu etuku	單衣
321	法庫力			fakūri	褲

順次	漢字	滿語	規範滿文	羅馬拼音	詞義
322	岳丹			yodan	雨衣
323	訥勒庫			nereku	斗蓬
324	訥勒庫			nereku	大氅
325	訥莫爾很			nemerhen	簑衣
326	章吉			jangci	氈衫
327	吐庫			tuku	衣面
328	多課			doko	衣裏
329	胡西哈			hūsiha/ hūsihan	裙
330	格初和力 西吉尖			gecuheri sijigiyan	蟒袍

順次	漢字	滿語	規範滿文	羅馬拼音	詞義
331	孟郭力庫			monggolikū	領子
332	烏勒西			ulhi	袖
333	阿達孫			adasun	襟
334	色勒份			selfen	開騎
335	瑪哈拉			mahala	冠
336	索爾孫			sorson	纓
337	色奇業庫			sekiyeku	草帽
338	烏米業孫			umiyesun	帶

順次	漢字	滿語	規範滿文	羅馬拼音	詞義
339	鳳庫			fungku	巾
340	法都			fadu	荷包
341	崔和			suihe	穗子
342	庶凡			šufan	褶子
343	古勒哈			gūlha	靴
344	佳班古勒哈			giyaban gūlha	皮靴
345	薩布			sabu	鞋
346	佛莫奇			fomoci	襪
347	郭其庫			gocikū	套褲

順次	漢字	滿語	規範滿文	羅馬拼音	詞義
348	阿爾吉沃 密莫必			arki omimbi	飲酒
349	察依沃 密莫必			cai omimbi	飲茶
350	布達者恩必			buda jembi	吃飯
351	沃勒渾布達			olhon buda	乾飯
352	烏彥布達			uyan buda	稀粥
353	拉拉			lala	黃米飯

順次	漢字	滿語	規範滿文	羅馬拼音	詞義
354	蘇木蘇			sumusu	米湯
355	沙石旱			šasihan	羹
356	西勒			sile	湯
357	索吉			sogi	菜蔬
358	寶哈			booha	餚饌
359	哈西			hasi	茄子
360	那三恒克			nasan hengke	王瓜

順次	漢字	滿語	規範滿文	羅馬拼音	詞義
361	奇爾庫恆克			cirku hengke	冬瓜
362	霍托			hoto	葫蘆
363	木爾薩			mursa	蘿蔔
364	那木			namu	生菜
365	哈爾吉			hargi/ hargi sogi	芥菜
366	額祿			elu	葱
367	僧苦勒			sengkule	薤
368	算達			suwanda	蒜

順次	漢字	滿語	規範滿文	羅馬拼音	詞義
369	金他拉			gintala	芹菜
370	法爾薩			farsa	薄荷
371	江			giyang/ furgisu	薑
372	初色梅 阿爾寸			cuse moi arsun/ cuse mooi arsun	竹笋
373	旱都布達			handu buda	大米飯
374	伯勒布達			bele buda	小米飯
375	奴勒			nure	黃酒

順次	漢字	滿語	規範滿文	羅馬拼音	詞義
376	安依阿爾吉			an i arki	白酒
377	依旱雅力			ihan yali	牛肉
378	霍呢音雅力			honin yali	羊肉
379	烏勒吉音雅力			ulgiyan yali	豬肉
380	孫			sun	牛乳
381	差			cai	茶
382	達木巴古			dambagu	菸

順次	漢字	滿語	規範滿文	羅馬拼音	詞義
383	阿爾吉			arki	酒
384	額份			efen	餑餑
385	哈力哈額份			hariha efen	餅
386	達布寸			dabsun	鹽
387	阿木坦			amtan	味
388	哈吐渾			hatuhun/ hatuhūn	鹹
389	郭西渾			gosihon	苦
390	朱庶渾			jušuhun	酸

順次	漢字	滿語	規範滿文	羅馬拼音	詞義
391	富爾金			furgin	辣
392	占初渾			jancuhūn	甜
393	佛克初渾			fekcuhun	澹
394	非富恩必			fuifumbi	煎
395	綽蘭必			colambi	炒
396	布朱莫必			bujumbi	烹
397	察倫必			carumbi	炸
398	特林必			teliyembi	蒸

順次	漢字	滿語	規範滿文	羅馬拼音	詞義
399	沙糖			šatang/ šatan	沙糖
400	西普蘇			hibsu	蜜
401	哲庫			jeku	穀
402	麥色			maise	小麥
403	莫吉			noji/ muji	大麥
404	莫勒			mere	蕎麥
405	庶庶伯勒			šušu bele	秫
406	阿爾法			arfa	鈴鐺麥
407	庶庶			šušu	蜀黍

順次	漢字	滿語	規範滿文	羅馬拼音	詞義
408	依拉			ira	糜
409	非西和			fisihe	粱
410	北霍米			boihomi/ hife	稗
411	旱都			handu	稻
412	古龍			gurung	宮
413	德音			deyen	殿
414	樓色			leose	樓
415	阿薩力			asari	閣
416	沃爾多			ordo	亭

順次	漢字	滿語	規範滿文	羅馬拼音	詞義
417	他克吐			taktu	臺
418	霍吞			hoton	城
419	朱克德很			juktehen	寺
420	木克德很			mukdehen/ mukdehun	廟
421	多旱			doohan	橋
422	素伯爾干			subargan/ subarhan	塔
423	特爾欽			terkin	階
424	保			boo	家

順次	漢字	滿語	規範滿文	羅馬拼音	詞義
425	欽以保			cin i boo	正房
426	和吐保			hetu boo	廂房
427	達勒白保			dalbai boo	耳房
428	堂郭力			tanggoli/ tanggūli boo	堂房
429	哈沙保			haša boo	倉房
430	那門保			namun boo/ namun	庫房

順次	漢字	滿語	規範滿文	羅馬拼音	詞義
431	都剴保			dukai boo	門房
432	烏車			uce	房門
433	都卡			duka	院門
434	法			fa	窗
435	法及蘭			fajiran	壁
436	花			hūwa	院
437	付			fu	墙
438	瓦色保			fisei boo/ wasei boo	瓦房

順次	漢字	滿語	規範滿文	羅馬拼音	詞義
439	訥欽保			necin boo	平房
440	蒙郭保			monggo boo	帳房
441	額勒本保			elben boo/ elben i boo	草房
442	必特和			bithe	書
443	呢坎必特和			nikan bithe	漢文
444	滿珠必特和			manju bithe	滿文

順次	漢字	滿語	規範滿文	羅馬拼音	詞義
445	蒙郭必特和			monggol bithe/ monggo bithe	蒙文
446	回子以 必特和			hoidz bithe/ hoise i bithe	回文
447	吐伯特 必特和			tubet bithe	藏文
448	吐勒爾吉古倫以必特和			tulergi gurun i bithe	外國文
449	諾們			nomun	經

順次	漢字	滿語	規範滿文	羅馬拼音	詞義
450	蘇都力			suduri	史
451	博敦			bodon	策
452	依爾格本			irgebun	詩
453	烏初勒恩			uculen	詞
454	烏春			ucun	歌
455	富朱倫			fujurun	賦
456	樓勒恩			leolen	論
457	書斐業勒恩			šu fiyelen	文章

順次	漢字	滿語	規範滿文	羅馬拼音	詞義
458	烏拉本			ulabun	傳
459	和爾根			hergen	字
460	和爾根 阿蘭必			hergen arambi	寫字
461	敬古勒勒 和爾根			ginggulere hergen	眞
462	拉西夏拉 和爾根			lasihiyara hergen	草
463	西登格和 爾根			sidengge hergen	隸

順次	漢字	滿語	規範滿文	羅馬拼音	詞義
464	富克精阿 和爾根			fukjingga hergen	篆
465	斐			fi	筆
466	伯和			behe	墨
467	元			yuwan	硯
468	好山			hoošan	紙
469	他奇奎堂金			tacikūi tanggin	學校
470	他奇庫得 多心必			tacikū de dosimbi	入學

順次	漢字	滿語	規範滿文	羅馬拼音	詞義
471	必特和 胡蘭必			bithe hūlambi	讀書
472	奇車莫 他欽必			kiceme tacimbi	勤學
473	必特和他 其本必			bithe tacibumbi	教學
474	依蘭他欽			ilan tacin/ ilan tacihiyan	三教
475	烏云額音			uyun eyen	九流

順次	漢字	滿語	規範滿文	羅馬拼音	詞義
476	必特和 江南必			bithe giyangnambi	講書
477	西布欽必			sibkimbi	研究
478	西木訥本必			simnebumbi/ simnembi	考試
479	他欽伯上 生本必			tacin be šanggabumbi	畢業
480	他欽文			tacin wen	教化
481	達三			dasan	政

順次	漢字	滿語	規範滿文	羅馬拼音	詞義
482	和申和爾金			hešen hergin	綱紀
483	岳索			yoso	統系
484	法份考力			fafun kooli	法律
485	博勒中郭法份			boljonggo fafun	約法
486	安他欽			an tacin	風俗
487	都倫考力			durun kooli	規則

順次	漢字	滿語	規範滿文	羅馬拼音	詞義
488	都倫吐瓦庫			durun tuwakū	觀型
489	都倫考力			durun kooli	典型
490	法份色勒吉音			fafun selgiyen	法令
491	法付蘭必			fafulambi	禁止
492	西德恩白他			siden baita/ siden i bithe	公文

順次	漢字	滿語	規範滿文	羅馬拼音	詞義
493	奇崔白他			cisui baita	私務
494	白他西他			baita sita	事務
495	陶色達爾換			toose darhūwan	權衡
496	哈凡以吐山			hafan i tušan	官職
497	白他拉拉那卡布勒			baitalara nakabure	任免

順次	漢字	滿語	規範滿文	羅馬拼音	詞義
498	阿力布勒 必特和			alibure bithe	呈文
499	翁吉勒 必特和			unggire bithe	咨文
550	卓力沙拉 色勒吉音			jorišara selgiyen	指令
551	他奇布勒 色勒吉音			tacibure selgiyen	訓令

順次	漢字	滿語	規範滿文	羅馬拼音	詞義
552	阿勒班 扎西干			alban jasigan	公函
553	法份伯 札法哈			fafun be jafaha	司法
554	達三伯雅 布布勒			dasan be yabubure	行政
555	他奇布莫 花沙布勒			tacibume hūwašabure	教育

順次	漢字	滿語	規範滿文	羅馬拼音	詞義
556	雅爾見 和特和			yargiyan hethe	實業
557	烏林達三			ulin dasan	財政
558	檔册查案			dangse cagan	案檔
559	必勒特以 色勒接勒			biretei selgiyere	布告
560	額木克			emke	一
561	卓			juwe	二

順次	漢字	滿語	規範滿文	羅馬拼音	詞義
562	依蘭			ilan	三
563	都音			duin	四
564	孫扎			sunja	五
565	寧滾			ninggun	六
566	那丹			nadan	七
567	扎坤			jakūn	八
568	烏云			uyun	九
569	專			juwan	十
570	托佛渾			tofohon	十五
571	沃林			orin	二十

順次	漢字	滿語	規範滿文	羅馬拼音	詞義
572	古忻			gūsin	三十
573	德西			dehi	四十
574	蘇才			susai	五十
575	尼音朱			ninju	六十
576	那丹朱			nadanju	七十
577	札坤朱			jakūnju	八十
588	烏云朱			uyunju	九十
589	唐古			tanggū	一百

順次	漢字	滿語	規範滿文	羅馬拼音	詞義
590	明干			minggan	千
591	吐們			tumen	萬
592	專吐們			juwan tumen	億〔十萬〕
593	唐古吐們			tanggū tumen	百萬
594	明干吐們			minggan tumen	千萬
595	吐們吐們			tumen tumen	萬萬

順次	漢字	滿語	規範滿文	羅馬拼音	詞義
596	呑			ton	數目
597	都爾伯吉吐			durbejitu	方
598	額爾郭吉吐			erguwejitu	圓
599	郭勒敏			golmin	長
600	紱霍倫			foholon	短
601	爲胡肯			weihuken	輕
602	烏貞			ujen	重
603	安巴			amba	大

順次	漢字	滿語	規範滿文	羅馬拼音	詞義
604	阿吉格			ajige	小
605	朱爾素			jursu	雙
606	算綽霍			soncoho	單
607	分			būn/ fun	分
608	朱爾渾			jurhun	寸
609	朱舒祿			jušuru	尺
610	朱大			juda	丈
611	德佛凌古			defelinggu	疋
612	敬金			ginggen	觔

順次	漢字	滿語	規範滿文	羅馬拼音	詞義
613	彥			yan	兩
614	吉哈			jiha	錢
615	分			fun	分
616	西那			hina	毫
617	額力			eli	厘
618	額木特			emte	隻
619	朱如			juru	對
620	額木克			emke	個
621	綽哈			cooha	武
622	綽海伯勒很			coohai belhen	武備

順次	漢字	滿語	規範滿文	羅馬拼音	詞義
623	綽海大音			cooha dain	軍旅
624	綽海阿古拉			coohai agūra	軍器
625	雅法干綽哈			yafagan cooha/ yafahan cooha	步
626	莫凌阿綽哈			moringga cooha	馬
627	炮心達拉綽哈			poo sindara cooha	砲

順次	漢字	滿語	規範滿文	羅馬拼音	詞義
628	爲勒勒綽哈			weilere cooha	工〔兵〕
629	庫訥孫色貞			kunesun sejen	輜
630	沃勒渾綽哈			olhon cooha	陸軍
631	莫德力綽哈			mederi cooha	海軍
632	綽海法份			coohai fafun	軍法

順次	漢字	滿語	規範滿文	羅馬拼音	詞義
633	綽海色 勒吉音			coohai selgiyen	軍令
634	將軍			jiyanggiyūn	將軍
635	元帥			yuwanšuwai	元帥
636	和北哈凡 〔安班〕			hebei amban	參謀
637	巴克三莫音			baksan meyen	隊伍
638	庫瓦蘭			kūwaran	營

順次	漢字	滿語	規範滿文	羅馬拼音	詞義
639	綽海夸蘭			coohai kūwaran	壘
640	羅霍			loho	刀
641	尼如			niru	箭
642	廟產			miyoocan	槍
643	木哈連			muhaliyan	彈
644	沃克托			okto	火藥
645	法依丹			faidan	陳〔陣〕
646	阿凡必			afambi	攻戰

順次	漢字	滿語	規範滿文	羅馬拼音	詞義
647	雅爾欠必			yarkiyambi	誘戰
648	布克忻必			buksimbi	埋伏
649	必勒恩必			birembi	衝鋒
650	付莫勒莫 阿凡必			fumereme afambi	鏖戰
651	庫瓦蘭 吉丹必			kūwaran gidambi	劫營
652	巴他伯額 特恩必			bata be etembi	勝敵

順次	漢字	滿語	規範滿文	羅馬拼音	詞義
653	特吞			tetun	器
654	阿古拉			agūra	皿
655	德勒			decin/ dere	桌
656	班丹			bandan	凳
657	尼克庫木蘭			nikeku mulan	椅
658	伯色爾根			besergen	牀
659	霍西			huwesi	刀
660	蘇和			suhe	斧

順次	漢字	滿語	規範滿文	羅馬拼音	詞義
661	哈斯哈			hasha/ hasaha	剪
662	朱庶祿			jušuru	尺
663	水分			suifun	錐
664	京訥庫			gingneku	秤
665	登訥庫			dengneku	戥
666	莫羅夏色			moro hiyase	升
667	夏色			hiyase	斗
668	登占			dengjan	燈

順次	漢字	滿語	規範滿文	羅馬拼音	詞義
669	阿彥			nayan/ayan	燭
670	佛心			fesin	杆
671	特依分			teifun	杖
672	薩拉			sara	傘
673	奇鹿			kiru	旗
674	隆坤			longkon	鑼
675	同肯			tungken	鼓
676	特木格吐			temgetu	號
677	付斯合庫			fusheku	扇

順次	漢字	滿語	規範滿文	羅馬拼音	詞義
678	風色			fengse	盆
679	莫羅			moro	碗
680	綽滿			coman	盃
681	阿力庫			alikū	盤
682	渾他哈			hūntahan	盅
683	霍色力			hoseri	盒
684	才非			saifi	匙子
685	薩布卡			sabka	筷子
686	非拉			fila	碟子

順次	漢字	滿語	規範滿文	羅馬拼音	詞義
687	木陳			mucen	鍋
688	非要色			fiyoose	瓢
689	合勒庫			hereku	笊籬
690	嗎沙			maša	勺
691	札依大			jaida	菜刀
692	法尼先			fanihiyan	案板
693	昂生拉			anggara	鋼〔缸〕
694	布屯			butun/butūn	罎
695	瑪祿			malu	瓶

順次	漢字	滿語	規範滿文	羅馬拼音	詞義
696	胡牛			hunio	水桶
697	他他庫			tatakū	柳罐
698	達木占			damjan	扁担
699	登占			dengjan	燈
700	阿彥			ayan	燭
701	吐瓦			tuwa	火
702	梅得依吉庫			mooi deijiku	木柈
703	梅雅哈			mooi yaha/ moo yaha	木炭

順次	漢字	滿語	規範滿文	羅馬拼音	詞義
704	得衣吉庫			deijiku	柴薪
705	說羅			šoro	筐
706	薩克蘇			saksu	簍
707	付勒胡			fulhū	口袋
708	烏渾			uhun	包袱
709	朱芒吉			jumanggi	囊
710	德爾西			derhi	席
711	西大			hida	簾
712	札胡代			jahūdai	舟
713	色眞			sejen	車

順次	漢字	滿語	規範滿文	羅馬拼音	詞義
714	爲胡			weihu	船
715	喬色眞			kiyoo sejen	轎
716	또斯哈			gasha	禽
717	또如代 吉如代			garudai gerudei	鳳凰
718	爲準			weijun	鸛
719	尙見布勒很			šanggiyan bulehen	仙鶴

順次	漢字	滿語	規範滿文	羅馬拼音	詞義
720	瓜西縣			gūwasihiyan/ gūwasihiya	鷺
721	家渾			giyahūn	鷹
722	聶合			niyehe	鴨
723	車奇可			cecike	鳥 〔雀〕
724	達敏			damin	鵰
725	胡沙胡			hūšahū	鴞
726	簪尼牙哈			niowang- niyaha/ niongniyaha	雁

順次	漢字	滿語	規範滿文	羅馬拼音	詞義
727	尬哈			gaha	鴉
728	薩克薩哈			saksaha	鵲
729	奇彬			cibin	燕
730	托金			tojin	孔雀
731	尬隆古			garunggū	鸞
732	烏勒胡瑪			ulhūma	雉
733	衣吉分聶和			ijifun niyehe	鴛鴦

順次	漢字	滿語	規範滿文	羅馬拼音	詞義
734	應古合			yengguhe	鸚鵡
735	闊奇合			kuwecihe	鵓鴿
736	綽科			coko	雞
737	木舒			mušu	鵪鶉
738	克庫合			kekuke/ kekuhe	鳩
739	古爾古			gurgu	獸
740	薩斌吐			sabintu/ sabitun sabintu	麒麟
741	他斯哈			tasha	虎

順次	漢字	滿語	規範滿文	羅馬拼音	詞義
742	蘇凡			sufan	象
743	阿爾薩藍			arsalan	獅子
744	雅爾哈			yarha	豹
745	勒付			lefu	熊
746	布胡			buhū	鹿
747	特門			temen	駱駝
748	西爾生			sirga	獐
749	九			gio	麅
750	哲勒恩			jeren	黃羊
751	波牛			bonio	猴

順次	漢字	滿語	規範滿文	羅馬拼音	詞義
752	牛合			niohe	狼
753	札爾胡			jarhū	豺
754	色克			seke	貂
755	多必			dobi	狐
756	西倫			silun	猞猁
757	烏勒庫			uleku/ ulhu	灰鼠
758	海倫			hailun	水獺
759	他爾巴西			tarbahi	旱獺
760	二必合			elbihe	貉

順次	漢字	滿語	規範滿文	羅馬拼音	詞義
761	忙吉素			manggisu	獾子
762	阿斯杭生星格力			ashangga singgeri	蝙蝠
763	吉〔古〕勒瑪渾			gūlmahūn	兔
764	莫林			morin	馬
765	衣汗			ihan	牛
766	霍尼音			honin	羊
767	音大渾			indahūn	狗

順次	漢字	滿語	規範滿文	羅馬拼音	詞義
768	烏勒吉音			ulgiyen/ ulgiyan	豬
769	克西克			kesike	貓
770	烏米牙哈			umiyaha	蟲
771	表烏烏 米牙哈			biyoo umiyaha	蠶
772	安春烏 米牙哈			ancun umiyaha	蟑螂
773	堂郎			tang lang/ heliyen umiyaha	螳螂

順次	漢字	滿語	規範滿文	羅馬拼音	詞義
774	必羊西庫			biyangsikū	蟬
775	烏勒們 胡勒海土			ulme hūlhatu	蜻蜓
776	古爾貞			gurjen	蟋蟀
777	西普素額貞			hibsu ejen	蜜蜂
778	格佛合			gefehe	蝴蝶
779	朱奇巴			juciba	螢
780	乇勒滿			galman	蚊

順次	漢字	滿語	規範滿文	羅馬拼音	詞義
781	德爾霍			derhuwe	蠅
782	沃岳			oyo	蠓
783	業爾霍			yerhuwe	蟻
784	伯特恩			beten	蚯蚓
785	和勒莫很			helmehen	蜘蛛
786	瓦渾烏米牙哈			wahūn umiyaha	臭虫
787	木都力			muduri	龍
788	札布占			jabjan	蟒

順次	漢字	滿語	規範滿文	羅馬拼音	詞義
789	美合			meihe	蛇
790	尼瑪哈			nimaha	魚
791	木朱胡			mujuhu	鯉魚
792	翁郭順			onggošon	鯽魚
793	拉哈			laha	淮子〔魚〕
794	海花			haihuwa/haihūwa	鮕魚
795	法祿			falu	鯿花
796	他庫			takū	鱎頭
797	胖海			panghai	螃蟹

順次	漢字	滿語	規範滿文	羅馬拼音	詞義
798	瓦克山			wakšan	蝦蟆
799	桂			gui/ eihume	龜
800	元艾胡瑪			yuwan aihūma	黿
801	額依胡莫			aihume/ aihūma	鼈
802	敖尼瑪哈			oo nimaha	鰲
803	敖艾胡瑪			oo nimaha/ oo aihūma	鼈
804	衣勒哈			ilha	花

順次	漢字	滿語	規範滿文	羅馬拼音	詞義
805	訥恩德恩衣勒哈			nenden ilha	梅花
806	桂勒合衣勒哈			guilehe ilha	杏花
807	托羅衣勒哈			toro ilha	桃花
808	札木力衣勒哈			jamuri ilha	薔薇花
809	烏色力衣勒哈			useri ilha	榴花

順次	漢字	滿語	規範滿文	羅馬拼音	詞義
810	杼衣勒哈			šu ilha	荷花
811	綽科衣勒哈			coko ilha	雞冠花
812	杼翁生衣勒哈			šungga ilha	桂花
813	波吉力衣勒哈			bojiri ilha	菊花
814	芙素力衣勒哈			fusuri ilha	芙蓉花

順次	漢字	滿語	規範滿文	羅馬拼音	詞義
815	阿林以差衣勒哈			alin i cai ilha	山茶花
816	杼翁甲他衣拉哈			šunggiyata ilha/ šunggiyada ilha	水仙花
817	牡丹衣勒哈			mudan ilha/ modan ilha	牡丹
818	說丹衣勒哈			šodan ilha	芍藥
819	奇邪衣勒哈			kina ilha	鳳仙花

順次	漢字	滿語	規範滿文	羅馬拼音	詞義
820	杼勒合			šulhe	梨
821	波羅科木出			boroko mucu	葡萄
822	英土力			ingtori	櫻桃
823	溫甫			umpu	山查
824	索羅			soro	棗
825	沃爾霍			orho	草
826	沃爾霍大			orhoda	人參
827	烏勒胡			ulhū	蘆草

順次	漢字	滿語	規範滿文	羅馬拼音	詞義
828	大爾化			darhūwa	荻草
829	沃克吉哈			okjiha	菖蒲
830	年奇哈 沃爾霍			niyanciha orho/ niyanciha	青草
831	英生力 沃爾霍			inggari orho	浮萍
832	崔哈			suiha	艾
833	哈木甲			hamgiya	蒿
834	出色毛			cuse moo	竹

順次	漢字	滿語	規範滿文	羅馬拼音	詞義
835	烏朗生毛			urangga moo	梧桐
836	札克大毛			jakdan moo	松
837	邁拉孫毛			mailasun moo	栢
838	霍勒敦			holdon	菓松
839	尼瑪拉			nimala/ nimalan	桑
840	海藍毛			hailan moo	楡樹
841	佛多霍			fodoho	柳

順次	漢字	滿語	規範滿文	羅馬拼音	詞義
842	付拉哈			fulha	楊
843	霍洪郭			hohonggo/ hohonggo moo	槐
844	沙吉藍			šajilan	樺木
845	忙生毛			mangga moo	柞木
846	艾心			aisin	金
847	孟滾			menggun	銀
848	特衣順			teišun	銅
849	色勒			sele	鐵

順次	漢字	滿語	規範滿文	羅馬拼音	詞義
850	托霍倫			toholon	錫
851	他爾產			tarcan	鉛
852	他那			tana	東珠
853	固			gu	玉
854					翡翠
855	瑪林布沃和			marinbu wehe/ marimbu wehe	瑪瑙
856	霍白			hoba/ boisile	琥珀
857	舒如			šuru	珊瑚
858	沃合			wehe	石

順次	漢字	滿語	規範滿文	羅馬拼音	詞義
859	倭合牙哈			wehe yaha	煤
860	大布孫			dabsun	鹽
861	胡吉力			hūjiri	城〔鹻〕
862	恩都力			enduri	神
863	富奇西			fucihi	佛
864	富薩			fusa	菩薩
865	巴那吉			banaji	土地
866	城隍				城隍

順次	漢字	滿語	規範滿文	羅馬拼音	詞義
867	準依額貞			jun i ejen	竈君
868	木都力罕			muduri han	龍王
869	吐外恩都力			tuwai enduri	火神
870	烏林恩都力			ulin enduri	財神
871	烏爾滾 恩都力			urgun enderi	喜神

順次	漢字	滿語	規範滿文	羅馬拼音	詞義
872	倭西渾 恩都力			wesihun enduri	貴神
873	胡吐力 恩都力			hūturi enduri	福神
874	胡吐			hutu	鬼
875	扎拉分 恩都力			jalafun enduri	壽星
876	乍牛			ganio	怪
877	阿力			ari	魔
878	業乂			yeca/ yece	旱魃

順次	漢字	滿語	規範滿文	羅馬拼音	詞義
879	衣巴干			ibagan	妖精
880	必			bi	我
881	西			si	你
882	特勒			tere	他
883	差沃米			cai omi	喝茶
884	阿爾奇沃米			arki omi	喝酒
885	布大哲奇			buda jeki	吃飯
886	大木巴古郭奇			dambagu goci	吃菸

順次	漢字	滿語	規範滿文	羅馬拼音	詞義
887	西勒沃米			sile omi	喝湯
888	烏彥布 大沃米			uyan buda omi	喝粥
889	特奇			teki	請坐
890	艾巴德 格訥恩心			aibade genembi/ sibide genembi	上邢 兒去
891	阿唐吉瑪 林金必			atanggi marinjimbi	多怎 回來

順次	漢字	滿語	規範滿文	羅馬拼音	詞義
892	奇瑪力 阿查奇			cimari acaki	明日見
893	米尼保德 格訥奇			mini boode geneki/ mini boo de geneki	到我家 裡去
894	廟以衣三 德格倫必			miyoo i isan de genembi	赶廟會
895	莫林牙倫必			morin yalumbi	騎馬

順次	漢字	滿語	規範滿文	羅馬拼音	詞義
896	色貞特奇			sejen teki	坐車
897	薩布拉庫			saburakū	看不見
898	阿瑪干必			amgambi	睡覺
899	和爾根 阿藍必			hergen arambi	寫字
900	甲德格 訥恩必			giya de genermbi/ giyai de genembi	上街
901	素朱勒 伯特合			sujure bethe	跑腿

順次	漢字	滿語	規範滿文	羅馬拼音	詞義
902	札卡烏丹必			jaka be udambi	買東西
903	都卡訥音必			duka meimbi	開門
904	都卡牙克心必			duka yaksimbi	關門
905	尼牙勒瑪伯胡藍必			niyalma be hūlambi	叫人

順次	漢字	滿語	規範滿文	羅馬拼音	詞義
906	必吉哈 生音必			bi jiha gaimbi	我要錢
907	額土庫 額呑必			etuku etumbi	穿衣
908	哈凡特恩必			hafan tembi	做官
909	朱春土 瓦恩必			jucun tuwambi	看戲
910	必特合土 瓦恩必			bithe tuwambi	看書

順次	漢字	滿語	規範滿文	羅馬拼音	詞義
911	朱滾牙 布恩必			jugūn yabumbi	走道
912	阿林德 他凡必			alin de tafambi	上山
913	莫林阿 都藍必			morin adulambi	放馬
914	霍尼音阿 都藍必			honin adulambi	放羊

順次	漢字	滿語	規範滿文	羅馬拼音	詞義
915	烏都佛林沃霍			udu forin oho	幾點鐘了
916	阿布卡烏莫西北坤			abka umesi beilkun/ abka umesi beikuwen	天太冷
917	烏莫西哈勒渾			umesi halhūn	太熱
918	必爲勒拉庫			bi weilerakū	我不幹
919	多霍倫			doholon	拐子
920	多郭			dogo	瞎子

順次	漢字	滿語	規範滿文	羅馬拼音	詞義
921	西格訥恩澎			si genembio	你去嗎
922	山都土			šan dutu	聾子

資料來源：《黑龍江志稿》，黑龍江省政府，民國二十一年（1932）六月，卷七，方言。

　　前列〈黑龍江常用滿語詞彙簡表〉，為了便於說明，依次列出號次，共計 922 個詞彙，其中含有簡單日常會話，譬如俗語類中，順次 890，「上那兒去」，滿語讀作"aibide genembi"；891「多怎回來」，滿語讀作"atanggi marinjimbi"，意即「幾時回來」；892「明日見」，滿文讀作"cimari acaki"；893「到我家裡去」，滿語讀作"mini boo de geneki"；906「我要錢」，滿文讀作"bi jiha gaimbi"；915「幾點鐘了」，滿語讀作"udu forin oho"；916「天太冷」，滿文讀作"abka umesi beikuwen"；918「我不幹」，滿文讀作"bi weilerakū"。

　　《黑龍江志稿》中的詞彙，滿漢並列，從漢字音譯，有助於了解滿語的讀音，譬如順次 68「春」，滿語讀作"niyengniyeri"，漢字音譯作「寧聶力」，69「夏」，滿語讀作"juwari"，漢字音譯作「抓力」；70「秋」，滿語讀作"bolori"，漢字音譯作「伯羅力」；71「冬」，滿語讀作

"tuweri"，漢字音譯作「托力」；139「兵卒」，滿語讀作
"cooha"，漢字音譯作「綽哈」；258「胃」，滿語讀作
"guwejihe"，漢字音譯作「郭吉和」；265「精」，滿語讀作
"oori"，漢字音譯作「敖力」；285「皮膚」，滿語讀作
"sukū"，漢字音譯作「蘇庫」；286「掌」，滿語讀作
"falanggū"，漢字音譯作「法朗古」；323「斗蓬」，滿語讀作
"nereku"，漢字音譯作「訥勒庫」；331「領子」，滿語讀作
"monggolikū"，漢字音譯作「孟郭力庫」；347「套褲」，滿
語讀作"gocikū"，漢字音譯作「郭其庫」；468「紙」，滿語
讀作"hoošan"，漢字音譯作「好山」；470「入學」，滿語讀
作"tacikū de dosimbi"，句中"tacikū"，漢字音譯作「他奇
庫」；487「規則」、489「典型」，滿語讀作"durun kooli"，
漢字音譯作「都倫考力」；561「二」，滿語讀作"juwe"，漢
字音譯作「卓」；572「三十」，滿語讀作"gūsin"，漢字音譯
作「古忻」；589「一百」，滿語讀作"tanggū"，漢字音譯作
「唐古」；707「口袋」，滿語讀作"fulhū"，漢字音譯作「付
勒胡」；714「船」，滿語讀作"weihu"，漢字音譯作「爲
胡」；725「鴞」，滿語讀作"hūšahū"，漢字音譯作「胡沙
胡」；746「鹿」，滿語讀作"buhū"，漢字音譯作「布胡」；
753「豺」，滿語讀作"jarhū"，漢字音譯作「札爾胡」；774
「蟬」，滿語讀作"biyangsikū"，漢字音譯作「必羊西庫」；
「士兵」，滿語讀作"cooha"，漢字讀作「綽哈」。「規
則」、「典型」，滿語讀作"durun kooli"，句中"kooli"，漢
字讀作「考力」。滿語元音"oo"，或讀作「喔」，或讀作
「敖」。「斗蓬」，滿語讀作"nereku"，漢字音譯作「訥勒
庫」。「皮膚」，滿語讀作"sukū"，漢字音譯作「蘇庫」。句

中"ku"、"kū"，漢字音譯俱作「庫」，讀音相同。「船」，滿語讀作"weihu"，漢字音譯作「爲胡」。「鹿」，滿語讀作"buhū"，漢字音譯作「布胡」，句中"hu"、"hū"，漢字音譯俱作「胡」，讀音相同。大致而言，滿語讀音與漢字讀音相近，對研究滿文書面語讀音，提供了珍貴的語文資料。

　　《黑龍江志稿》中的滿語詞彙，大致而言，與清朝規範滿文書面語讀音，頗爲相近，其中有部分詞彙，略有出入。譬如表中43「井」，滿語讀作"hocin"，漢字音譯作「霍欽」。「井」，規範滿語讀作"hūcin"，漢字音譯可作「胡欽」。73「清明」，滿語讀作"hansi"，漢字音譯作「寒西」。「清明」，規範滿語讀作"hangsi"，漢字音譯可作「杭細」。128「和尙」，滿語讀作"hešen"，漢字音譯作「和神」。「和尙」，規範滿語讀作"hūwašan"，漢字音譯可作「化善」。140「乞丐」，滿語讀作"giohotu"，漢字音譯作「究霍吐」。「乞丐」，規範滿語讀作"giohoto"，漢字音譯可作「究霍托」。183「婢」，滿語讀作"nehu"，漢字音譯作「訥胡」。「婢」，規範滿語讀作"nehū"，漢字音譯可作「訥胡」。263「臟腑」，滿語讀作"duha du"，漢字音譯作「都哈多」，滿漢讀音不合。「臟腑」，規範滿語讀作"duha do"，漢字音譯可作「都哈多」。288「指甲」，滿語讀作"kitahon"，漢字讀音作「西他渾」，滿漢讀音不合。「指甲」，規範滿語讀作"hitahūn"，漢字音譯可作「西他渾」。289「腋」，滿語讀作"ogo"，漢字讀音作「沃郭」，意即「帽子窩」。「腋」，規範滿語讀作"oho"，意即「胳肢窩」。295「怒」，滿語讀作"jili"，漢字音譯作「吉力」，意即「怒」，表中「恕」，當作「怒」。299「俊」，滿語讀作"gocihon"，漢字讀音作「霍奇崑」，滿漢讀音不合。「俊」，規範滿語讀作"hocikon"。302
「瘦」，滿語讀作"turha"，漢字讀音作「吐爾干」，滿漢讀音
不合。「瘦」，規範滿語讀作"turga"。329「裙」，滿語讀作
"hūsiha"，漢字讀音作「胡西哈」，滿漢讀音相合。「裙」，
規範滿語讀作"hūsihan"。379「豬肉」，滿語讀作"ulgiyen
yali"，漢字讀音作「烏勒吉音雅力」。規範滿語讀作"ulgiyan
yali"。399「沙糖」，滿語讀作"šatang"，漢字讀音作「沙
糖」。「沙糖」，規範滿語讀作"šatan"。410「稗」，滿語讀
作"boihomi"，漢字讀音作「北霍米」。「稗」，規範滿語讀
作"hife"。420「廟」，滿語讀作"mukdehen"，漢字讀音作
「木克德很」。「廟」，規範滿語讀作"mukdehun"。422
「塔」，滿語讀作"subargan"，漢字讀音作「素伯爾干」。
「塔」，規範滿語讀作"subarhan"。474「三教」，滿語讀作
"ilan tacin"，漢字讀音作「依蘭他欽」，意即「三學」，欠
當。「三教」，規範滿語讀作"ilan tacihiyan"。607「分」，滿
語讀作"būn"，漢字讀音作「分」。「分」，規範滿語讀作
"fun"。655「桌」，滿語讀作"decin"，漢字讀音作「德
勒」，滿漢讀音不合。「桌」，規範滿語讀作"dere"。661
「剪」，滿語讀作"hasha"，漢字讀音作「哈斯哈」。
「剪」，規範滿語讀作"hasaha"。669「燭」，滿語讀作
"nayan"，漢字讀音作「阿彥」，滿漢讀音不合。「燭」，規
範滿語讀作"ayan"。738「鳩」，滿語讀作"kekuke"，漢字
讀音作「克庫合」，滿漢讀音不合。「鳩」，規範滿語讀作
"kekuhe"。740「麒麟」，滿語讀作"sabintu"，漢字讀音作
「薩斌吐」，「麒麟」，規範滿語讀作"sabitun sabintu"。768
「豬」，滿語讀作"ulgiyen"，漢字讀音作「烏勒吉音」。

「豬」，規範滿語讀作"ulgiyan"。773「螳螂」，滿語讀作"tang lang"，漢字讀音作「堂郎」。「螳螂」，規範滿語讀作"heliyen umiyaha"。794「鮊魚」，滿語讀作"haihuwa"，漢字讀音作「海花」。規範滿語讀作"haihūwa"。799「龜」，滿語讀作"gui"，漢字讀音作「桂」。規範滿語讀作"eihume"。801「鼈」，滿語讀作"aihume"，漢字讀音作「額依胡莫」。「鼈」，規範滿語讀作"aihūma"。803「鼈」，滿語讀作"oo nimaha"，漢字讀音作「敖艾胡瑪」，滿漢讀音不合。「鼈」，規範滿語讀作"oo aihūma"。817「牡丹」，滿語讀作"mudan ilha"，漢字讀音作「牡丹衣勒哈」。「牡丹」，規範滿語讀作"modan ilha"。827「人參」，滿語讀作"niyanciha orho"，漢字讀音作「沃爾霍大」，滿漢讀音不合。「人參」，規範滿語讀作"orhoda"。"niyanciha orho"，意即「青草」。829「荻草」，滿語讀作"ulhū"，漢字讀音作「大爾化」，滿漢讀音不合。「荻草」，規範滿語讀作"darhūwa"。839「桑」，滿語讀作"nimala"，漢字讀音作「尼瑪拉」。「桑」，規範滿語讀作"nimalan"。856「琥珀」，滿語讀作"hoba"，漢字讀音作「霍白」。「琥珀」，規範滿語讀作"boisile"。

《黑龍江志稿》中的方言，有部分滿語詞彙是按照漢語讀音譯成滿語。譬如：371「薑」，滿語讀作"giyang"；399「沙糖」，滿語讀作"šatang"；773「螳螂」，滿語讀作"tang lang"；799「龜」，滿語讀作"gui"；856「琥珀」，滿語讀作"hoba"。866「城隍」，滿語讀作"ceng hūwang"。《黑龍江志稿》中的常用詞彙，因滿漢並列，對照滿語後，有助於了解漢語詞彙的詞義。譬如：191「唬」，滿語讀作"niyakūrambi"，意即「跪」。314「坎肩」，滿語讀作"dehele"，意即「無袖短褂」。324「大氅」，滿語讀作"nereku"，意即「斗篷」。461「眞」，滿語讀作"ginggulere hergen"，意即「楷書」、「正楷字」。625「步」，滿語讀作"yafahan cooha"，意即「步兵」。626「馬」，滿語讀作"moringga cooha"，意即「馬兵」、「騎兵」。627「砲」，滿語讀作"poo sindara cooha"，意即「放砲的兵」、「砲兵」。628「工」，滿語讀作"weilere cooha"，意即「工兵」。629「輜」，滿語讀作"kunesun sejen"，意即「行糧車」。645「陳」，滿語讀作"faidan"，意即「陣」。689「笊籬」，滿語讀作"hereku"，意即「漏勺」。702「木柈」，滿語讀作"mooi deijiku"，意即「木柴」。793「淮子」，滿語讀作"laha"，意即「淮子魚」、「麥穗魚」。802「鰲」滿語讀作"oo nimaha"，意即「鰲魚」。803「黿」，滿語讀作"oo aihūma"，意即「黿黿」。919「拐子」，滿語讀作"doholon"，意即「跛子」、「瘸子」。《黑龍江志稿》，成書於民國二十一年（1932），原書方言中保存了豐富的滿語常用詞彙，對黑龍江地區的語文研究，提供了相當珍貴的資料，《黑龍江志稿》對了解滿語的傳承，作出了重要的貢獻。

西天取經
——玄奘取經《西遊記》滿文譯本會話選讀導讀

　　女眞族是滿族的主體民族，蒙古滅金後，女眞遺族散居於混同江流域，開元城以北，東濱海，西接兀良哈，南鄰朝鮮。由於元朝蒙古對東北女眞的統治以及地緣的便利，在滿族崛起以前，女眞與蒙古的接觸，已極密切，蒙古文化對女眞產生了很大的影響，女眞地區除了使用漢文外，同時也使用蒙古語言文字。明朝後期，滿族的經濟與文化，進入迅速發展的階段，但在滿族居住的地區，仍然沒有滿族自己的文字，其文移往來，主要使用蒙古文字，必須「習蒙古書，譯蒙古語通之」。使用女眞語的民族書寫蒙古文字，未習蒙古語的女眞族則無從了解，這種現象實在不能適應新興滿族共同體的需要。明神宗萬曆二十七年（1599）二月，清太祖努爾哈齊爲了文移往來及記注政事的需要，即命巴克什額爾德尼、扎爾固齊噶蓋仿照老蒙文創制滿文，亦即以老蒙文字母爲基礎，拼寫女眞語，聯綴成句，而發明了拼音文字，例如將蒙古字母的「ᠠ」（a）字下接「ᠮᠠ」（ma）字，就成「ᠠᠮᠠ」（ama），意即父親。這種由老維吾爾體老蒙文脫胎而來的初期滿文，在字旁未加圈點，未能充分表達女眞語言，無從區別人名、地名的讀音。清太宗天聰六年（1632），皇太極命巴克什達海將初創滿文在字旁加置圈點，使音義分明，同時增添一些新字母，使滿文的語音、形體更臻完善，區別了原來容易混淆的語音。清太祖時期的初創滿文，習稱老滿文，又稱無圈點滿文。天聰年間，巴克什達海奉命改進的滿文習稱新滿文，又稱加圈點滿文，滿文的創制，就是滿族承襲北亞文化的具體表現。臺北國立故宮博物院典藏清史館纂修《國語志》稿本，其卷首有奎善撰〈滿文源流〉一文。原文有一段敘述說：「文字所以代結繩，無論何國文字，其糾結屈曲，無不含有結繩遺意。然體制不一，則又以地勢而殊。歐洲多水，故英、法國文字橫行，如風浪、如水紋。滿洲故里多山林，故文字矗立高聳，如古樹，如孤峰。蓋造文字，本乎人心，人心之靈，實根於天地自然之理，非偶然也。」滿文是一種拼音文字，由上而下，由左而右，直行書寫，字形矗立高聳，滿文的創造，有其文化、地理背景，的確不是偶然的。從此，滿洲已有能準確表達自己語言的新文字，由於滿文的創造及改進，更加促進了滿洲文化的發展。

清初諸帝，重視國語清文，已有居安思危的憂患意識。滿文是一種拼音文字，相對漢語的學習而言，學習滿洲語文，確實比學習漢語漢文容易，西洋傳教士以歐洲語音學習滿洲語文，更覺容易，口音也像。巴多明神父致法蘭西科學院書信中指出，康熙年間編纂《御製清文鑑》的工作進行得極為認真，倘若出現疑問，就請教滿洲八旗的老人；如果需要進一步研究，便垂詢剛從滿洲腹地前來的人員。誰發現了某個古老詞彙或熟語，便可獲獎。康熙皇帝深信《御製清文鑑》是重要寶典，只要寶典存在，滿洲語文便不至於消失。通過巴多明神父的描述，可知《御製清文鑑》的編纂，就是康熙皇帝提倡清文國語的具體表現，具有時代的意義。康熙十二年（1673）四月十二日，《起居注冊》記載康熙皇帝對侍臣所說的一段話：「此時滿洲，朕不慮其不知滿語，但恐後生子弟漸習漢語，竟忘滿語，亦未可知。且滿漢文義，照字翻譯，可通用者甚多。今之翻譯者，尚知辭意，酌而用之，後生子弟，未必知此，不特差失大意，抑且言語欠當，關係不小。」「後生子弟漸習漢語，竟忘滿語」，就是一種憂患意識。

　　乾隆年間（1736-1795），滿洲子弟多忘滿語。乾隆七年（1742）八月二十二日，乾隆皇帝降諭云：「滿洲人等，凡遇行走齊集處，俱宜清語，行在處清語，尤屬緊要。前經降旨訓諭，近日在南苑，侍衛官員兵丁，俱說漢話，殊屬非是。侍衛官員，乃兵丁之標準，而伊等轉說漢話，兵丁等何以效法。嗣後凡遇行走齊集處，大臣侍衛官員，以及兵丁，俱著清語，將此通行曉諭知之。」滿洲侍衛、官員、兵丁等在南苑或行走齊集處，不說滿語，轉說漢話，竟忘滿語，殊屬非是。乾隆十一年（1746）十月初十日，乾隆皇帝在所頒諭旨中指出，黑龍江地區是專習清語滿洲辦事地方，黑龍江將軍傅森竟不知穀葉生蟲的清語，傅森在奏摺內將穀葉生蟲清語，兩處誤寫。乾隆十二年（1747）七月初六日，諭軍機大臣等，盛京補放佐領之新滿洲人等帶領引見，清語俱屬平常。乾隆皇帝在諭旨中指出，「盛京係我滿洲根本之地，人人俱能清語，今本處人員，竟致生疏如此，皆該管大臣官員等，平日未能留心教訓所致，將軍達勒當阿著傳旨申飭。」黑龍江、盛京等處，都是滿洲根本之地，清語是母語，乾隆年間，當地滿洲人，其清語平常生疏如此，確實是一種隱憂。由於滿洲後世子孫缺乏居安思危的憂患意識，清初諸帝搶救滿洲語文的努力，確實效果不彰。

　　錫伯族的歷史與文化，源遠流長，西遷伊犁的錫伯族對於滿洲語文的傳習作出了極大的貢獻，回溯錫伯族西遷的歷史，具有時代意義。錫伯族是東北地區的少數民族之一，清太宗崇德年間（1636-1643），錫伯族同科爾沁蒙古同時歸附於滿洲，編入蒙古八旗。康熙三十一年（1692），將科爾沁蒙古所屬錫伯族編入

滿洲八旗，從此以後，錫伯族開始普遍使用滿洲語文。康熙三十
八年（1699）至四十年（1701）三年中，將齊齊哈爾、伯都訥、
吉林烏拉三城披甲及其家眷南遷至盛京、京師等地。乾隆年間，
清軍平定天山南北路後，隨即派兵屯種，欲使駐防兵丁口食有
資，並使遠竄的厄魯特無從復踞舊地。乾隆二十七年（1762），
設伊犁將軍。同年十月，以明瑞為伊犁將軍，伊犁成為新疆政
治、軍事中心。為加強邊防，陸續由內地調派大批八旗兵丁進駐
伊犁，其中駐守伊犁的錫伯兵，主要是從東三省抽調移駐的。錫
伯兵及其眷屬西遷前夕的活動，在今日察布查爾的錫伯族，仍然
記憶猶新，還編成錫伯文教材，代代相傳。乾隆二十九年
（1764）四月十八日，西遷錫伯族在瀋陽太平寺祭告祖先，與留
在故鄉的錫伯族共同聚會餐敘，翌日便啟程，前往伊犁守邊。當
時西遷的錫伯兵是從東北三省十七城抽調出來的，官兵連同眷屬
總計五千餘人。陰曆四月十八日，就是錫伯族的西遷節，尤其在
新疆的錫伯族，每年到了四月十八日，家家戶戶，男女老少都穿
上新衣服，聚在一起就餐、演奏樂器、跳貝倫舞（beilen）、玩
遊戲、射箭、摔跤、賽馬等活動，四月十八日，就成了錫伯族特
別的節日。錫伯官兵從東北家鄉遠赴新疆屯墾戍邊，也把滿洲語
文帶了過去。這批錫伯官兵後代子孫，在進入二十一世紀的今日
新疆，仍持續使用滿洲語文，這是錫、滿文化傳承歷史上值得關
注的大事，察布查爾錫伯自治縣被稱為保存滿文的「活化石」地
區。

　　錫伯官兵到達新疆後，在伊犁河南岸一帶屯墾戍邊，乾隆三
十一年（1766），編為八個牛彔，組成錫伯營。蘇德善先生撰
〈錫伯族雙語教育的歷史回顧〉一文指出，錫伯營的單獨成立，
對錫伯族來說，是政治地位的重大改變，從此凡涉及本族的重大

事務，有了自主權，錫伯族在政治、軍事上的成就，均以本族名義被伊犂將軍奏聞朝廷記錄在案。西遷的錫伯族，借助錫伯營這個舞臺，演出了有聲有色的多幕悲喜劇，爲發展民族經濟、文教、文學藝術，具備了主客觀條件，可謂英雄有用武之地了。乾隆三十一年（1766），伊犂將軍明瑞令每旗各設清書房一所。錫伯營有一所書房，有教習二人，分司教弓箭，學滿文、四書五經、千字文、旗訓等，年終由伊犂將軍府派員考課，考上者走上仕途。嘉慶七年（1802），伊犂將軍松筠以八旗子弟能讀書者甚多，就從各旗閒散童蒙中挑選聰慧者集中在一起，選派滿、漢教習分司教讀，並宣講《聖諭廣訓》，派滿營協領等管理。這種學校稱爲敬業官學，伊犂僅有一所。在錫伯營各牛彔還有若干私塾，只有少數富家子弟就讀。在本旗接受軍訓的披甲，也要教授滿文。通過這些學堂和軍營教育，有相當一部分的人學會了滿文。

　　嘉慶七年（1802），在伊犂察布查爾山口開鑿大渠，引進伊犂河水灌溉。嘉慶十三年（1808），大渠竣工，長達一百八十里，命名爲察布查爾大渠，開墾了七萬八千多畝良田。光緒八年（1882），錫伯營總管色布喜賢呈請伊犂將軍金順撥款辦學。翌年，每個牛彔開始各設一所官辦義學。光緒十一年（1885），索倫營錫伯族成立一所義學。當時共有九所學校，小學生約九百名，實施單一的滿文教育。民國三年（1914），伊犂成立了尚學會，總部設在一、三牛彔。爲紀念錫伯營總管色布喜賢，在尚學會屬下設立了色公學校，開始採用滿漢對照的課本教學。民國四年（1915），成立了興學會，爲紀念曾任索倫營領隊大臣的錫吉爾渾，設立了錫公學校，採用漢文新學課本，實施雙語教學。一年級只學滿文，二年級開始實施滿、漢文教學。民國二十年

（1931），在鞏留大營盤設立錫伯小學校，共三個班，教授滿漢文。民國三十三年（1944）秋，錫伯族聚居地區，計小學十三所，包括中心校五所，一般學校八所。民國三十六年（1947）十月，成立「三區錫伯索倫文化促進會」，簡稱「錫索文化促進會」，是年，召開學者大會，對滿文進行改革，並將滿文改稱錫伯文。一九五四年三月，伊犁成立自治縣，廢除寧西舊稱，改用錫伯族喜愛的察布查爾渠名作自治縣的名稱，定名爲察布查爾錫伯自治縣。各小學所採用的六年制錫伯文課本，基本上就是滿文教材。

伊克津太先生撰〈錫伯文教學之我見〉一文指出，錫伯語文是以滿文爲基礎發展起來的，今天的錫伯文就是歷史上業已消失的滿文。五十年代在自治區人民出版社和教育出版社組建了錫伯文編輯室，大量地出版錫伯文圖書及教學課本，爲民族教育和文化發展奠定了堅實的基礎。一九九一年，教育局開始在納達齊（nadaci）牛彔即第七牛彔鄉和堆依齊（duici）牛彔即第四牛彔鄉小學各指定一班實施「雙語教學實驗」。經過五年的實驗，結果表明實驗班學生的雙語能力都有大幅度的提高。爲了總結實驗班的成果和促進雙語教學的進程，縣教育局於一九九五年召開了雙語教學工作會議。會議在總結實驗班教學成果的基礎上，提出了《錫伯族基礎教育整體改革方案》，並作出決議：「錫伯族雙語教學從實際出發，從幼兒教育入手，強化學前教育，低年級母語起步，集中學習錫伯語文，在學生具備一定基礎的母語思維能力後，再進入漢語學習階段，並使已經掌握的母語爲漢語教學服務。」又把這個決議簡化爲八字方針：「先錫後漢，以錫促漢」，使雙語教學有機地銜接，相互促進，實現雙語能力同步提高。據教育局一九九五年錫伯語文教學現狀調查顯示，烏珠

（uju）牛彔即第一牛彔和齋（jai）牛彔即第二牛彔小學九個年級中有五個年級仍在使用第一冊錫伯文課本，而且在學習第一冊課本的五個年級學生中達到能讀寫的不足一半，錫伯族語文教學的情況可見一斑，並沒有起到「以錫促漢」的作用。

　　奇車山先生撰〈察布查爾地區錫伯族語言文字使用現狀〉一文指出，二十世紀初，察布查爾地區還是個相對封閉的小社會，旗營制度還沒有退出歷史舞臺。因制度限制，僅有的漢族不能和錫伯族混住在一起。所以，在錫伯人和漢族人的交往不可能很多的情況下，漢語對錫伯語的影響就很小。更主要的一個在於錫伯人有重視教育的好傳統，各牛彔都有私辦或官辦學校，使學齡兒童都能進校學習錫伯語文。七十年代，錫伯語文恢復學習和使用，各錫伯族小學都恢復了錫伯語文課。相應的出版機構也重新開始出版錫伯文圖書和教科書。文中列表統計察布查爾錫伯自治縣有錫伯小學八所，其中烏珠牛彔（ujui niru）即第一牛彔中心校，計十二班；齋牛彔（jai niru）即第二牛彔中心校，計六班；依拉齊牛彔（ilaci niru）即第三牛彔中心校，計十九班；堆齊牛彔（duici niru）即第四牛彔中心校，計十五班；孫扎齊牛彔（sunjaci niru）即第五牛彔中心校，計十二班；寧固齊牛彔（ningguci niru）即第六牛彔中心校，計十一班；納達齊牛彔（nadaci niru）即第七牛彔中心校，計八班；扎庫齊（jakūci niru）即第八牛彔中心校，計十八班，合計共一〇一班。單純的錫伯班只有九個，其餘九十二個都是錫漢學生混合編班。從調查的狀況看，錫伯族小學在低年級基本使用錫伯語授課，中年級以錫伯語為主，部分使用漢語，高年級則是錫漢兼半。

　　搶救滿文，久已成為錫伯族的共識，執教於察布查爾師範進修學校專授錫伯文的郭秀昌先生編寫《錫伯語語匯》（sibe gisun isamjan），一九九〇年，由新疆人民出版社出版。原書凡例說明語匯所收詞語以現代錫伯語常用詞語爲主，爲兼顧閱讀和繙譯的需要，也酌收清代滿文典籍中比較常見而現在仍有使用價值的詞語。另外，也收錄了部分錫伯語口語詞彙。爲提供錫伯族小學師生教學錫伯文之用，楊震遠、伊津太、富倫泰三位先生編譯《錫漢教學詞典》，一九九六年九月，由新疆人民出版社出版。詞典中所收詞彙多採自小學語文課本，並增加了一些常用詞彙，適合於初學者查閱。

　　同步提高錫漢雙語能力，是錫伯族的共同願望。金炳喆、金寧兩位先生著《錫漢會話》（sibe nikan gisun tacire bithe），一九九二年七月，由新疆人民出版社出版。原書會話，以錫伯文爲基礎，同時對譯漢語，具有高度的實用性，對提昇錫漢雙語能力，作出了重要貢獻。錫伯族重視外部文化的選擇與改造，爲適應環境及加強實用性，錫伯文新詞彙的創造及各民族語言借詞的使用，都有助於錫伯文的發展。

　　吳承恩（1500-1582），明淮安府山陽縣人，博覽群書，工於詩文。自幼喜讀玄怪小說，晚年絕意仕進，閉門著書。其所撰《西遊記》，凡一百回，敍述唐僧玄奘遠赴西天取經，其弟子孫悟空等人於途中降妖伏魔、排除險阻故事。全書結構完整，有始有終，取回眞經，功德圓滿。作者將傳統小說人物的塑造，由單純的道德層次，引向了精神品格的層次，人物刻畫，個性生動。故事情節，曲折離奇，變化詭譎，想像力豐富，引人入勝。康熙五十二年（1713）閏五月二十八日，據武英殿總監造和素奏稱，漢文《西遊記》一部一函十六卷，照此譯出滿文本。《世界滿文文獻目錄》記載北京故宮典藏《西遊記》滿文精寫本，共五十冊。北圖典藏《西遊記》滿文曬印本，共五十冊。工欲善其事，

必先利其器。爲了充實滿文基礎教學，蒐集滿文教材，是不可或
缺的工作。一九八九年九月，烏魯木齊新疆人民出版社出版錫伯
文《西遊記》（si io ji julen）上、中、下共三冊。原書譯文，兼
顧信雅達，對滿文的學習，提供了珍貴的教材。

　　錫伯族西遷以後，對滿文的傳承作出了重要的貢獻，錫伯語
文的書面語，基本上就是滿文。但是，由於種種因素，通行的錫
伯文與傳統滿文，在書寫筆順、字形等方面，不盡相同。可將錫
伯文《西遊記》中常見詞彙列出簡表，對照規範滿文如後。

《西遊記》錫伯文與規範滿文筆順對照表

順次	漢文	錫伯文	規範滿文	羅馬拼音	備注
1	細小			ajige	
2	頭			uju	
3	是			je	
4	落下來			tuhenjimbi	
5	下面			fejile	
6	稍微			majige	
7	正然			jing	

順次	漢文	錫伯文	規範滿文	羅馬拼音	備注
8	拿來			gaji	
9	令拿			gaju	
10	生活			banjimbi	
11	問			fonjime	
12	心意			mujilen	
13	王			wang	
14	果真			mujangga	
15	繩			futa	

順次	漢文	錫伯文	規範滿文	羅馬拼音	備注
16	跑			sujume	
17	林			bujan	
18	七十			nadanju	
19	不可			ojorakū	
20	完結			wajiha	
21	五			sunja	
22	四			duin	

順次	漢文	錫伯文	規範滿文	羅馬拼音	備注
23	老的			sakda	
24	君主			ejen	
25	地界			ujan	
26	重的			ujen	
27	燈			dengjan	
28	清潔的			bolho/ bolgo	
29	責罵			tombi/ toombi	
30	公主			gungju	

順次	漢文	錫伯文	規範滿文	羅馬拼音	備注
31	向下			fusihūn	
32	可			ojoro	
33	雞蛋			coko umgan/ coko umhan	
34	器械			hajun	
35	參拜			harhašara/ hargašara	
36	剃頭			fusimbi	

順次	漢文	錫伯文	規範滿文	羅馬拼音	備註
37	怨恨			korsocun	
38	藥			okto	
39	雲			tugi	
40	扁擔			damjan	

資料來源：錫伯文《西遊記》，烏魯木齊新疆人民出版社，1989年9月；安雙成主編《滿漢大辭典》，遼寧民族出版社，2018年5月。

　　由前列簡表中所列詞彙，可知錫伯文與規範滿文的讀音，基本相同。西遷錫伯族對滿文的傳承，作出了非常重要的貢獻。例如表中「細小」，錫伯文、規範滿文俱讀作"ajige"；「頭」，讀作"uju"；「是」，讀作"je"；「落下來」，讀作"tuhenjimbi"；「下面」，讀作"fejile"；「稍微」，讀作"majige"；「正然」，讀作"jing"；「拿來」，讀作"gaji"；「令拿」，讀作"gaju"。錫伯文在讀音上，與規範滿文，並無不同。然而在書寫筆順上，卻稍有差異。熟悉錫伯文的書寫筆順，有助於培養閱讀錫伯文《西遊記》的能力。

　　前列簡表中，有些詞彙，在讀音上，稍有差異。例如，「責罵」，錫伯文讀作"tombi"，規範滿文讀作"toombi"；「雞蛋」，錫伯文讀作"coko umgan"，規範滿文讀作"coko umhan"。規範滿文"umgan"，意即「骨髓」。表中「參拜」，錫伯文讀作"harhašara"，規範滿文讀作"hargašara"。對照滿漢文，判斷文義，可以迎刃而解。

　　為了充實滿文基礎教學，編寫滿語教材，本書輯錄錫伯文《西遊記》唐僧玄奘師徒部分對話，轉寫羅馬拼音，譯注漢文，題為《玄奘取經：《西遊記》滿文譯本會話選讀》，對於初學滿語者，或可提供一定的參考價值，疏漏之處尚祈讀者不吝教正。

過陰收魂

—— 尼山薩滿的滿語對話導讀

　　薩滿，滿洲語讀如「Saman」，是阿爾泰語系通古斯語族稱呼跳神巫人的音譯。在通古斯族的語言中，薩滿一詞是指能夠通靈的男女，他們在跳神作法的儀式中，受到自我暗示或刺激後，即產生習慣性的人格解離，薩滿人格自我真空，將神靈引進自己的軀體，使神靈附體，而產生一種超自然的力量，於是具有一套和神靈溝通的法術。崇奉薩滿信仰的民族認為人生的禍福，宇宙的各種現象，都有神靈在冥冥之中主宰著，人們與神靈之間，必須設法溝通。通過占卜、祭祀、祈禱等手段，可以預知、撫慰，乃至征服自然界中的某種神秘力量。薩滿就是在相信泛靈論的環境中，與神靈溝通的靈媒，是連繫人的世界與神靈世界的橋樑，在阿爾泰語系各民族中，具有超自然能力的這些人就是薩滿。

　　薩滿信仰的觀念和活動，是以巫術為主體和主流而發展起來的複雜文化現象，源遠流長。典型的薩滿信仰出現於東北亞至西北亞的漁獵社會，而以北亞貝加爾湖及阿爾泰山一帶較為發達，表現最為完整。古代匈奴、烏桓、鮮卑、柔然、高車、突厥、肅慎、挹婁、靺鞨、契丹、女真、蒙古等民族的巫覡信仰，就是屬於薩滿信仰的範疇。

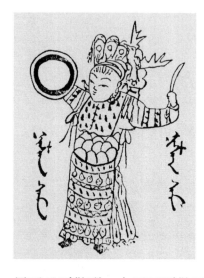

探討薩滿信仰，不能忽視古代巫術文化的背景。古籍中關於巫覡招神、逐疫、治病、除不祥的記載，已屢見不鮮。《周禮·春官》記載說：

> 男巫：掌望祀望衍，授號，旁招以茅。冬堂贈，無方無算。春招弭，以除疾病。王弔，則與祝前。女巫：掌歲時祓除釁浴。旱暵則舞雩。若王后弔，則與祝前。凡邦之大災，歌哭而請[1]。

男巫又叫做覡，女巫又叫做巫。所謂「旁招以茅」，就是招來四方所望祭者，亦即招神。「堂贈」就是逐疫，冬歲至終，以禮送不祥及惡夢，其行必由堂始，巫覡與神靈相通，神諭當東則東，當西則西，可近則近，可遠則遠，道理無數。「釁浴」是以香薰草藥沐浴，「祝前」、「祓除釁浴」，就是除不祥。「舞雩」、「大災歌哭而請」則為禳災。古代薩滿信仰的社會功能，主要也是為人逐疫治病、禳災驅祟、求神祈福等活動，與巫覡相近，薩滿的法術，與古代的巫術，性質相似。歷代史書對巫覡的活動，記載頗詳。《史記·封禪書》有一段記載說：

> 後四歲，天下已定，詔御史，令豐謹治枌榆社，常以四時春以羊彘祠之。令祝官立蚩尤之祠於長安。長安置祠祝官、女巫。其梁巫，祠天、地、天社、天水、房中堂上之屬；晉巫，祠五帝、東君、雲中、司命、巫社、巫族人、

---

1 《周禮》（臺北，中華書局，四部備要），卷二六，頁4。

先炊之屬；秦巫，祠社主、巫保、族纍之屬；荊巫，祠堂
下、巫先、司命、施糜之屬；九天巫，祠九天，皆以歲時
祠宮中。其河巫，祠河於臨晉，而南山巫，祠南山秦中。
秦中者，二世皇帝，各有時月[2]。

司馬貞《索引》引《三輔故事》說：「胡巫事九天於神明台[3]。」
胡巫，即指匈奴巫，因匈奴巫奉祀九層的天上界，所以匈奴巫
就稱為九天巫。《漢書·匈奴傳》有一段記載說：

貳師在匈奴歲餘，衛律害其寵，會母閼氏病，律餝胡巫言：
「先單于怒，曰：胡故時祠兵，常言得貳師以社，何故不
用？」於是收貳師。貳師罵曰：「我死必滅匈奴。」遂屠
貳師以祠。會連雨雪數月，畜產死，人民疫病，穀稼不孰，
單于恐，為貳師立祠室[4]。

《史記》、《三輔故事》、《漢書》所載「九天巫」、「胡巫」
是對北方民族崇信巫覡的較早記載。樊圃撰〈六到八世紀突厥
人的宗教信仰〉一文已經指出「胡巫或九天巫奉祀的九天，完
全是薩滿信仰的宗教觀，薩滿就是中國古代史書中的巫[5]。」誠
然，後世所稱薩滿，就是古代史書中所載北方民族所崇信的巫
覡。《漢書·蘇建傳》記載杜陵人蘇建有三子：蘇嘉為奉車都
尉，蘇賢為騎都尉，中子蘇武最知名，他曾出使匈奴，原書有
一段記載說：

---

2 《史記》（臺北，臺灣商務印書館，百衲本，民國五十六年七月），卷二八，
　〈封禪書〉，頁18。
3 《史記》（臺北，鼎文書局，民國五十六年七月），卷二八，頁1379。
4 《漢書》（臺北，臺灣商務印書館，民國五十六年七月），卷九四，列傳六四
　上，頁30。
5 樊圃撰〈六到八世紀突厥人的宗教信仰〉，《文史》，第十九輯（北京，中華
　書局，1983年8月），頁192。

單于使衛律治其事。張勝聞之，恐前語發，以狀語武。武
曰：「事如此，此必及我。見犯乃死，重負國。」欲自殺，
勝、惠共止之。虞常果引張勝。單于怒，召諸貴人議，欲
殺漢使者。左伊秩訾曰：「即謀單于，何以復加？宜皆降
之。」單于使衛律召武受辭，武謂惠等：「屈節辱命，雖
生，何面目以歸漢？」引佩刀自刺。衛律驚，自抱持武，
馳召醫。鑿地為坎，置熅火，覆武其上，蹈其背以出血。
武氣絕，半日復息。惠等哭，輿歸營。單于壯其節，朝夕
遣人候問武，而收繫張勝[6]。

匈奴巫能治病，也能急救。引文中的「醫」，就是巫醫。蘇武
自殺後，匈奴大臣衛律召來巫醫，鑿了地穴，下置熅火，把蘇
武放在上面，用腳踹他的後背，使他出血。蘇武原先已經氣絕，
半日後卻甦醒過來了。由此可知匈奴的巫醫確實懂得急救及醫
治外傷，「醫」不僅是匈奴的巫覡，也是匈奴的醫生[7]。

　　魏晉時期，匈奴內部分裂成許多部，各有名號，芮芮就是其
中一部，亦即匈奴別種。據史書記載，芮芮部也崇尚巫術。《梁
書·西北諸戎傳》記載芮芮國的巫覡信仰說：

其國能以術祭天，而致風雪，前對皎日，後則泥潦橫流，
故其戰敗莫能追及。或於中夏為之，則曀而不雨，問其故，
以暖云[8]。

祭天而致風雪，就是一種巫術，是匈奴社會裡常見的活動。梁
武帝中大通六年（534），北魏分裂為東、西魏，其後，雙方仍

---

6 《漢書》，卷五四，列傳二四，頁 17。
7 林幹撰＜關於研究中國古代北方民族文化史的我見＞，《內蒙古大學學報》，
　1988 年，第一期（呼和浩特，內蒙古大學，1988 年 1 月），頁 7。
8 《梁書》（臺北，臺灣商務印書館，民國五十六年七月），卷五四，列傳四八，
　頁 47。

與柔然和親，結為外援。大統三年（537），西魏文帝納柔然敕
連頭兵豆伐可汗阿那瓌女郁久閭瓦為后，即悼皇后。大統六年
（540），悼皇后懷孕將產，居於瑤華殿，聞有狗吠聲，心裡很
厭惡，又看見盛裝婦女來至悼皇后住處。悼皇后問左右說：「此
為何人？」醫巫旁侍，悉無見者，當時相信盛裝的婦人就是文
皇后的亡靈[9]。悼皇后懷孕待產時，仍然醫巫旁侍，可見她對醫
巫的崇信，仍未改變。《北史，蠕蠕傳》記載醜奴信奉醫巫的
情形，更加詳細，原書略謂：

> 初，豆崙之死也，那蓋為主，伏圖納豆崙之妻侯呂陵氏，
> 生醜奴、阿那瓌等六人。醜奴立後，忽亡一子，字祖惠，
> 求募不能得。有尼引副升牟妻是豆渾地萬，年二十許，為
> 醫巫，假託神鬼，先常為醜奴所信，出入去來。乃言：「此
> 兒今在天上，我能呼得。」醜奴母子欣悅。後歲仲秋，在
> 大澤中施帳屋，齋潔七日，祈請天神，經一宿，祖惠忽在
> 帳中，自云恒在天上。醜奴母子抱之悲喜，大會國人，號
> 地萬為聖女，納為可賀敦。授夫副升牟爵位，賜牛、馬、
> 羊三千頭。地萬既挾左道，亦是有姿色，醜奴甚加重愛，
> 信用其言，亂其國政。如是積歲，祖惠年長，其母問之。
> 祖惠言：「我恒在地萬家，不嘗上天，上天者，地萬教也。」
> 其母具以狀告醜奴。醜奴言地萬懸鑒遠事，不可不信，勿
> 用讒言也[10]。

　　祖惠失蹤後，躲在地萬家中，未嘗上天。地萬是一位醫巫，
假託神鬼，挾其左道，且有姿色，但因其能懸鑒遠事，所以始終

---

9 《北史》（臺北，臺灣商務印書館，民國五十六年七月），卷一五，后妃列傳
　第一，頁23。
10《北史》，卷九八，列傳八六，頁10。

得到醜奴的信任。高車也是匈奴別種，南北朝時期，為突厥所併。
高車地區的巫祝活動，也很普遍。《北史·高車傳》有一段記載
說：

> 俗不清潔，喜致震霆。每震，則叫呼射天而集之移去。來
> 歲秋，馬肥，復相率候於震所，埋殺羊，然火拔刀，女巫
> 祝說，似如中國祓除，而群隊馳馬旋繞，百匝乃止。人持
> 一束柳栲回，豎之，以乳酪灌焉。婦人以皮裹羊骸，戴之
> 首上，縈屈髮鬢而綴之，有似軒冕。其死亡葬送，掘地作
> 坎，坐尸於中，張臂引弓，佩刀挾稍，無異於生，而露坎
> 不掩。時有震死及疫癘，則為之祈福；若安全無他，則為
> 報賽。多殺雜畜，燒骨以燎，走馬遶旋，多者數百匝。男
> 女無小大，皆集會。平吉之人，則歌舞作樂；死喪之家，
> 則悲吟哭泣[11]。

引文內容是關於高車人信奉巫術較早的記載，高車社會裡，遇到
災變或疫癘時，即由女巫進行祓除、祈福等活動。《隋書·突厥
傳》對突厥人崇奉巫覡的情形，也有相當詳細的記載，原書有一
段記載說：

> 有死者，停屍帳中，家人親屬多殺牛馬而祭之，遶帳號呼，
> 以刀劃面，血淚交下，七度而止。於是擇日置屍馬上而焚
> 之，取灰而葬，表木為塋，立屋其中，圖畫死者形儀及其
> 生時所經戰陣之狀。嘗殺一人，則立一石，有至千百者。
> 父兄死，子弟妻其群母及嫂。五月中，多殺羊馬以祭天。

11《北史》，卷九八，列傳八六，頁23。

　　男子好樗蒲，女子踏鞠，飲馬酪取醉，歌呼相對。敬鬼神，
　　信巫覡，重兵死而恥病終，大抵與匈奴同俗[12]。

突厥與匈奴同俗，敬鬼神，而信巫覡，重兵死，而恥病終。突厥
用兵時，即以巫師之言，以定進止。突厥巫師有致風雪的法術，
叫做札答，是一種禱雨小圓石。古代突厥人稱為「Jadah」，波斯
人稱為「Yadah」，漢譯作「札答」，巫師用禱雨石製造雲、雨、
霜、雪。與突厥人同時的點戛斯族，又稱堅昆。點戛斯亦篤信巫
師。《新唐書》記載點戛斯人祠神惟主水草，祭無時，呼巫為「甘」
[13]。突厥語中的「巫」，讀如「Kam」，有「動」、「急動」、
「舞踊」的意思[14]。「甘」，就是「Kam」的漢譯。十一世紀的
突厥語學家馬合木德·喀什噶里編著《突厥語詞典》，將「Kam」
註釋為「占卜者、薩滿」[15]。在裕固語中，稱呼會跳神、品級較
高的祀公子為「喀木」，就是天神的使者，意即能以巫術占卜治
病的薩滿[16]。由此可知「喀木」、「甘」，都是「Kam」的同音
異譯。

　　唐代宗永泰元年（765），回紇、吐蕃入寇，回紇受盟而還。
《舊唐書·迴紇傳》記載郭子儀與回紇盟誓經過甚詳，原書中有
一段記載說：

　　合胡祿都督等與宰相磨咄莫賀達干、宰相暾莫賀達干、宰
　　相護都毗伽將軍、宰相揭拉裴羅達干、宰相梅錄大將軍羅

---

12 《隋書》（臺北，臺灣商務印書館，民國五十六年七月），卷八四，列傳四九，
　　頁1。
13 《新唐書》（臺北商務印書館，民國五十六年七月），卷二一七，列傳一四二，
　　頁11。
14 《文史》，第十九輯，頁196。
15 馬合木德·喀什噶里編著《突厥語詞典》，土耳其文譯本，第三卷，頁157。
16 陳宗振、雷選春撰〈裕固族中的薩滿——祀公子〉，《世界宗教研究》，一九
　　八五年，第一期（北京，中國社會科學出版社，一九八五年三月），頁150。

達干、平章事海盈闕達干等，子儀先執杯，合胡祿都督請咒。子儀咒曰：「大唐天子萬歲！廻紇可汗亦萬歲！兩國將相亦萬歲！若起負心，違背盟約者，身死陣前，家口屠戮。」合胡祿都督等失色，及杯至，即譯曰：「如令公盟約。」皆喜曰：「初發本部來日，將巫師兩人來，云：『此行大安穩，然不與唐家兵馬鬥，見一大人即歸。』今日領兵見令公，令公不為疑，脫去衣甲，單騎相見，誰有此心膽，是不戰鬥見一大人，巫師有徵矣。」歡躍久之。子儀撫其背，首領等分纏頭綵，以賞巫師，請諸將同擊吐蕃，子儀如其約。翌日，使領廻紇首領開府石野那等六人入京朝見[17]。

引文中的巫師，預言有徵，回紇首領等分纏頭綵，以賞巫師，可見回紇將領多篤信巫師。回紇的巫師，也有致風雪的法術，唐永泰元年（765）秋，唐軍與回紇聯攻吐蕃，在涇州靈台縣西五十里赤山嶺發生遭遇戰。據《舊唐書·廻紇傳》記載，是役「廻紇使巫師便致風雪，及遲明戰，吐蕃盡寒凍，弓矢皆廢，披氈徐進，元光與廻紇隨而殺之蔽野[18]。」據史書記載，是役，唐軍與回紇共破吐蕃十餘萬眾，斬首五萬餘級，生擒一萬餘人。由此可見，影響氣候變化，使用札答，以致風雪，就是北亞各民族常見的一種巫術活動。

契丹社會的巫覡，有巫、大巫、太巫的分別，一般的叫做巫，大巫的職司，主要是主持贊祝火神，祈禱避災等儀式。太巫的地位最高，主要為皇帝祭神服務。朱子方撰〈遼代的薩滿教〉一文指出遼代中京即赤峰市大明城附近出土的一件鐵器，全長

17 《舊唐書》（臺北，臺灣商務印書館，民國五十六年七月），卷一四五，頁8。
18 《舊唐書》卷一九五，頁8。

77.5 公分，有柄，柄端有平面呈腰形的環，上附八個小鐵環，手持舞動，叮噹作響，考古工作者認為這件鐵器，形制特殊，可能是遼代薩滿所使用的法器[19]。《遼史》記載契丹巫師活動的文字，並不罕見。宋真宗景德二年，遼聖宗二十三年（1005）二月，宋室命開封推官孫僅為契丹國母生辰使，《宋會要輯稿》記載契丹巫師驅祟避邪的巫術活動說：

> 戎主歲避暑于含涼淀，聞使至，即來幽州，其館舍供帳接待之禮甚厚，將延見，有巫者一人，乘馬抱畫鼓，于驛門立竿，長丈餘，以石環之。上掛羊頭、胃及足。又殺犬一，以杖柱之，巫誦祝詞，又以醯和牛糞灑從者，于是國母屢延坐，宴會張樂[20]。

巫人抱著畫鼓，在驛門立竿，殺羊、犬祭祀，念誦祝詞，又以醯和牛糞灑從者，就是薩滿驅祟避邪的巫術活動。契丹社會的喪葬儀式，是由巫師主持祓除不祥，驅凶去垢。每逢正旦，則有驚鬼的跳神活動。《遼史》有一段記載說：

> 歲時雜儀正旦，國俗以糯飯和白羊髓為餅，丸之若拳，每帳賜四十九枚。戊夜，各於帳內窗中擲丸於外。數偶，動樂、飲宴；數奇，令巫十有二人鳴鈴、執箭，繞帳歌呼，帳內爆鹽爐中，燒地拍鼠，謂之驚鬼，居七日乃出[21]。

戊夜，即夜間五更，元旦五更，巫師鳴鈴執箭，繞帳歌呼，就是契丹巫師的驅祟跳神活動。宋仁宗皇祐元年，遼興宗十九年（1049）三月，《遼史》記載「命林牙蕭撒抹等帥師伐夏。」

---

19 朱子方撰〈遼代的薩滿教〉，《社會科學叢刊》1986 年，第 6 期，頁 49。

20 《宋會要輯稿》（臺北，世界書局，民國五十三年六月），卷五二五七，頁 34。

21 《遼史》（臺北，臺灣商務印書館，民國五十六年七月），卷五三，〈禮志〉六，頁 12。

句中「撒抹」，《欽定遼史語解》作「𐰍」（Saman)，漢譯作「薩滿」，小字註釋「滿洲語巫也[22]。」。巫，通古斯語讀作「Saman」，「撒抹」、「薩滿」都是「Saman」的同音異譯，由此可知《遼史》、《宋會要輯稿》等書所載的巫或撒抹，就是滿洲語中的薩滿。

《金史》記載女真薩滿的活動，也是屢見不鮮。南宋光宗紹熙五年，金章宗六年（1194）正月，《金史》記載「宋人入撒牟谷[23]。」句中「撒牟」，《金史語解》滿文作「𐰍」(Saman)，小字註釋作「巫」[24]。《金史》后妃列傳中有一段記載說：「熙宗積怒，遂殺后而納胙王常勝妃撒卯入宮[25]。」同書熙宗本紀也說：「十一月癸未，殺皇后裴滿氏，召胙王妃撒卯入宮[26]。」句中「撒卯」，《欽定金史語解》滿文俱作「𐰍」（Saman)，都是巫的意思。質言之，北方各民族的巫，或作「撒卯」，或作「撒牟」，或作「撒抹」或作「薩滿」，都是「Saman」的同音異譯。徐夢莘著《三朝北盟會編》一書記載女真人崇尚巫祝，疾病不用醫藥。原書有一段記載說：

> 粘罕善用兵好殺，骨捨剛毅而強忍，兀室奸猾而有才，自製女真法律文字，成其一國，國人號為珊蠻。珊蠻者，女真語巫嫗也，以其變通如神，粘罕之下，皆莫能及，大抵數人皆黠虜也[27]。

22《欽定遼史語解》（臺北，國立故宮博物院，乾隆間朱絲欄寫本），卷八，頁17。

23《金史》（臺北，臺灣商務印書館，民國五十六年七月），卷一二，章宗本紀，頁7。

24《欽定金史語解 》 （臺北，國立故宮博物院，乾隆間朱絲欄寫本），卷三，頁12。

25《金史》，卷六三，后妃列傳，頁6。

26《金史》，卷四，熙宗本紀，頁14。

27 徐夢莘著《三朝北盟會編》，見秋浦主編 《薩滿教研究》，圖版一。

　　清代乾隆年間纂修《欽定四庫全書》收錄《三朝北盟會編》，
惟原文多經修改或刪略，例如原書「粘罕」改作「尼堪」；「骨
捨」改作「古紳」；「兀室」改作「烏舍」；「珊蠻」改作「薩
滿」[28]。「巫嫗」即女巫，就是女薩滿，女真語讀作「Saman」，
「珊蠻」或「薩滿」都是「Saman」的同音異譯。薩滿信仰就是
女真社會的共同信仰。《金史·謝里忽傳》對女真薩滿的活動，
有一段較詳盡的記載，原文如下：

> 國俗有被殺者，必使巫覡以詛祝殺之者，迺繫刃于杖端，
> 與眾至其家，歌而詛之曰：取爾一角，指天一角，指地之
> 牛，無名之馬，向之則華面，背之則白尾，橫視之則有左
> 右翼者，其聲哀切悽婉，若萬里之音，既而以刃畫地，劫
> 取畜產財物而還。其家一經詛祝，家道輒敗，及來流水烏
> 薩札部殺完顏部人，昭祖往烏薩札部，以國俗治之，大有
> 所獲[29]。

引文中已指出巫覡詛祝的習俗，早已成為女真的國俗。昭祖威
順皇后生景祖，烏古出為景祖之弟。《金史·烏古出傳》有一
段記載說：

> 初，昭祖久無子，有巫者能道神語，甚驗，乃往禱焉。巫
> 良久曰：男子之魂至矣，此子厚，有福德，子孫昌盛，可
> 拜而受之，若生，則名之曰烏古迺，是為景祖。又良久曰：
> 女子之魂至矣，可名曰五鴉忍。又良久曰：女子之兆復見，
> 可名曰斡都拔。又久之，復曰：男子之兆復見，然性不馴
> 良，長則殘忍，無親親之恩，必行非義，不可受也。昭祖

---

28 《三朝北盟會編》，《欽定四庫全書》，（臺北，臺灣商務印書館，民國
　七十五年三月），第三五〇冊，頁 23。
29 《金史》，卷六五，頁 3。

> 方念後嗣未立，乃曰：雖不良，亦願受之。巫者曰，當名
> 之曰烏古出。既而生二男二女，其次第先後，皆如巫者之
> 言，遂以巫所命名名之。景祖初立，烏古出酗酒，屢悖威
> 順皇后。后曰：巫言驗矣，悖亂之人，終不可留，遂與景
> 祖謀而殺之。部人怒曰：此子性如此，在國俗當主父母之
> 業，奈何殺之？欲殺景祖。后乃匿景祖，出謂眾曰：為子
> 而悖其母，率是而行，將焉用之，吾割愛而殺之，烏古迺
> 不知也，汝輩寧殺我乎？眾乃罷去[30]。

巫者能道神語，就是薩滿以法術降神，並傳神諭，所述皆
驗，就是預言應驗。宋德金撰〈金代宗教簡述〉一文將金代女
真薩滿的社會功能，歸納為下列五項：

> (一)女真人認為巫者能道神語，說明薩滿是溝通人神之間
> 　　的中介。
> (二)參與重大典禮、事件和節日裡舉行的祭祝儀式。在祭
> 　　祀祖宗、社稷，以及皇帝即位、受尊號、納后、巡狩、
> 　　征伐等舉行奏告祖宗、天地的儀式中，都有薩滿參加。
> (三)消災治病。女真人疾病不用醫藥，尚巫祝，殺豬狗以
> 　　禳之，或載病人至深山大谷以避之。
> (四)為人求生子女。女真人認為薩滿能代人求生子女，並
> 　　且深信不疑。

> (五)女真人相信薩滿能詛咒使人遭災致禍，也能使人絕嗣。
原文引馬克著《黑龍江旅行記》一書的記載，敘述女真族辦理
喪事時薩滿跳神的儀式。薩滿頭戴一頂圓帽，上邊安著兩隻繫
著鈴鐺和花花綠綠布塊的鐵角，帽子的下緣拴一些琉璃串兒，

垂在薩滿的臉上和腦後。待家屬把死者和隨葬品入殮後，薩滿接鼓在手，不時敲打幾下，手舞足蹈，做出許多動作[31]。在金代女真族的社會裡，薩滿確實扮演了重要的角色。

在蒙古社會裡，崇奉薩滿信仰的風氣，極為普遍。第九世紀末、十世紀初，部分室韋部落遷至蒙古高原，與原住的蒙古語族和突厥語族互相融合，在語言、習俗等方面趨向突厥化，最後形成統一的蒙古部族。在西遷的室韋系蒙古語族諸部中，大都崇奉薩滿信仰，掌管祭祝的薩滿，在社會上很有地位，並起著重要作用[32]。《多桑蒙古史》對蒙古社會的薩滿活動，記載詳盡，原書第一卷有一段記載說：

> 韃靼民族之信仰與迷信，與亞洲北部之其他遊牧民族或蠻野民族大都相類，皆承認有一主宰，與天合名之曰騰格里(Tangri)。崇拜日月山河五行之屬。出帳南向，對日跪拜。奠酒於地，以酹天體五行，以木或氈製偶像，其名曰「Ongon」，懸於帳壁，對之禮拜。食時光以食獻，以肉或乳抹其口。此外迷信甚多，以為死亡即由此世渡彼世，其生活與此世同。以為災禍乃因惡鬼之為屬，或以供品，或求珊蠻（Cames）禳之。珊蠻者，其幼稚宗教之教師也，兼幻人、解夢人、卜人、星者、醫師於一身，此輩自以各有其親狎之神靈，告彼以過去、現在、未來之秘密。擊鼓誦咒，逐漸激昂，以至迷惘。及神靈附身也，則舞躍瞑眩，妄言吉凶，人生大事，皆詢此輩巫師，信之甚切。

31宋德金撰〈金代宗教簡述〉，《社會科學戰線》，第一期（長春，吉林省社會科學院，一九八六年）1986年，頁 314。
32孫秀英等著 《室韋史研究》（哈爾濱，北方文物雜誌社，1985 年 10 月），頁 167。

設其預言不實，則謂有使其術無效之原因，人亦信之[33]。

引文中的「珊蠻」，就是薩滿的同音異譯，是兼原始宗教的教師及巫師。原書也記載蒙古薩滿有招致風雨雷電的法術，與突厥等族近似。蒙古人使用獸體病石，投入水中，即產生烟霧，蒙古薩滿利用此種烟霧，可以製造雲雨[34]。蒙古薩滿的禱雨石，就是札答石。《蒙古秘史》記載札答法術說：

> 次日出發〔兩軍〕相接，在闊亦田列陣，在互相向上向下對峙，雙方劍拔弩張之際，對方不亦魯黑汗、忽都合‧〔別乞〕二人懂〔用札答石〕招致風雨的法術，就施此術；〔不意〕風雨逆襲他們，以致不能走脫，倒在溝壑之中。〔他們〕說：「上天不喜悅我們」，於是就潰散而去[35]。

蒙古薩滿使用札答石招致風雨的法術，大都將若干經過咒鍊的小石塊置於水中，施行法術，使當地龍王降下風雨。陶宗儀著《輟耕錄‧禱雨》記載說：

> 往往見蒙古人之禱雨者，非若方士然至於印令旗劍符圖氣訣之類，一無所用，惟取淨水一盆，浸石子數枚而已，其大者若雞卵，小者不等，然後默持密呪，將石子淘漉玩弄，如此良久，輒有雨。豈其靜定之功已成，特假此以愚人耳？

33《多桑蒙古史》（臺北，臺灣商務印書館，民國五十四年八月），第一卷，第一章，頁33。

34《多桑蒙古史》第二卷，附錄一，頁291。

35 札奇斯欽譯註《蒙古秘史新譯並註釋》（臺北，聯經公司，民國六十八年十二月），卷四，一四三節，頁179。

抑果異物耶？石子名曰鮓答，乃走獸腹中所產，獨牛馬者
最妙，恐亦是牛黃狗寶之屬耳[36]。

引文中的「鮓答」，即「札答」的同音異譯。蒙古薩滿利用札答
石招致風雨，就是常見的巫術活動。醫治疾病也是薩滿的重要職
司，《多桑蒙古史》有一段記載說：

合不勒汗之妻弟賽因的斤（Sain-Tékin）遘疾，延塔塔兒
部之珊蠻治之，不效而死。其親族追及珊蠻，殺之。塔塔
兒部人怒，起兵復讎。合不勒諸子助其母族與之戰，未詳
其勝負。其後海都曾孫俺巴孩可汗，泰亦赤兀部之長也，
求妻於塔塔兒部，塔塔兒人執之以獻女真帝。女真帝方挾
前此合不勒殺使之忿，乃釘俺巴孩於木驢上，此蓋專懲遊
牧叛人之刑也[37]。

賽因的斤遘疾，延請塔塔兒部薩滿醫治，雖然不效而死，但可
以說明治病就是薩滿的主要職司之一。

　蒙古薩滿在政治上有很高的地位，早在成吉思汗時期，就已
經設置了「別乞」，這是專門管理薩滿事務的教長[38]。豁兒赤
（Khorci）、兀孫（Usun）老人都是蒙古的薩滿術士，以倡言符
瑞，而獲得成吉思汗的信任。蒙古崇尚白色，以白為諸色之首。
成吉思汗命兀孫老人為別乞，叫他穿白衣，騎白馬，坐上席，歲

---

36 陶宗儀著《輟耕錄》，《欽定四庫全書》，第一〇四〇冊，卷四，頁 18。
37 《多桑蒙古史》，第一卷，第二章，頁 38。
38 林幹撰〈關於研究中國古代北方民族文化史的我見〉，《內蒙古大學學報》，
　　1988 年，第 1 期，頁 8。

歲月月都要賞賜他，優禮有加[39]。《多桑蒙古史》也有一段記載
說：

> 塔塔兒諸遊牧部落既平，鐵木真應有適合其新勢權之尊
> 號。一二〇六年春，遂集諸部長開大會（Couriltai）於斡
> 難河流附近之地，建九斿白旄纛。珊蠻或卜者闊闊出
> （Gueukdjou）者，常代神發言，素為蒙古人所信奉。茲
> 莊然告鐵木真曰：「具有古兒汗（Gour khan），或大汗尊
> 號之數主既已敗亡，不宜採用此有污跡之同一稱號。今奉
> 天命，命其為成吉思汗（Tchinkguiz khan），或強者之汗。」
> 諸部長群贊其議，乃上鐵木真專號曰「成吉思汗」，時年
> 四十四歲。術人闊闊出，別號帖卜騰格里（Bout-Tangri），
> 此言天像，紿蒙古人。謂其常乘一灰斑色馬至天上，蒙古
> 人因是頗尊崇之。凡事皆與鐵木真言，放言無忌，且欲當
> 權。鐵木真頗惡其人，茲既無須其助，乃命其弟拙赤俟其
> 入帳發言無狀時即殺之。已而此術者入，妄言猶昔，拙赤
> 勇力絕倫，因號哈撒兒，以足蹴之出帝帳，即斃之[40]。

　　闊闊出是在諸勳舊中最受成吉思汗敬重的蒙力克之子，他
以能與上天交通之故，而享有帖卜騰格里（Teb-Tenggeri）之稱。
他的號召力一天一天的大起來，他毆辱成吉思汗的諸弟，離間
成吉思汗與他們的關係，這種情勢，逼使成吉思汗不得不把他
除掉[41]。

39　札奇斯欽著《蒙古史論叢》（臺北，學海出版社，民國六十九年九月），
　　頁七八。
40　《多桑蒙古史》，第一卷，第三章，頁 61。
41　《蒙古史論叢》，頁 78。

　　闊闊出雖然被誅，但元室統治者仍然篤信巫覡。元太宗四年，相當於南宋理宗紹定五年（1232），拖雷隨窩闊台汗領兵征討金國。《元史・睿宗列傳》對拖雷的薨逝，有一段記載說：

> 遂從太宗收定河南諸郡。四月，由半渡入真定，過中都，出北口，住夏于官山。五月，太宗不豫。六月，疾甚，拖雷禱于天地，請以身代之，又取巫覡祓除禳滌之水飲焉。居數日，太宗疾愈。拖雷從之北還，至阿剌合的思之地，遇疾而薨，壽四十有口[42]。

　　引文中的巫覡，就是薩滿，窩闊台生了重病，由巫覡作法祓除邪祟。《蒙古秘史》記載較詳，節錄一段如下：

> 兔兒年〔辛卯，一二三一〕，斡歌歹可汗去征伐金國百姓，以者別為先鋒，擊敗金軍，如摧毀朽木一般，追殺著越過了居庸關。派兵到各地攻擊各城，斡歌歹可汗・駐營於龍虎台。在那裡斡歌歹可汗患病，口舌麻木不靈，就命巫師、卜者們占卜。他們說：「金國地方〔山〕川的神祇〔因為〕他們的百姓人煙被擄，城市被毀，急遽作祟。」以占卜告訴說：「給〔他們〕百姓，人煙，金銀，牲畜，食物〔和〕替身。」〔仍是〕不肯放開，〔反〕更加緊作祟占卜。〔再〕問：「可否由一個親族〔代替〕？」可汗就睜開眼睛，索水喝，問道「怎麼啦？」巫師們奏稟說：「金國地方山川的神祇們，因為他們的地方〔山〕川被毀，百姓人烟被擄，急遽作祟。占卜告訴他們：「給個替身」，〔他們〕反〔作

---

42 《元史》（臺北，臺灣商務印書館，民國五十六年七月），卷一一五，頁3。

祟〕更甚。問，「可否由一個親人〔代替〕？」〔他們〕
就放開了。如今聽憑聖旨。」〔可汗〕降聖旨說：「在近
側的子〔弟〕們有誰？」〔皇〕子拖雷正在跟前，就說：
「我們有洪福的〔汗〕父成吉思可汗，在上有諸兄，下有
諸弟之中，獨將可汗哥哥你，如選揀騙馬，揣摩羯羊一般
的，把他的大位指給你，把諸國〔的重任〕擔在你的〔肩〕
上。教我在可汗哥哥跟前，「提醒已經忘記了的，喚醒已
經睡著了的。」如今，若是把可汗哥哥你失去了，誰忘記
了要我來提醒，誰睡著了要我來喚醒呢？假如我可汗哥哥
真有個不豫，蒙古眾民就將成為喪父之子，金國百姓必
〔甚〕快意。讓我來代替我可汗哥哥吧。劈開鱘魚的脊骨；
我曾砍斷鱏魚的脊梁，我曾勝過迎面來的〔叛逆〕，我曾
刺傷在遙遠的〔敵人〕。我也曾是面孔美好，身材修長的。
巫師們來咒詛吧！」巫師們咒詛了，把咒詛的水，給〔皇〕
子拖雷喝了。他坐了一會兒就說：「我醉了，等我醒過
來的時候，請可汗哥哥好好關照孤弱的姪輩，寡居的〔弟〕
婦吧！〔我〕還說什麼呢？我醉了。」說罷出去，就逝
世了[43]。

　　蒙古貴族患病，常以真人為替身。蒙古大兵攻打金國，金
國山川神靈作祟，元太宗窩闊台患病，拖雷以弟代兄為替身，
飲用了巫師被除釁滌咒詛的水就逝世了，由此說明拖雷等人多
篤信薩滿。蒙哥汗是拖雷的長子，在位九年，死後追諡桓肅皇
帝，廟號憲宗。《元史・憲宗本紀》有一段記載說：

---

43 札奇斯欽譯註《蒙古秘史新譯並註釋》，續卷二，頁430。

帝剛明雄毅，沉斷而寡言，不樂燕飲，不好侈靡，雖后妃不許之過制。初，太宗朝，群臣擅權，政出多門。至是，凡有詔旨，帝必親起草，更易數四，然後行之。御群臣甚嚴，嘗諭旨曰：「爾輩若得朕獎諭之言，即志氣驕逸，而災禍有不隨至者乎？爾輩其戒之。」性喜畋獵，自謂專祖宗之法，不蹈襲他國所為。然酷信巫覡卜筮之術，凡行事必謹叩之，殆無虛日，終不自厭也[44]。

　　蒙哥汗酷信巫覡，宮中蓄養薩滿，所有行事，必謹叩之。由此可知蒙古崇奉薩滿的普遍，薩滿在元代政治舞台上始終扮演著重要的角色。札奇斯欽著《蒙古史論叢》一書指出：

　　「薩滿」是滿洲語的巫祝，在蒙古語中，並沒有「薩滿」一詞，更不知道薩滿教為何物。蒙古語稱巫為（böe），但也沒有（böe）教之說。在《蒙古秘史》中，它的漢字音譯作「孛額」，意譯作「師公」（秘史第一八一節）。最高的「孛額」是能與上天來往，能知天意，介於天人之間，能祝福降福的超人。一般的「孛額」，不過是能禳祓、驅邪、占卜、治病的巫醫。但也能以「札答（Jada）」石呼風喚雨（秘史第一四三節）。他們以天為最高神，其他人格化的自然界和自然現象，都是次於天的諸神靈。至於鬼和若干動物的靈魂，是可以供他驅使的靈氣。他們做法的時候，也有一套祝禱之詞。在內容上，雖談不到什麼宗教的哲理，卻是優美的民間文學[45]。

　　引文中的「孛額」（böe)，意譯即師公，無論是最高的孛額，或是一般的孛額，就是通古斯語中的薩滿，都是巫師或巫覡的

---

44 《元史》，〈憲宗本紀〉，卷三，頁 11。
45 《蒙古史論叢》，頁 74。

不同音譯。在蒙古社會裡，有福神「jola」，守護神「sülde」。它們的祭祀，各有專人，不用喇嘛，而且不公開，這是舊日薩滿的遺俗。此外，福神忽禿黑（Khutugh）、獵神兼福神「年都兀惕」（Nemdü'üd）和代表祖先靈魂的「哈喇」(Khara）等等，都是蒙古孛額的神靈，會時時附體。在比較閉塞的地方，孛額做法時，時常披頭散髮，穿著怪異的服裝，一面祝禱念咒，擊鼓搖鈴，婆娑起舞，直到他們昏迷不省人事，失去知覺，於是魂靈出竅，與神靈交通[46]。北方各民族共同崇奉的薩滿，源遠流長，探討薩滿的起源，不能忽視北亞社會的巫覡活動，薩滿信仰就是屬於巫覡文化的範疇，明清時期，北亞漁獵社會，巫覡的活動，仍極盛行，探討北方各少數民族的薩滿信仰，確實不能忽視古代巫覡文化的背景。

靈魂不滅是薩滿信仰靈魂觀的基礎，薩滿相信人是由軀體與靈魂兩部分構成的，靈魂寄寓於軀體之中。薩滿信仰認為人雖然死去，但是他們的靈魂並不死，而且靈魂是以看不見的形式與人們一起生活。靈魂可以離開軀體外出游蕩，靈魂離去，軀體就死亡，靈魂復歸，人就死而復生。但軀體腐爛或被燬壞，靈魂就不能附體還陽了。滿族神話傳說《白鷹》講述的就是靈魂外出游蕩，歸來時軀體不復存在的一個故事。大意說薩滿靈魂離開軀殼前告訴家人七天內歸來，靈走人亡，到了第七天，軀體被焚化，一隻鷹飛來，在火堆上盤旋，欲奪軀體未成，這隻鷹就是薩滿的靈魂，由於歸來晚了，無體可附，只得飛走了[47]。

---

46 《蒙古史論叢》，頁 80。
47 仁欽道爾吉、郎櫻編《阿爾泰語系民族敘事文學與薩滿文化》（內蒙古，內蒙古出版社，1990 年 8 月），頁 27。

　　薩滿信仰雖然是一種複雜的文化現象，惟就薩滿本身所扮演的角色而言，薩滿可以說是醫治病人及護送魂靈的術士，當薩滿跳神作法進入催眠狀態達到魂靈出竅的程度後，或過陰進入冥府，或上昇天界，而將病人的魂靈帶回人間，附體還陽，最後薩滿精疲力盡，彷彿從睡夢中甦醒過來，而達成了治療病人的任務。薩滿魂靈出竅的法術，是薩滿信仰的一種巫術特質，也是薩滿信仰與其他法術宗教相異之處。這種薩滿信仰的特有表現，可以從通古斯族或北亞諸民族流傳的薩滿故事裡找到最具體的例子。

　　滿族、索倫族、鄂倫春族、赫哲族、達呼爾族等民族，從古代以來就流傳著薩滿過陰追魂的故事，其中《尼山薩滿傳》，或《尼山薩滿故事》，就是以北亞部族的薩滿信仰觀念為基礎的文學作品，故事中所述薩滿過陰收魂的過程較為完整。到目前為止，已經發現的六種《尼山薩滿傳》，都是用滿文記錄下來的手稿本。關於滿文手稿本的發現經過，成百仁譯註《滿洲薩滿神歌》序文[48]，莊吉發撰〈談「尼山薩蠻傳」的滿文手稿本〉一文[49]，曾作過簡單介紹。季永海撰〈《尼山薩滿傳》的版本及其價值〉一文[50]，作了較詳盡的說明。

　　俄羅斯滿洲文學教授格勒本茲可夫（A.V.Grebenčikov）從史密德（P.P.Šmidt）處獲悉有《尼山薩滿傳》手稿後，即前往滿洲地方尋覓，他在數年內先後得到了三種手稿本。光緒三十

48　成百仁譯註《滿洲薩滿神歌》（漢城，明知大學，1974 年），序文，頁 1-4。
49　莊吉發撰〈談「尼山薩蠻傳」的滿文手稿本〉，《食貨月刊復刊》，第七卷，第七期（臺北，食貨月刊社，民國六十六年十月），頁 52-59。
50季永海撰〈《尼山薩滿傳》的版本及其價值〉，《民族文學研究》，九九四年，第三期（北京，中國文聯出版公司，1994 年 8 月），頁 59-69。

四年（1908），他從齊齊哈爾東北部一個村中的滿族能德山青克哩（nendešan cinkeri）處獲得第一種手稿本，可以稱為齊齊哈爾本，計一本，共二十三葉，每葉五行，縱一七公分，橫八‧三公分。封面滿文為「badarangga doro i gūsin ilaci aniya boji bithe nitsan tsaman bithe emu debtelin」，意即「光緒三十三年合約尼山薩滿一本」。格勒本茲可夫將手稿本各葉裝裱在大型的白紙上，以便保存。齊齊哈爾手稿本的第一個特點是敘述簡單，缺少描寫成分，故事內容是從出外打圍的奴僕向員外帶回其子死訊開始，而以尼山薩滿向冥府蒙古勒代舅舅為員外的兒子爭取壽限為終結；第二個特點是滿文單語的使用方法，與一般滿文的習慣不同，有時可將動詞的現在式、過去式及副動詞的語尾，脫離動詞的語幹，而且將許多滿語詞分音節書寫。

　　宣統元年（1909），格勒本茲可夫又在璦琿城，從滿族德新格（desinge）手中得到二本手稿本，可以稱為璦琿甲本及璦琿乙本，縱二四公分，橫二一‧五公分，都是殘本。甲本，三十三葉，每葉十二行。封面滿文為「yasen saman i bithe emu debtelin」，意即「亞森薩滿傳一本」，最後一葉滿文為「gehungge yoso sucungga aniya juwe biya i orin emu de arame wajiha」，意即「宣統元年二月二十一日寫完」。故事內容是以員外的兒子在野外身故上擔架回家為開端，文筆流暢，在滿文方面，更接近口語，書中禱詞，與其他手稿本不同，引人注目。乙本，十八葉，每葉十一行。封面滿文為「nitsan saman i bithe jai debtelin」，意即「尼山薩滿第二本」。扉葉上有墨筆所繪穿著完整神服的尼山薩滿畫像。最後一葉滿文為「gehungge yoso sucungga aniya ninggun biya i orin nadan inenggi de arame wajiha bithe」，意即「宣統元年六月二十七日寫完之書」。故事內容以女薩滿被判死刑而告終。敘事簡略，且欠流暢。

　　民國二年（1913），格勒本茲可夫在海參崴從一個教授滿文的滿族德克登額（Dekdengge）那裡得到第三種手稿本，德克登額在海參崴（Vladivostok）期間，就記憶所及書寫成稿後交給格勒本茲可夫，可稱為海參崴本，計九十三葉，每葉縱 21.8 公分，橫七公分。以墨色油布為封面，是一種西式裝本。封面居中以滿文書明「nišan saman i bithe emu debtelin」，意即「尼山薩滿傳一本」；右方有贈送者德克登額所寫的滿文「tacibukū ge looye ningge」，意即「教授格老爺的」；左方有以鉛筆書寫的俄文「Vladivostok,1913」，意即「海參崴，一九一三」。海參崴本是格勒本茲可夫所獲手稿中最為完整的一種。一九六一年，俄人 M・沃爾科娃以《尼山薩滿故事的傳說》為題，作為《東方文獻小叢書》之七，在莫斯科出版。全書分為序言、手稿影印、斯拉夫字母轉寫，俄文譯文和註釋等部分，此書出版後，在國際滿學界及阿爾泰學界，都引起重視，先後將滿文故事譯成德語、朝鮮語、意大利語、英語、漢語、日語等多種文字。

　　五十年代，中國大陸進行民族調查期間，曾於一九五八年左右在遼寧省滿族聚居地區發現一本滿文手稿本，後來一直由北京中國社會科學院民族研究所圖書館典藏，可以稱為遼寧本。該書縱 22 分分，橫 7.2 公分，共二十六葉，每葉十二或十四行。此手稿本由季永海、趙志忠在《滿語研究》，一九八八年，第二期上發表，分為前言、漢語譯文、原文羅馬字轉寫漢字對譯及註釋等部分。

斯塔里科夫是研究我國東北民族的俄國學者，他於一九五七年和一九六五年先後兩次到東北，獲得滿文手稿本一本，可稱為斯塔里科夫本，全書共二十九葉，每葉十一行，封面滿文為「nisan saman i bithe damu emu debtelin」，意即〔尼山薩滿傳僅一本〕。斯塔里科夫去世後，由列寧格勒國立薩勒底科夫 —— 謝德林圖書館收購。一九九二年，雅洪托夫將此手稿作為《滿族民間文學》系列叢書第一本，題為《尼山薩滿研究》，由聖彼得堡東方學中心刊行。全書分前言、原稿本影印、羅馬字母轉寫、俄文譯文、參考資料等部分。

除以上先後發現的滿文手稿本外，有關薩滿過陰的故事，還在東北各民族的社會裡廣為流傳，經學者調查公佈的，例如赫哲族的《一新薩滿》（凌純聲著《松花江下游的赫哲族》，南京，民國二十三年）；索倫族的《尼桑薩滿》（呂光天著《鄂溫克族民間故事》，內蒙古人民出版社，一九八四年）；達呼爾族的《尼桑薩滿》（薩音塔那著《達斡爾族民間故事選》，內蒙古人民出版社，一九八七年）；滿族《女丹薩滿的故事》（金啟孮著《滿族的歷史與生活》，黑龍江人民出版社，一九八一年）；烏拉熙春譯著《女丹薩滿》（《滿族古神話》，內蒙古人民出版社，一九八七年）等等，對探討薩滿過陰收魂的問題，提供了珍貴的資料。

海參崴本《尼山薩滿傳》滿文手稿，對薩滿魂靈出竅，過陰收魂的情節，描寫細膩。原書敘述從前明朝的時候，住在羅洛村的巴勒杜·巴彥員外，中年時，生下一子，十五歲時，在前往橫浪山打圍途中病故。員外夫婦行善修廟，拜佛求神，幫助窮人，救濟孤寡。上天憐憫，五十歲時，生下一子，命名為色爾古岱·費揚古，愛如東珠。到十五歲時，色爾古岱·費揚古帶領著阿哈勒濟、巴哈勒濟等眾奴僕前往南山行獵，拋鷹嗾狗，到處追逐，射箭的射箭，槍扎的槍扎，正在興致勃勃的時候，色爾古岱·費揚古忽然全身冰冷，一會兒又發高燒，頭昏病重。奴僕們趕緊收了圍，砍伐山木，做成抬架，輪流扛抬小主人，向家裡飛也似地奔走。色爾古岱·費揚古牙關緊閉，兩眼直瞪，突然氣絕身亡。員外據報後，頭頂上就像雷鳴，叫了一聲「愛子呀！」他就仰面跌倒了。夫人眼前好像劃過一道閃電，四肢癱瘓，叫了一聲「娘的兒呀！」也昏到在員外的身上。當眾人正在號啕大哭，趕辦喪事時，門口來了一個彎腰駝背的老翁指點員外前往尼西海河岸請薩滿救治色爾古岱·費揚古。說完，坐上五彩雲霞昇空而去了。

　　尼山薩滿洗了眼臉，擺設香案，右手拿著手鼓，左手盤繞鼓槌，開始跳神作法，傳達神諭，說出色爾古岱·費揚古在南山打圍時，殺了許多野獸，閻王爺差遣了鬼把他的真魂捉到冥府去，所以得病死了。員外回家後，差遣阿哈勒濟等奴僕帶著轎、車、馬去迎接尼山薩滿，將神櫃等分裝三車，尼山薩滿坐在轎子上，八個少年抬著轎向員外家飛奔而來，並請來助唱神歌的札立納哩費揚古。尼山薩滿穿戴了神衣、神裙、神鈴、神帽，跳神作法，請神附體，並向員外要了一隻和色爾古岱·費揚古同日生的狗，綁了腳，一隻三歲大的公雞，拴了頭，一百塊的老醬，一百把的紙錢，預備攜帶到死國去。尼山薩滿進入催眠狀態，魂靈出竅，牽著雞、狗，扛著醬、紙，獸神跑著，鳥神飛著，走向死國去，來到一條河的渡口，由鼻歪、耳殘、頭禿、腳瘸、手瞥的人撐著獨木舟，到了對岸，尼山薩滿送給船夫三塊醬、三把紙，作為謝禮。不久來到紅河岸渡口，因無渡船，尼山薩滿唱著神歌，把神鼓拋到河裡，站在上面，像旋風似地

轉瞬間渡過了河，留給河主醬、紙。一路上走得很急促，通過
兩道關口，照例各致贈醬、紙謝禮。第三道關口由蒙古勒代舅
舅把守，尼山薩滿責備他不該把壽限未到的色爾古岱‧費揚古的
真魂偷來死國。蒙古勒代舅舅說明閻王爺已把色爾古岱‧費揚古
當做養子，不能交還。尼山薩滿逕往閻王城，因護城門已經關
閉，圍牆又十分堅固，她就唱起神歌，一隻大鳥飛進城內抓走
了色爾古岱‧費揚古。閻王爺大為生氣，責令蒙古勒代舅舅去追
回色爾古岱‧費揚古，不讓尼山薩滿平白地把色爾古岱‧費揚古帶
走。經過一番爭論，尼山薩滿答應加倍致贈醬、紙。因閻王爺
沒有打圍的獵犬，夜晚沒有啼曉的公雞，蒙古勒代舅舅請求尼
山薩滿把帶來的公雞、狗留下，蒙古勒代舅舅也答應增加色爾
古岱‧費揚古的壽限，經過一番討價還價後，增加到九十歲。

　　尼山薩滿牽著色爾古岱‧費揚古的手往回走，途中遇到死去
多年的丈夫燒油鍋阻攔，要求附體還陽。因丈夫的骨肉已糜爛，
筋脈已斷，不能救治，但他不能寬恕妻子，一隻大鶴神抓起她
的丈夫拋到酆都城裡。尼山薩滿帶著色爾古岱‧費揚古像旋風似
的奔跑，途中拜見了子孫娘娘，參觀了黑霧瀰漫的酆都城，目
睹惡犬村、明鏡山、暗鏡峰惡鬼哭號及善惡賞罰的種種酷刑。
最後沿著原路回到員外巴勒杜‧巴彥的家裡，尼山薩滿醒過來後
把收回的真魂放入色爾古岱‧費揚古的軀體裡。過了一會兒，色
爾古岱‧費揚古就活過來了，好像睡了一大覺，做了好長的夢。
眾人都很高興，員外拍掌笑了[51]。

---

51 莊吉發譯註《尼山薩蠻傳》（臺北，文史哲出版社，民國六十六年四月），
　　頁 1-183。

遼寧本《尼山薩滿》滿文手稿的內容，無論是人名、地名，或情節，都很相近，可以說是同一個故事的不同手稿，以致各情節的詳略，彼此稍有不同。例如尼山薩滿魂靈出竅過陰到冥府，海參崴本說首先來到了一條河的岸邊，遼寧本則謂首先到了望鄉台，尼山薩滿問道：「這是什麼地方？人為什麼這麼多？」神祇們說：「這是剛死的人望陽間的地方。」尼山薩滿領著眾神前進，海參崴本說走了不久，到了紅河岸，遼寧本則謂走到三岔路，尼山薩滿問道：「這裡有三條路，從哪一條追呀？」鬼祟們說：「東邊這條路有放置障礙的山峰和壕溝，已經死了的靈魂走這條路。正直無邪的走中間這條路。西邊這條路就是帶費揚古去娘娘那兒的必經之路。」尼山薩滿向前走去，不一會兒，來到了紅河岸邊。蒙古勒代舅舅奉閻王之命追趕尼山薩滿，雙方爭執，討價還價的經過，遼寧本殘缺。尼山薩滿拜見子孫娘娘後所見到的酷刑，各種手稿本不盡相同，海參崴本對酆都城、惡犬村的情景，東、西廂房的刑罰，描繪頗詳，遼寧本則在子孫娘娘的地方看到各種酷刑，講解刑律的就是娘娘本人，譬如尼山薩滿問道：「娘娘，那一對夫妻蓋著單衣，為什麼還熱得直打滾呢？」娘娘說，「那是你們陽間的人，如果丈夫給妻子丟了眼，妻子給丈夫丟了臉，死後蓋上單衣還熱。」尼山薩滿又問：「娘娘，那一對夫妻蓋著夾被，為什麼還凍得打戰呢？」娘娘說：「那是你們陽間的人，丈夫不喜歡自己的妻子，同其他漂亮的女人行姦；妻子背著丈夫，同別人隨心所欲，他們死後蓋上夾被也冷得不行。」尼山薩滿又問：「娘娘，為什麼把那個人從腰筋鉤住，正要出去呢？」娘娘說：「那是你們陽間的人，對待財物貪得無饜，給別人東西用斗小上加小；從別人那兒拿東西用斗大上加大，所以他們的壽限一到，就用這種刑。」尼山薩滿又問：「為什麼讓那一群人頭頂石頭往山上送？」娘娘說：「這些人上山時，將木頭、石頭往下滾，把山神的頭破壞了。所以他們死後，就讓他們把滾下來的木頭、石頭往山上送。承受不了這種刑的人，只好在那兒呼天叫地。」尼山薩滿又問：「娘娘，為什麼搜這一群人的衣服，要將他們放在盛滿油的鍋中殺死呢？」娘娘說：「這是你們陽間的黑心人，想得到金銀便起了歹心，將別人的嘴堵上無聲地殺死，然後得到金銀，所以他們死後就用這種刑。」尼山薩滿還看到一群婦女因厭惡自己的丈夫，跟親近的人行姦，死後用蛇盤住咬傷的刑罰，其他刑罰，遼寧本殘缺。大致而言，海參崴本的地獄刑罰，佛、道成分較濃厚，草原氣息淡薄；遼寧本的冥府刑罰，草原氣息較濃厚，佛、道成分較淡薄。色爾古岱‧費揚古還陽後，海參崴本未提及他的婚禮，遼寧本敘述色爾古岱‧費揚古娶親設宴的情景，頗為生動，並交待色爾古岱‧費揚古所生子孫都活到九十歲，歷世為官，富貴永存作為故事的結束[52]。海參崴本則以尼山薩滿的婆婆入京控告，朝廷下令取締薩滿信仰，告誡世人不可效法作為故事的結束。遼寧本雖然有空頁脫文，但仍不失為一部比較完整的滿文手稿本，有些情節是海參崴本所沒有的。

　　我國東北各民族長期以來就流傳著許多薩滿故事，凌純聲搜集的故事，包括《一新薩滿》、《那翁巴爾君薩滿》等，都是赫哲族口頭傳下來的薩滿故事。其中《一新薩滿》的故事，與《尼山薩滿傳》滿文手稿本的內容，大同小異，對薩滿過陰追魂的研究，同樣提供了很珍貴的資料。《一新薩滿》故事的

---

52 季永海、趙志忠譯注〈尼山薩滿〉，《滿語研究》，一九八八年，第二期（哈爾濱，黑龍江滿語研究所，一九八八年十二月），頁108-116。

大意是說當明末清初的時候，在三姓東面五、六十里，有一個祿祿嘎深，屯中住著一家富戶，名叫巴爾道巴彥，娶妻盧耶勒氏。夫妻生平樂善好施，信神敬仙。二人年近四十，膝下缺少兒女，恐無後嗣承繼香煙，因此更加虔誠行善，常祝禱天地神明，求賜一子。果然在盧耶勒氏四十五歲時生下一對男孩，大兒子取名斯勒福羊古，小兒子取名斯爾胡德福羊古。到七、八歲的時候，開始學習弓箭刀槍。到了十五歲，時常帶領家人在本屯附近打獵。因野獸一天少一天，兄弟二人請求父母准許他們到正南方百里外的赫連山去打圍。

兄弟二人帶領眾奴僕走了一天，到達赫連山境界，紮下帳房。次日，天氣晴和，眾人到山林打圍，滿載而歸，走到距離紮營三里的地方，從西南方忽然來了一陣大旋風，就在斯勒福羊古兄弟二人馬前馬後轉了兩三個圈子，仍往西南方去了。說也奇怪，兄弟二人同時打了一個寒噤，面色如土，覺得昏迷，日落天黑後，病情更加沉重，眾人急忙做了兩個抬板，八個人連夜把小主人抬回家，走了二十餘里，斯勒福羊古已氣絕而死。東方發白的時候，小主人斯爾胡德福羊古面如金紙，瞪眼不語，也氣絕病故了。

巴爾道巴彥夫婦知道兩個兒子突然相繼身亡後，都頓時昏倒，不省人事。當家中忙著預備馬匹為二位小主人過火及祭品時，門外來了一個乞丐模樣的老頭兒。巴爾道巴彥吩咐叫老頭隨意吃喝，老頭兒指點員外前往西面五十里泥什海河東岸請一新薩滿來過陰捉魂，否則再過幾天屍體腐爛，就難救活了。巴爾道巴彥騎著快馬找到了一新薩滿，請求救治兩個兒子。一新薩滿答應先請神下山查明兩個兒子的死因，於是拿過一盆潔淨的清水，把臉洗淨。在西炕上擺設香案，左手拿神鼓，右手拿鼓鞭，口中喃喃念咒，跳神作法，神靈附身，口中唱道：「巴爾道巴彥聽著，你那大兒子斯勒福羊古因註定壽數已到，萬無回生之理。不過你那次子斯爾胡德福羊古如果請來有本領的薩滿，依賴神力過陰，急速找尋他的真魂，攝回陽間，叫他附在原身，就能復活。」巴爾道巴彥聽說次子還有回生的希望，再向一新薩滿跪下叩頭，苦苦哀求。一新薩滿只得允諾，令巴爾道巴彥把薩滿作法所用的神鼓、神帽、神裙等件，用皮口袋裝好送到車上，迅速趕路。

不多時，一新薩滿來到祿祿嘎深，盧耶勒氏來到一新薩滿面前跪倒，號啕大哭。一新薩滿轉達神諭，大兒子斯勒福羊古是依爾木汗註定他在十五歲時歸陰，兩個兒子在赫連山得病的日子，鬼頭德那克楚領著依爾木汗的命令捉拿斯勒福羊古的真魂，用旋風來到赫連山，看見兄弟兩個容貌完全一樣，分不出那一個是斯勒福羊古，便把兄弟二人的真魂一齊捉回陰間，先領到自己的家中，將斯爾胡德羊古的真魂留在家中，當作親生的兒子，然後帶領斯勒福羊古到依爾木汗的面前交差。一新薩滿答應過陰捉魂，三天以內叫他附體還陽，起死回生。

一新薩滿在巴爾道巴彥家中舉行過陰捉魂儀式，在院中擺上香案，上面放著香爐，親自焚燒僧其勒，打開皮口袋，穿戴神帽、神衣、神裙、腰鈴，手拿神鼓，就在院中跳起舞來，神靈附身後問道：「為何事請我們眾神到此？」助唱神歌的三個札立對答了幾句話後，眾神見這三個札立全然不通神理，便不再問了。尼山薩滿又從竹布根嘎深請來熟通神理札立那林福羊古，重新降神作法，不多時，神靈附體，一新薩滿繞著香案，四面跳起舞來，那林福羊古也手拿神鼓，助唱神歌，對答如流，並令巴爾道巴顏預備板床一張，公雞兩對，黃狗一隻，黑狗一隻，醬十斤，鹽十斤，紙箔百疋，將雞犬殺了，和醬紙一併焚燒，給薩滿過陰時帶到陰間贈送禮物使用。這時一新薩滿躺倒在地，就像死人一般，過陰去了，那林福羊古急忙把一新薩滿抬到臥床上面，用白布蓋好她的身體，另用大布棚在上面遮蔽著日光，差人看守，那林福羊古自己也不遠離。

　　一新薩滿過陰後，吩咐眾神，攜帶各種物品，並令愛米神在前頭引路，往西南大路前進。不多時，到了一座高山，叫做臥德爾喀阿林，就是望鄉台，凡人死後到此山頂，才知道自己已死。一新薩滿一路上由眾神前後左右護衛著，走了一會兒，眼前有一條貫通南北的大河，因無船隻，一新薩滿把神鼓拋在河中，立時變成一隻小船，她和眾神一齊上了船，飄飄蕩蕩的渡到西岸。一新薩滿收起神鼓，再向西南大路走去，尚未走出一里路，路旁有一個夜宿處，從裡面出來一人擋住去路，此人就是一新薩滿三年前病故丈夫德巴庫阿，強逼一新薩滿救他還陽。因德巴庫阿的屍體早已腐爛，無法救活，但他怒氣沖天，不肯讓一新薩滿通過，一新薩滿只好騙他坐在神鼓上，令愛新布克春神把他丟到陰山後面。

　　一新薩滿繼續向西南大道而去，經過鬼門關，渡過紅河，才到依爾木汗的城池，這城周圍有三道城牆，進城時要經過關門三道，各有門官把守，到了第三道門，一新薩滿搖身一變，變成一隻闊里即神鷹，騰空而起，飛進城內，到了德那克楚的房子上面，找到了斯爾胡德福羊古，讓他坐在背上，飛到第三道門外，變回原形，帶領斯爾胡德福羊古照舊路回去，途中遭到德那克楚阻攔，一新薩滿責備他私養斯爾胡德福羊古的真魂，要上殿見依爾木汗，按照法律治罪。德那克楚恐事情敗露，不但有擅專的罪名，並且有遭抄家的災難，於是請求一新薩滿不再追究。德那克楚也答應增加斯爾胡德福羊古的壽限，由原有的五十八歲，添上三十歲，共有八十八歲，一新薩滿也把帶來的雞狗醬鹽紙錢等物都送給了德那克楚。

　　一新薩滿領著斯爾胡德福羊古的真魂和眾神歡歡喜喜地奔向祿祿嘎深巴爾道巴彥的院中，把斯爾胡德福羊古的真魂推進他的屍體裡面，使魂附體，自己也隨後撲入原身，不多時，就還陽了，漸漸有了呼吸，那林福羊古急忙令人焚香，自己擊鼓，口中不停地念誦還陽咒語。過了一會兒，一新薩滿翻身坐起來，到香案前喝了三口淨水，繞著斯爾胡德福羊古屍首打鼓跳舞，口中唱著還陽神歌，那林福羊古跟隨敲鼓助唱。過了片刻，斯爾胡德福羊古徐徐的吸氣，聲音漸漸大起來，左右手腳齊動，隨後翻身坐在床上，睜眼往四面觀看，心裡只覺好像做了一場大夢似的[53]。

　　《一新薩滿》與《尼山薩滿傳》的內容，無論是故事發生的時間、地點或人物，都大同小異。《一新薩滿》開端就說到故事發生於明末清初，《尼山薩滿傳》也說是在明朝的時候；《一新薩滿》所說祿祿嘎深的巴爾道巴彥，就是《尼山薩滿傳》中羅洛村（lolo gašan）的員外巴勒杜・巴彥（baldu bayan)，都是同音異譯。在薩滿信仰的後期，常見有善惡果報的故事。《一新薩滿》敘述巴爾道巴彥夫婦樂善好施，信神敬仙，祝禱天地，求賜子嗣，果然在妻子盧耶勒氏四十五歲時生下一對男孩，大兒子取名斯勒福羊古，小兒子取名斯爾胡德福羊古，十五歲時，到赫連山去打圍。《尼山薩滿傳》未提及長子名字，但說大兒子於十五歲時到橫浪山打圍身故，員外五十歲時又生下小兒子

---

53 凌純聲著《松花江下游的赫哲族》，頁 637-657。

色爾古岱‧費揚古，並非雙胞胎。故事的「赫連山」，就是滿文手稿本「橫浪山」（heng lang šan alin）的同音異譯；「斯爾胡德福羊古」，即「色爾古岱‧費揚古」（sergudai fiyanggo）的同音異譯；奴僕「阿哈金」、「巴哈金」，即「阿哈勒濟」（ahalji）、「巴哈勒濟」（bahalji）的同音異譯。《一新薩滿》敘述雙胞胎斯勒福羊古和斯爾胡德福羊古兄弟二人都在十五歲時打圍同時身故；《尼山薩滿傳》則說員外大兒子在十五歲時行圍身故，後來生下小兒子色爾古岱‧費揚古，也在十五歲時行圍身故，兄弟二人並非雙胞胎，但都在十五歲時身故，兩個故事內容很類似。《一新薩滿》和《尼山薩滿傳》都有神仙指點員外請求薩滿為兒子過陰追魂的情節，而且都很生動，也很神奇。

　　關於員外兩個兒子的死因，兩個故事的敘述，略有不同。《一新薩滿》敘述員外大兒子斯勒福羊古壽限已到，回生乏術，依爾木汗差遣鬼頭德那克楚前往赫連山捉拿其魂。因雙胞胎兄弟二人容貌相似，無法分辨，而把兄弟二人的真魂一齊捉到陰間，將大兒子斯勒福羊古交給依爾木汗，而把斯爾胡德福羊古留在自己的家中，當作親生兒子。《尼山薩滿傳》敘述員外在二十五歲時所生的大兒子在十五歲時到橫浪山打圍時，庫穆路鬼把他的真魂捉食而死了。員外五十歲時所生的小兒子色爾古岱‧費揚古在十五歲時到橫浪山打圍時因殺了許多野獸，閻王爺差遣蒙古勒代舅舅捉了他的魂，帶到死國，當作自己的兒子慈養著。小兒子色爾古岱‧費揚古的真魂被捉到陰間的原委，兩個故事的敘述，不盡相同。

　　《一新薩滿》和《尼山薩滿》過陰進入冥府所走的路線及所遇到的情景，也略有不同。《一新薩滿》敘述一新薩滿領著眾神渡過貫通南北的一條大河後，即向西南大路走去，尚未走

出一里，就遇到三年前死去的丈夫德巴庫阿，抓住她的衣襟，
要求把他的魂追回陽世。但因他的身體早已腐爛，無法還陽。
他聽到不能復活的話，愈加怒氣沖天，緊緊拉住一新薩滿的衣
襟，不放他通過，而被一新薩滿拋下陰山後面。《尼山薩滿傳》
中的尼山薩滿是從死國的歸途中遇到丈夫用高粱草燒滾了油鍋
等候妻子，經過一番爭辯後，尼山薩滿令大鶴神把丈夫抓起來
拋到酆都城了。

　　《一新薩滿》、《尼山薩滿傳》對薩滿與德那克楚或蒙古
勒代舅舅為色爾古岱‧費揚古或斯爾胡德福羊古要求增加壽限而
討價還價的描寫，都很生動。《尼山薩滿傳》對贈送雞、狗的
描寫，更是細膩。滿文手稿的敘述如下：

> 尼山薩滿道謝說：蒙古勒代舅舅，你如此盡心封贈，把雞
> 和狗都給你了，呼叫雞時喊「阿什」；呼叫狗時喊「綽」。
> 蒙古勒代道了謝，非常高興，帶著雞和狗等行走時，心想
> 喊著試試看，把兩個都放了，「阿什」、「阿什」、「綽」、
> 「綽」地喊叫著，雞和狗都往回走，追趕尼山薩滿去了。
> 蒙古勒代害怕了，拚命地跑去找，張口大喘地央求說：薩
> 滿格格為什麼開玩笑呢？請不要哄騙吧！若不把這兩樣
> 東西帶去，實在不可以。王爺責怪我時，我如何受得了呢？
> 這樣再三懇求，尼山薩滿笑著說道：開一點玩笑，以後好
> 好地記住，我告訴你，呼叫雞喊：「咕咕！」呼叫狗喊：
> 「哦哩！哦哩！」蒙古勒代說道：格格開了一點玩笑，我
> 卻出了一身大汗。按照薩滿告訴的話喊叫時，雞和狗都圍
> 繞著蒙古勒代的身邊，搖頭擺尾地跟著去了[54]。

---

54 莊吉發譯註《尼山薩滿傳》，頁 117。

　　薩滿魂靈出竅過陰以後，其個性依然如故，在地府的魂靈，仍然保留生前的特徵，尼山薩滿在陰間與鬼頭蒙古勒代舅舅的玩笑，確實描寫細膩。《尼山薩滿傳》對地獄種種酷刑的敘述，更是詳盡，而《一新薩滿》則未提及。比較《尼山薩滿傳》和《一新薩滿》這兩個故事後，可以發現這兩個故事的內容，確實詳略不同。其中最大的不同是：《一新薩滿》所述員外的兩個兒子是一對雙生子，在十五歲同時出外打圍，同時得到同樣的病症而死亡；《尼山薩滿傳》所述員外的兩個兒子年齡不同，但都在十五歲時打圍得病身故。至於故事中的人名及地名，或因方言的差異，或因譯音的不同，以致略有出入，但就故事的背景及情節而言，卻都很相近，可以說是同出一源的故事，也是探討薩滿過陰追魂最具體的珍貴資料。

　　從《尼山薩滿傳》、《一新薩滿》等故事的敘述，可以了解北亞各民族多相信人們的患病，主要是起因於鬼祟為厲，倘若惡鬼捉食了人們的真魂，則其人必死。薩滿作法過陰，只限於軀體尚未腐爛的病人，才肯醫治，而且被捕去的魂靈也僅限於冥府所能找到壽限未到者，始能倚靠薩滿的法術令其附體還魂，不同於借屍還魂的傳說。從薩滿降神作法的儀式，可以了解其信仰儀式是屬於一種原始的跳神儀式。薩滿口誦祝詞，手擊神鼓，腰繫神鈴，札立助唱神歌，音調配合，舞之蹈之，身體開始顫抖，神靈附身，薩滿即開始喋喋地代神說話，傳達神諭。薩滿魂靈出竅也是經過跳神的儀式進行的，當神靈附身及魂靈出竅時，薩滿軀體即進入一種昏迷狀態，停止呼吸。其魂靈開始進入地府，領著眾神，渡河過關，在陰間到處尋找死者的真魂，最後帶回陽間，推入本體內，病人復活痊癒。薩滿的精神異狀，或反常因素，使宗教心理學家及宗教歷史學者在探討薩滿信仰的起源時，都感到極大的興趣[55]。賀靈撰〈錫伯族《薩滿歌》與滿族《尼山薩滿》〉一文已指出《尼山薩滿》和《薩滿歌》在展現薩滿信仰儀式過程中，都反映了滿、錫兩族同時代的民間巫術，為研究北方民族及其他崇奉薩滿信仰的國內外民間巫術的產生、發展和消失，提供了非常珍貴的資料。薩滿巫術作為具有薩滿信仰的原始民族特有的精神狀態，隨著薩滿信仰的形成、發展而形成、發展。《尼山薩滿》和《薩滿歌》在反映滿、錫兩族巫術精神方面，可謂淋漓盡致。通過這兩部作品，可以清楚地認識巫術的本質，巫術精神在北方游牧狩獵民族中發展的特點，巫術精神和薩滿信仰的關係，以及巫術在藝術中的表現形式等。總之，從這兩部作品中可以看出，巫術是薩滿信仰得以長期存在的重要條件，也是廣大群眾之所以長期崇奉薩滿信仰的重要因素[56]。

海參崴本《尼山薩滿傳》滿文手稿，字跡較潦草，原稿滿文筆順、讀音與滿洲入關後的規範滿文不盡相同，可將其常用詞彙舉例列表如後。

---

55 莊吉發撰〈薩滿信仰的社會功能〉，《國際中國邊疆學術會議論文集》（臺北，國立政治大學，民國七十四年一月），頁 225

56 賀靈撰〈錫伯族《薩滿歌》與滿族《尼山薩滿》〉，《阿爾泰語系民族敘述文學與薩滿文化》（內蒙古，內蒙古大學，一九九〇年八月），頁 267。

《尼山薩滿傳》滿文詞彙與規範滿文對照表

漢　文	尼山薩滿傳		滿漢大辭典	
	滿文	羅馬拼音	滿文	羅馬拼音
最小的		fiyanggo		fiyanggū
隼		aculan		ancun
轎		giyoo		kiyoo
牙關		jain		jayan
獸		belin		beliyen
罵		tome		toome

漢　文	尼山薩滿傳		滿漢大辭典	
	滿文	羅馬拼音	滿文	羅馬拼音
婢		nehu		nehū
主		ejin		ejen
大方的		ambulingga		ambalinggū
俊秀的		hocihūn		hocikon
街		giya		giyai
華美		gicihiyan		gincihiyan

漢　文	尼山薩滿傳		滿漢大辭典	
	滿文	羅馬拼音	滿文	羅馬拼音
泡沫		obinggi		obonggi
羅鍋腰		kumcuku		kumcuhun
手掌心		falanggo		falanggū
袍子		sijihiyan		sijigiyan
捶打		dume		tūme

漢　文	尼山薩滿傳		滿漢大辭典	
	滿文	羅馬拼音	滿文	羅馬拼音
庸劣		ehelinggo		ehelinggū
急忙		ebuho sabuho		ebuhū sabuhū
秀美的		hocohūn		hocikon
濕		ucihin		usihin
皮		sokū		sukū

漢　文	尼山薩滿傳		滿漢大辭典	
	滿文	羅馬拼音	滿文	羅馬拼音
鼓槌		gisen		gisun
厚的		giramin		jiramin
娘家		dancin		dancan
歪的		waikū		waiku
篙		šurku		šurukū
渡口		dogūn		dogon
塊		dalhan		dalgan

漢　文	尼山薩滿傳		滿漢大辭典	
	滿文	羅馬拼音	滿文	羅馬拼音
銅鈴		honggo		honggon
女裙		hosihan		hūsihan
獅子		arsulan		arsalan
才能		ecehen		encehen
檀木		cakūra		cakūran

漢　文	尼山薩滿傳		滿漢大辭典	
	滿文	羅馬拼音	滿文	羅馬拼音
橡木		mangmoo		mangga moo
醜鬼		jule		jolo
墩轂轆		tohoroko		tohorokū
小磨		hujurku		hujureku
大磨		mose		moselakū
舌		yelenggu		ilenggu

漢　文	尼山薩滿傳		滿漢大辭典	
	滿文	羅馬拼音	滿文	羅馬拼音
淨		bolhūn		bolgon
橋		dooha		doohan
螞蟻		yerhu		yerhuwe
瘸腿的		doholo		doholon
賴皮的		laihi		laihū
擔		damgin		damjan

漢　文	尼山薩滿傳		滿漢大辭典	
	滿文	羅馬拼音	滿文	羅馬拼音
倒出		dulambi		doolambi
荒淫		dufen		dufe
邪的		miosihūn		miosihon

資料來源：海參崴本《尼山薩滿傳》滿文手稿、安雙成
主編《滿漢大辭典》。

　　前列簡表中的《滿漢大辭典》，是以遼寧民族出版社安雙
成先生主編修訂本所收錄的詞彙為本，藉以討論《尼山薩滿傳》
中的詞彙與規範滿文的差異。規範滿文第一字頭元音中的
"　　"(ū)，《尼山薩滿傳》手稿本滿文，或讀作"o"，譬如：
"fiyanggū"(最小的)，手稿本讀作"fiyanggo"；"falanggū"
(手掌心)，手稿本讀作"falanggo"；"ehelinggū"(庸劣)，手稿
本讀作"ehelinggo"；"ebuhū sabuhū"(急忙)，手稿本讀作
"ebuho sabuho"；"tohorokū"(墩轂轆)，手稿本讀作

"tohoroko"。規範滿文中"o"，手稿本間有讀作"ū"者，譬如："hocikon"（俊秀的），手稿本讀作"hocihūn"，或讀作"hocohūn"；"bolgon"（潔淨），手稿本讀作"bolhūn"；"dogon"（渡口），手稿本讀作"dogūn"；"miosihon"（邪的），手稿本讀作"miosihūn"。規範滿文中"nehū"（婢），手稿本讀作"nehu"。"hūsihan"（女裙），手稿本讀作"hosihan"。規範滿文"ambalinggū"（大方的），手稿本讀作"ambulingga"。規範滿文"tūme"（捶打），手稿本讀作"dume"；"šurukū"（篙），手稿本讀作"šurku"。"waiku"（歪的），手稿本讀作"waikū"。"laihū"（賴皮的），手稿本讀作"laihi"。"beliyen"（獸），手稿本讀作"belin"；"jayan"（牙關），手稿本讀作"jain"。"sijigiyan"（袍子），手稿本讀作"sijihiyan"；"jiramin"（厚的），手稿本讀作"giramin"。"jolo"（醜鬼），手稿本讀作"jule"。"ilenggu"（舌），手稿本讀作"yelenggu"。手稿本中的滿文，省略"n"音的例子，頗為常見。"gincihiyan"（華美），手稿本讀作"gicihiyan"；"kumcuhun"（羅鍋腰），手稿本讀作"kumcuku"；"honggon"（銅鈴），手稿本讀作"honggo"；"cakūran"（檀木），手稿本讀作"cakūra"；"doholon"（瘸腿的），手稿本讀作"doholo"。手稿本中"dufen"（荒淫），規範滿文省略"n"，讀作"dufe"。"doohan"（橋），手稿本讀作"dooha"。"toome"（罵），手稿本讀作"tome"。"arsalan"（獅子），手稿本讀作"arsulan"。"yerhuwe"（螞蟻），手稿本讀作"yerhu"。對照規範滿文，有助於了解手稿本的讀音。為熟悉手稿本滿文筆順及讀音，特就《尼山薩滿傳》手稿本會話內容摘錄編譯附錄於後。

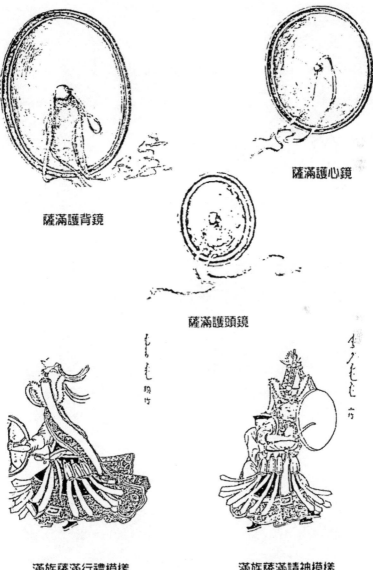

薩滿護背鏡

薩滿護心鏡

薩滿護頭鏡

滿族薩滿行禮模樣

滿族薩滿請神模樣

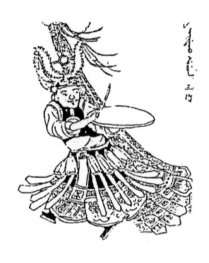

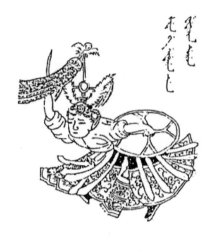

滿族薩滿迎神模樣

滿族薩滿跳老虎神模樣

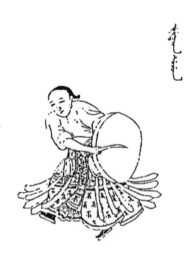

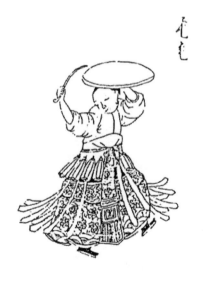

滿族薩滿跳老虎神模樣

滿族薩滿跳神模樣

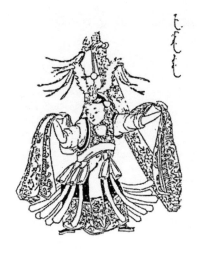

滿族薩滿跳舞模樣

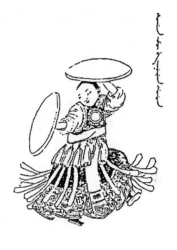

滿族薩滿耍鼓模樣

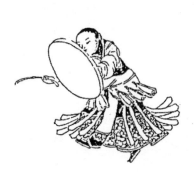

滿族薩滿耍鼓模樣

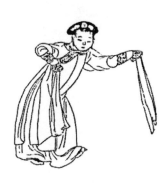

滿族女薩滿跳舞模樣

海參崴本《尼山薩滿傳》滿文手稿

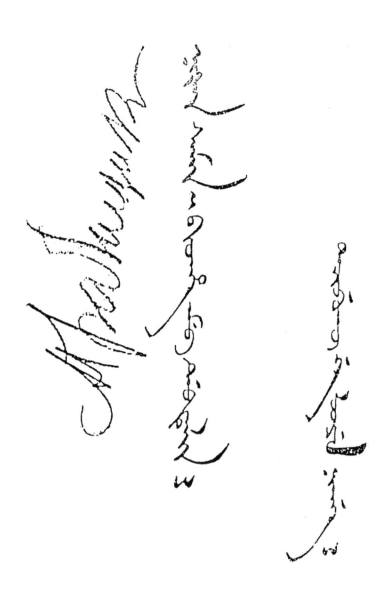

滿漢合璧

── 《滿蒙漢合璧教科書》滿文選讀 校注導讀

　　清季新式學堂的創辦，約可分為二期：自同治初年（1862）至光緒二十六年（1900）八國聯軍之役為第一期，本期為試辦時期，亦即無系統教育時期：自光緒二十七年（1901）辛丑和約簽訂至宣統末年（1911）清朝覆亡為第二期，本期為整頓時期，亦即有系統教育時期。中外交涉之初，率皆假手通事，往往以小嫌釀大釁。自五口通商至英法聯軍入京後，恭親王等深悟通事實不可恃，亟須養成繙譯人才。同時震於列強的船堅礮利，非興學不足以圖強，於是京師同文館、上海廣方言館、廣州同文館、福建船政學堂、水師學堂、陸軍武備學堂、京師大學堂等紛紛設立，是為清季新教育設學堂之始。庚子（1900）拳亂既作，人心皇皇，拳民所過焚劫，京師各學堂因此停辦。辛丑（1901）議和期間，清廷痛定思痛，議設學堂，以求培養人才，復興國勢。因和約中有滋事城鎮停止文武考試五年一款，清廷欲於停止文武考試期間，頒行新政，設立學堂，俟五年以後，即明定出身獎勵辦法，永廢科舉，令士子捨棄時文試帖，設立學堂，以求實學，則雖有停試之名，而無停試之實。旋即派張百熙為管學大臣，釐定章程，整頓學堂，自京師至各省府廳州縣，皆創辦各式學堂，中西兼習，蔚為風氣。

　　直省創辦新式學堂以後，滿洲宗室覺羅八旗學堂亦奉旨改設中小學堂，各駐防地區先後設立新式學堂。光緒二十八年（1902）八月，管學大臣張百熙奏呈籌辦宗室覺羅八旗中小學

堂章程，擬先行開辦中學堂，附設師範館，估計開辦經費需銀
十萬兩。

　　光緒二十八年（1902）十二月，總管內務府大臣奏請將咸
安宮、景山兩官學改為內務府三旗小學堂，學生定額每旗八十
名，光緒二十九年（1903）四月，正式開辦，其開辦經費由內
務府自行籌款，常年經費每旗年需銀六千兩，計銀一萬八千
兩，由戶部籌撥分為四季支領。熱河駐防八旗，向有義學七處，
光緒二十九年三月，經錫良奏准改辦蒙學堂，其經費來源是將
放荒圍場地畝內撥地一百頃，由駐防協領會同熱河招佃放租，
將每年所得租款，以充學堂經費。密雲駐防八旗戶口蕃孳日
眾，光緒二十九年九月間，設立蒙養學堂，常年經費需銀三百
餘兩，由地方文武捐集銀六千餘兩發商生息，另加額支官學銀
兩撥用。承德府屬豐寧縣海留臺地方，原有牧場一處，約二百
頃，光緒三十年（1904）三月，設立密雲駐防小學堂，經地方
官議准將牧場招民墾種，以所獲科租作為小學堂常年經費。

　　湖北荊州駐防多為滿洲勳舊後裔，戶口繁滋，至光緒年
間，多達四萬人，較他省為繁盛。荊州駐防舊設輔文書院一所，
八旗義塾十所，各牛彔官學五十六所。光緒二十九年（1903）
閏五月，荊州將軍綽哈布等奏請將輔文書院改為中學堂，義塾
歸併為小學堂四所，官學歸併為蒙學八所，各學舊有經費共計
銀三千餘兩，歸併改建，開辦經費需銀二萬餘兩，常年經費需
銀一萬餘兩，除將原有經費移作改建學堂之用以外，另將已經
裁缺的荊州駐防左、右、正三衛守備所有屯糧平餘每年錢一萬
串，撥充各學堂常年經費。光緒三十年（1904）三月，端方奏
請創設荊州駐防工藝學堂及方言學堂各一所，以與中小蒙學相
輔，俾有益於八旗生計。據端方估計兩學堂開辦經費需銀一萬
餘兩，常年經費需銀二萬餘兩，俱在銅幣盈餘項下開支。

　　光緒二十八年（1902），陝西巡撫升允於省城奏設高等學
堂，選駐防子弟入學肄業。光緒三十年（1904）六月，升允奏

准以將軍衙署東偏放餉公所改設西安駐防中小學堂，又將正黃旗、正藍旗協領衙署改設右翼兩小學堂，綜計學堂三處，常年經費需銀七千餘兩。陝西督糧道常年報效項下存貯司庫銀六萬兩，除試辦旗屯撥銀一二萬兩外，尚餘四五萬兩，升允奏請將所餘報效銀儘數發商生息，以充各學堂常年經費。光緒三十二年（1906），升允又與寧夏將軍色普徵額籌商在寧夏滿城設立駐防中學堂一所，另設駐防小學堂二所。寧夏滿營於光緒八年（1882）奏准拴馬九百匹，馬乾料草向由甘肅藩司照章核發。滿城練兵三百名，加上備差乘騎，僅需馬五百匹。升允奏請將原拴馬酌裁疲老馬四百匹，則每年可省下馬乾糧銀三千五百餘兩，以二千兩撥歸寧夏駐防中學堂，以一千五百兩撥歸寧夏駐防小學堂，作為的款。

　　光緒三十年（1904）十一月，端方署理江蘇巡撫期間奏請推廣京口駐防中學堂，增設實業及蒙小學堂，因京口駐防旗營經費支絀，端方與司道籌議在蘇州銅元局餘利項下每季撥銀六千兩。截至光緒三十二年（1906）九月，端方升任兩江總督後，京口駐防學堂計中學堂一所，高等、初等小學堂三所，蠶桑傳習所一處。端方另擬擴充隨營學堂一所，女學堂二所，共需常年的款一萬六千兩。是時江蘇省銅元已經停鑄，經費匱乏，而改由常鎮道在鎮江關土貨報單稅罰款內每年提撥銀六千兩，其餘一萬兩，由上海、常鎮兩道分認籌撥，各籌解銀五千兩。旋接戶部咨文，應另行設籌，不得再動撥關稅。端方只得再由鎮江關稅罰項下加撥銀四千兩，其餘六千兩，則由江南財政局在江南要政新加價項下動撥。福州駐防學堂計三所，一為練兵隨營學堂，一為八旗中學堂，一為八旗公立兩等學堂。中學堂是由福州將軍崇善奏明將龍光、清文兩書院清、漢、官三學改設。光緒三十四年（1908）七月，中學堂附設高等小學，兩等學堂改為初等小學堂，其經費是由司道庫關款內支撥。是年十月，山海關駐防設立初等小學堂二處，清文學堂一處，半日學堂一

處，永平、冷口、喜峰口、羅文峪四處駐防各設立初等小學堂
一處，合計常年經費需銀二千六百餘兩，由駐防將軍衙門停領
火藥銀兩及裁減馬乾銀兩支用。初等小學堂畢業後，升入高等
小學堂，宣統元年（1909）十一月，山海關副都統儒林籌設高
等小學堂，其常年經費需銀一千六七百兩，議定由直隸總督飭
令提學司歲撥銀一千兩，其餘不敷之數，則挪用禁煙經費。

宣統元年（1909），錫良奉旨由雲貴總督簡授東三省總督，
兼署奉天巡撫。錫良入京後，六次召見，陛辭出京，於同年三
月二十六日行抵奉天省城。東三省總督徐世昌將欽差大臣關
防、東三省將軍印信、奉天省印信、盛京總管內務府印信及大
內宮殿鑰鋺，委派承宣廳僉事饒鳳璜送交錫良，錫良祗領任
事。錫良指出，東三省為清朝發祥重地，幅員遼闊，物產豐饒。
東三省總督節制三邊，巡撫各司本境。改設行省的宗旨，意在
振興庶政，舉凡官制、財政、軍事、外交、邊防、實業、蒙旗、
交通各大端，在在均關重要。各屬小學堂，亦依次設立籌辦。

宣統元年（1909）十月初十日，錫良奏陳〈興立蒙學選譯
教科書以啟邊氓〉一摺指出，「蒙古接壤東三省，如哲里木盟
十旗，延袤三千餘里，近邊設立郡縣，與行省屬地無殊。屏藩
東北，利害攸關，閉塞既深，強鄰日迫。比年外人派員游歷，
踵趾頻仍，調查物產民風，測繪山川隘塞，或以小惠要結，利
用其民人，或以圖籍流傳，陰行其教化；近更練習蒙文、蒙語，
用意尤為深遠。一旦有事，彼得駕輕就熟，收楚材晉用之功；
我轉勢隔情暌，不免鄭昭宋聾之誚。」錫良認為惟有提倡教育，
啟迪民智，始能救亡圖存。因此，錫良到任後，便隨時督率蒙
務局人員籌辦各項要政，以振興學校，開啟蒙民為首務。

錫良進一步指出，「惟是文言未能一致，教化難以強同，
欲求輸入新知，不得不授以中文科學。中文繁雜，蒙文簡單，
義例有難賅括，不得不證以滿文。矧近代蒙古文字漸就銷沉，
其有從學寺僧亦僅能諷習梵典，以故繙譯文牘他書，率鄙俚淺
陋，舛迕難通，即保存蒙學亦為不可緩之圖。是知求固邊防，

必先興學，興學必先譯書。」但因蒙文幾成絕學，欲求貫通滿、漢文字，確實其人難求。錫良徧加訪求，查有已革奉天、蒙古右翼協領榮德，他深習滿、蒙語文，其中學亦俱有根柢。於是委令將學部審定初等小學教科書，擇其適要，配列滿、蒙文字，散給蒙小學堂，以為課本。榮德不憚煩勞，日夜迻譯，歷經四個月之力，譯成滿、蒙、漢文合璧教科書四冊，先行繕訂一分，進呈御覽。隨付石印二萬部，發給奉天、吉林、黑龍江三省蒙旗各學堂，以期「民智日開，邊圉自固。」

　　為八旗籌生計，固以振興實業、推廣教育為先務，而教育一端尤關重要。奉天省為推廣教育，曾仿照學部奏定滿、蒙文學堂辦法，而於奉天省城創設八旗滿蒙文中學堂，經奉天旗務處總辦金梁呈請咨部備案。宣統二年（1910）九月，榮德復將第五、六、七、八冊續行譯出，分訂六本，裝成一函，稟請錫良進呈御覽。錫良覆查譯本，他指出，譯本「詞句明顯，義意洽當，洵足為開通蒙智之資。」

　　《滿蒙漢三文合璧教科書》是根據光緒三十年（1904）上海商務印書館高鳳謙、張元濟、蔣維喬、莊俞所編，學部審定《最新國文教科書》十冊繙譯而來。《最新國文教科書》經學部審定，其評語云：「文詞淺易，條段顯明，圖畫美富，版本適中。章句之長短，生字之多寡，皆與學年相稱。事實則取兒童易知者，景物則預計學年應有者，並將一切器物名稱均附入圖中，使雅俗兩得其當，皆此書之特長也。」學部審定《最新國文教科書》文詞淺易，生字多寡，章句多寡，都配合學年的進度。由於《滿蒙漢三文合璧教科書》的發行，使《最新國文教科書》多了滿文、蒙文的繙譯，確實足為開通滿蒙民智之資。

　　《滿蒙漢三文合璧教科書》於宣統元年（1909）七月開始發行，其中第一冊課文前面首載〈滿蒙漢三文合璧初等高等小學堂國文教科書緣起〉一文，可將其中滿文部分節錄於下，並轉寫羅馬拼音，照錄漢文於後。

manju monggo nikan ilan acangga šu i tuktan jergi den jergi ajige tacikūi tanggin gurun šu i tacibure hacin i bithei deribun i šutucin.

musei gurun de wargi namu gurun i durun be dursukileme tacikūi tanggin be ilibufi, tetele dehi aniya ome haminara gojime, iletu tusa ambula acabun akūngge, ufaracun oci tacibume hūwašabure de gubci isibure sekiyen giyan be sarkū, ajige tacikū be ilibure fulehe akū, gurun šu terei da be ilirengge akū de bimbime hemhime gaitai den wesihun tacin i doro, tulergi gurun i bithe hergen be tacibufi, udu inu erin be aitubure baitalan de

〈滿蒙漢三文合璧初等高等小學堂國文教科書緣起〉

　　我國仿西法設學堂[1]，迄今幾四十年，而無明效大驗者，弊在不知普及教育原理[2]，無小學以立之基，無國文以植其本，貿貿然遽授以高尚學術、外國文字，雖亦適救時之用，

---

[1]　我國仿西法設學堂，句中「西法」，滿文讀作"wargi namu gurun i durun"，意即「西洋國之式樣或制度」。
[2]　弊在不知普及教育原理，句中「弊」，滿文讀作"ufaracun"，意即「失」、「失策」。

ᠮᡳᠨᡳ ᠪᠠᠴᠠᡥᠠᠨᡳᠨ ᠪᠠᠪᠠᠶᠶᠠ ᠪᠣ ᠸᡝᠰᡳᠮᠪᡠ᠂ ᠮᡠᡴᡝᠮᠪᠢ ᠵᡠᠸᡝᠮᡠ ᠰᡝᠴᠢᠨ ᠮᡝᠷᡤᡝᠨ ᠮᡠᠰᡝᠷᡝᠯᡝ ᡳᠩᡤᠠᠷ᠂

ᠴᡝᠶᡳᠯᡝᠨ ᡳᠨᠵᡠᡴᡝ ᠪᠣ ᠶᡝᠰᡝᠯ ᡳᠨᡝᠨᡤᡳ ᠰᡝᡴᡝᠴᡳ᠂ ᠪᠣᡴᠣᡥᠣᠨ ᠮᡝᠴᡝᡥᡝᠴᡳ ᡳᠩᡤᠠᠷ᠂

ᠶᡝᠰᡝᡥᡝ ᡳᠨᡝᠩᡤᡳ ᡳᠴᡝᠶᡳᠯᠠ ᠪᠣ ᠶᠠᠴᡳᠷᠠᠯᠠ ᡳᡴᡳᠷᡝ ᠪᡝᡤᡝᠨ ᠵᠠᠴᠢᠨ ᠪᡝᠴᡝᠷᡝ ᡳᠩᡤᠠᠷ᠂

ᠶᡝᡥᡝᡤᠶᡝᠨ ᠴᡳᠨᡝᠶᡝ᠂ ᠪᠣᡴᠣᡥᠣ ᠵᠠᠴᠢᠷᠠᠯᠠ᠂ ᡴᡝᠴᡝᡥᡝ ᡳᠨᡝᠩᡤᡳ ᠪᡝᠴᡝᠷᡝᠶᡝ᠂

ᡳᠴᡝᠮᡝᠯ ᠪᠣ ᠴᡳᠨᡳᠶᡝ᠂ ᡳᡴᡝᡥᡝ ᠵᠠᠴᠢᠷᠠ ᠪᠣ ᡥᠠᠰᠠ᠂ ᠪᡝᠴᡝᠷᡝ ᠶᡳᠩᡤᠠᠷ᠂

ᠶᡝᡥᡝᠶᠠᠷᠠᠨ ᠪᠣ᠂ ᡳᠴᡝᠯᠠᠪᠠᡥᠠᠨ᠂ ᠶᠠᠴᡳᠷᠠ ᠪᠣ ᡥᠠᠰᠠᠨ᠂ ᠶᡝᠴᡝᠷᡝᡥᡝᠨ ᠶᡳᠩᡤᠠᠷ᠂

acanacibe, farfabumbime kooli akū, faššan de ubu fulu gojime
gungge dulin, tuttu ofi ududu juwan aniya de yabubuha gojime
ambula terei tusa be bargiyara be bahakū be ede mederi dorgi
tulergi i hafure niyalma gebungge saisa be helnefi, tacibume
hūwašabure be fonjire joringga be fuhašame sibkifi, gurun bithei
tacihiyan be umesi oyonggo ojoro be safi, tereci geren hūsun be
kamcime geren mergen be isafi, durun kooli be hebešeme
toktobufi, jakai hacin be feteme baifi biyalame aniyalame teni
oyonggo ulhun be bahafi, tuktan jergi ajige tacikūi tanggin ci

而凌亂無章，事倍功半，所以行之數十年而不得大收其效也。
於是延請海內外通人名士，研究教育問題，知國文科為最亟
[3]，乃合群力集眾智，商榷體例[4]，搜羅材料，累月經年，始
得要領。自初等小學堂，

3　知國文科為最亟，句中「最亟」，滿文讀作 "umesi oyonggo"，意即「最要
緊」
4　商榷體例，句中「商榷」，滿文讀作 "hebešeme toktobufi"，意即「商定」。

den jergi ajige tacikūi tanggin de isitala, bodoci uyun aniyai erinde, bithe juwan jakūn debtelin be arame bahafi, erei nadan jakūn se ci tofohon juwan ninggun se de isitala baitalara de acabumbi. yaya beyebe ilibure de holboburengge, duibuleci cisu erdemu tondo erdemu, jai omingga jemengge etuku adu gisun leolen aššara arbušara banjire be karmara beyebe urebure adali jergi i hacin, boode terengge, duibuleci niyaman de hiyoošulara ungga be ginggulere ajigan be jilara, jai fusure erire acabure jabure adali jergi i hacin, jalan de bisirengge duibuleci gucu gargan be guculere niyalma be tuwara jaka de acabure, jai gurun be gosire adali jergi i hacin,

---

至高等小學堂，計九年，得書十八冊[5]（以供七、八歲至十五、六歲之用[6]）。凡關於立身（如私德、公德，及飲食衣服、語言、動作、衛生、體操等）、居家（如孝親、敬長、慈幼、灑掃、應對等）處世（如交友、待人接物及愛國等），

---

[5]　得書十八冊，滿文讀作 "bithe juwan jakūn debtelin be arame bahafi"，意即「撰寫得書十八冊」。

[6]　以供七、八歲至十五、六歲之用，滿文讀作 "erei nadan jakūn se ci tofohon juwan ninggun se de isitala baitalara de acabumbi"，意即「此適合七、八歲至十五、六歲之用」。

baita jaka micihiyan hanci i giyan i haran de isitala, duibuleci abkai šu na i giyan na i šu aššara jaka tebure jaka nemu i jaka banjire giyan wembure tacin, jai jalan jalan i suduri dasan i fafun coohai belhen i adali jergi i hacin. emgi banjire be dasara de ekiyeci ojorakūngge, duibuleci usin i tacin weilen i tacin, hūdai tacin, jai bithe jasigan boje boji bithe jiha suje i adali jergi i hacin, gemu ere bithe de imiyafi, terei musei gurun i cohotoi tukiyebure de obume bisirengge, duibuleci neime wembure

以至事物淺近之理由（如天文、地理、地文、動物、植物、礦物、生理、化學、及歷史、政法、武備等），與治生之所不可或缺者（如農業、工業、商業，及書信、帳簿、契約、錢幣等[7]），皆萃於此書；其有為吾國之特色（如開化

---

[7]　錢幣，滿文讀作 "jiha suje"，意即「幣帛」。

ᠮᠢᠨᡳ ᠵᠠᡴᠠ ᡳ ᠪᡳᡨᡥᡝ ᡶᠠᠺᠰᠠᠮᡝ
ᠵᡳᠮᠪᡳ ᠰᡝᡥᡝ ᠪᡳᡨᡥᡝ ᠪᡝ
ᠪᡳᡨᡥᡝ ᡝᠮᡤᡝᠯᡝᠮᡝ
ᠰᠠᠪᡠᡥᠠ ᡳ ᠵᠠᠯᡳᠨ ᠪᡳᡨᡥᡝ
ᠠᡵᠠᠮᡝ ᠵᡳᠮᠪᡳ ᠰᡝᠮᡝ ᠪᠠᡳᠮᠪᡳ
ᡴᠠᡳ ᠂ ᠮᠠᠨᠵᡠ ᠶᠠᠶᠠ ᠰᡝᠮᡝ
ᠪᠠᡳᠮᠪᡳ ᠂ ᠰᡝᠮᡝ ᡥᡝᠨᡩᡠᠮᡝ ᠂
ᡝᠮᡠ ᠠᠮᠠᠯᠠ ᡳ ᠪᠠᡳᡨᠠ ᠪᡝ ᠂
ᠶᠠᠶᠠ ᡥᡝᠨᡩᡠᠮᡝ ᠂ ᠶᠠᠶᠠ ᠪᠠᡳᠮᠪᡳ ᠰᡝᠮᡝ

umesi erde niyalma anggala umesi labdu, jai julgei enduringge mergen i saicungga gisun ferguwecuke yabun i adali jergi i hacin oci, humsun i teile iletuleme tucibuhebi, musei gurun i albatu geren hacin, duibuleci sororo de memerere farfabume akdara, jai bethe bohire yarsi dambagu gocire adali jergi i hacin oci. humsun i teile murtashūn be tuwancihiyahabi, erei ba i acan i urse de ibešeme sain be dahara, micihiyan ci šumin de isinara, hanci ci goro de isinara, saha baci sahakū bade isitala, ajige jusei fehi i hūsun, beyei hūsun i

最早，人口最多，及古聖賢之嘉言懿行等），則極力表章之。吾國之弊俗（如拘忌迷信，及纏足、鴉片等[8]），則極力矯正之，以期社會之進步從善。由淺及深，由近及遠，由已知及未知，按兒童腦力、體力之

---

[8] 鴉片，滿文讀作 "yarsi dambagu gocire" ，意即「抽鴉片烟」。

tucibume iletulere de acabume, ilhi aname cun cun i ibedeme, urunakū niyalma tome be gemu biretei hafumbure doro erdemu sarasu ejebun bihe manggi, teni ibedeme julgei enduringge mergen i oyonggo doro, jalan de tumen gurun i tacin i doro muten be baire be erehunjerengge, tafukū be gaime tafafi, gūwa endebume waliyara ba akū ome haminambidere, bithei dolo yabuha šu de necin yargiyan ferguwecuke arbušara be da obume, giyalabun sargašara efire ucun be gaifi, ajige jusei huwekiyen

發達，循序漸進，務使人人皆有普通之道德、知識，然後進求古聖賢之要道，世界萬國之學術藝能，庶幾拾級而登，無或隕越[9]。書中行文，以平實活潑為主，間取游戲歌曲，

---

[9] 無或隕越，滿文讀作 "gūwa endebume waliyara ba akū"，意即「無或失職之處」。

ᠵᡠᠸᠠᠩᠶᡠᠸᠠᠨ ᡥᡡᠸᠠ ᡳ ᠪᡳᡨᡥᡝᡳ ᠨᠠᠮᡠᠨᠠ᠈

ᠠᡳᠰᡳᠨ ᡥᠠᠴᡳᠨ ᡳ ᠠᠴᠠᠨ ᠪᡳ᠈

ᠨᡳᠩᡤᡠᠨ ᡳᠨᡝᠩᡤᡳ ᠰᡝᠷᡝ ᠠᡴᡡ᠈

ᠨᡳᠩᡤᡠᠨ ᠠᡳᠰᡳᠯᠠᠪᡠᠮᠪᡳ ᠰᡝᠮᡝ᠈

ᠵᠣᠪᠣᠨ ᡴᠣᠣᠯᡳ ᠪᡝ ᡨᡠᠸᠠᠮᡝ᠈

ᠪᠠᡳᡨᠠ ᠪᡝ ᠰᠠᡳᠨᠪᡠᠮᠪᡳ᠈

amtangga be neileme tucibumbime, jenduken huwekiyebume targabure gūnin be baktambufi, taciburengge joboburakū bime tacirengge gingkarakū ome haminambidere, jendu gurime dolori wembume, eihun hūwašabure da fulehe erei ilibuhabi, gurun irgen i aisilara kemun erei mutebuhebi, ere oci ser seme acabume banjibure daci gūnin ombikai.

gehungge yoso i sucungga aniya sohon coko bolori nadan biyai sain inenggi.

啟發兒童之興趣，而隱寓勸戒之意，庶幾教者不勞，學者不困，潛移默化，蒙養之始基以此立，國民之資格以此成。是則區區編輯之本意也。

宣統元年歲次己酉秋七月吉日

在〈滿蒙漢三文合璧初等高等小學堂國文教科書緣起〉中首先指出晚清設學堂幾四十年而無明效的弊病，是由於「不知普及教育原理，無小學以立之基，無國文以植其本。」學部於是延請海內外通人名士，研究教育問題，深悉國文科尤其重要，因此，結合群力，搜羅材料，編寫國文教科書。其設計是從初等小學堂至高等小學堂，共九年，編寫教科書十八冊，以供七、八歲至十五、六歲兒童使用。對照現存《滿蒙漢三文合璧教科書》與錫良奏稿可知已革奉天蒙古右翼協領榮德譯本，共計八冊。每冊各六十課，合計四八〇課，由淺入深。為了蒐集滿文文獻，編寫滿文教材，可就其中滿文和漢文互相對照，逐冊說明。

教科書共八冊，其中第一冊，未標目錄、課名，第一課內容為：天（abka）、地（na）、日（šun）、月（biya）、山（alin）、水（muke）、土（boihon）、木（moo）八個詞彙。第二課內容為：父（ama）、母（eme）、子（jui）、女（sargan jui）、井（hūcin）、戶（boigon）、田（usin）、宅（hūwa）八個詞彙。第三課內容為：耳（šan）、目（yasa）、口（angga）、舌（ilenggu）、人（niyalma）、犬（indahūn）、牛（ihan）、羊（honin）八個詞彙；第四課內容為：上（dele）、下（fejile）、左（hashū）、右（ici）、大（amba）、小（ajige）、多（labdu）、少（komso）八個詞彙；第五課內容為：一（emu）、二（juwe）、三（ilan）、四（duin）、五（sunja）、六（ninggun）、七（nadan）、八（jakūn）、九（uyun）、十（juwan）八個詞彙；第六課內容為：日入（šun dosika）、月出（biya tucike）、田土（usin boihon）、池水（omo muke）、宅內（hūwa i dolo）、戶外（uce i tule）、几上（derei dele）、井中（hūcin i dolo）八個詞彙；

第七課內容為：大牛（amba ihan）、小犬（ajige indahūn）、丈（juda）、尺（jušuru）、寸（jurhun）、分（fuwen）、耳孔（šan i hohori）、指爪（simhun i hitahūn）、眉目（faitan yasa）、手足（gala bethe）十個詞彙；第八課內容為：山高（alin den）、水長（muke golmin）、風多（edun labdu）、雨少（aga komso）、人首（niyalmai uju）、犬足（indahūn i bethe）、牛角（ihan i uihe）、羊毛（honin i funiyehe）八個詞彙；第九課內容為：水火（muke tuwa）、土石（boihon wehe）、木工（moo faksi）、田夫（usisi）、竹高（cuse moo den）、林茂（bujan fik）、天冷（abka beikuwen）、月明（biya genggiyen）八個詞彙；第十課內容為：父子（ama jui）、母女（eme sargan jui）、兄弟（ahūn deo）、朋友（gucu gargan）、山下（alin fejile）、地上（na dele）、城市（hoton hūdai ba）、村舍（gašan i ūlen）八個詞彙；第十一課內容為：布帛（boso suje）、柴米（deijiku bele）、米五斗（bele sunja hiyase）、布一丈（boso emu juda）、文字（bithe hergen）、姓名（hala gebu）、左五指（hashū sunja simhun）、右五指（ici sunja simhun）八個詞彙；第十二課內容為：日夜（inenggi dobori）、旦夕（erde yamji）、天初明（abka tuktan gereke）、人初起（niyalma tuktan ilimbi）、東西（dergi wargi）、南北（julergi amargi）、日西下（šun wasihūn wasifi）、月東上（biya wesihun mukdeke）八個詞彙；第十三課內容為：伯父（amji）、叔父（ecike）、我姊姊（mini eyun）、我妹妹（mini non）、長男（ahūngga haha）、幼子（ajigan jui）、好哥哥（sain ahūn）、好弟弟（sain deo）八個詞彙；第十四課內容為：青草（niowanggiyan orho）、紅花（fulgiyan ilha）、池草青（omo i orho niowanggiyan）、山花紅（alin i ilha fulgiyan）、春風（niyengniyeri edun）、夏雨

（juwari aga）、春風吹（niyengniyeri edun lasihibumbi）、夏雨降（juwari aga agambi）八個詞彙；第十五課內容為：先生（sefu）、弟子（šabi）、良朋至（sain gucu isimbi）、好友來（saikan gargan jimbi）、姊長（eyun eyungge）、妹幼（non ajigan）、坐草上（orho ninggu de tembi）、立花前（ilha juleri de ilimbi）八個詞彙；第十六課內容為：烏飛（gaha deyembi）、兔走（gūlmahūn feksimbi）、烏出林（gaha bujan ci tucike）、兔入穴（gūlmahūn yeru de dosika）、虎爪（tasha i ošoho）、馬足（morin i bethe）、虎力大（tasha i hūsun amba）、馬行速（morin oksoro hūdun）八個詞彙；第十七課內容為：長枕（golmin cirku）、大被（amba jibehun）、帳中枕（mengse dolo i cirku）、牀上被（besergen dele jibehun）、坐船（jahūdai de tembi）、乘車（sejen de tembi）、水行船（muke de jahūdai yabumbi）、陸行車（olhon de sejen yabumbi）八個詞彙；第十八課內容為：池魚（omo i nimaha）、野鳥（bigan i gasha）、鳥在林（gasha bujan de bimbi）、魚浮水（nimaha muke de dekdembi）、加冠（mahatun nonggimbi）、披衣（etuku nerembi）、布七疋（boso nadan defelinggu）、帛二丈（suje juwe juda）八個詞彙；第十九課內容為：杏花（guilehe i ilha）、柳枝（fodoho i gargan）、門外柳（duka tule i fodoho）、村前杏（gašan juleri i guilehe）、白米（šanyan bele）、黃豆（suwayan turi）、米八斤（bele jakūn ginggen）、豆三升（turi ilan moro hiyase）八個詞彙；第二十課內容為：皮毯（sukū i muhaliyan）、石筆（wehe i fi）、姊作文（eyun šu fiyelen be arambi）、妹習字（non hergen be urebumbi）、瓦房（wasei boo）、柴門（hashan i duka）、向城垣（hoton i fu de foroko i ombi）、居村市（gašan i hūdai bade tembi）八個詞彙；第二十一課內容為：晨星少（ulden i usiha komso）、朝日紅（erde i šun fulgiyan）、好風來（sain edun jihe）、白雲去（šanyan tugi genehe）、木上雀（moo ninggu i cecike）、村中犬（gašan dolo i indahūn）、紡紗女（cece fororo sargan jui）、采桑人（nimalan gurure niyalma）八個詞彙；第二十二課內容為：有客至（antaha isinjiha bi）、入室內（booi dolo dosifi）、我迎客（bi antaha be okdombi）、立几側（derei dalbade ilimbi）、父見客（ama antaha de acambi）、問姓名（hala gebu be fonjimbi）、父坐右（ama ici ergide tembi）、客坐左（antaha hashū ergide tembi）八個詞彙；第二十三課內容為：首向前（uju julesi ombi）、兩手平（juwe gala necin ombi）、伸左足（hashū bethe saniyambi）、屈右足（ici bethe ikūmbi）、目能視（yasa tuwame mutembi）、手能指（gala jorime mutembi）、口出言（angga ci gisun tucimbi）、舌知味（ilenggu de amtan sambi）八個詞彙；第二十四課內容為：庭前竹（tinggin juleri i cuse moo）、宅畔松（hūwa dalbai jakdan）、舍南北（ūlen julergi amargi）、城東西（hoton i dergi wargi）、春風至（niyengniyeri edun isinjifi）、百草青（eiten orho niowanggiyan）、桃花開（toro moo ilha ilambi）、竹生筍（cuse mooi arsun banjimbi）八個詞彙；第二十五課內容為：書案上（bithe derei dele）、紙一幅（hoošan emu afaha）、羊毛筆（honin funiyehe i fi）、兩三枝（juwe ilan da）、先生言（sefu henduhengge）、每日間（inenggidari sidende）、宜習畫（nirure be urebuci acambi）、宜作字（hergen be araci arambi）八個詞彙；第二十六課內容為：几上硯（dere dele i yuwan）、硯有池（yuwan de olgakū bi）、日射入（foson fosome dosifi）、硯水乾（yuwan i muke olhoho）、持粉筆（fiyen fi be jafame）、畫黑板（sahaliyan undehen de jijumbi）、伸左手（hashū gala saniyambi）、拭白粉（šanyan fiyen be fumbi）八個詞彙；第二十七課內容為：伯母問（amu fonjime）、叔母答（uhume jabume）、夜早眠（dobori erdeken i amgakini）、朝快起（erde hūdukan i ilikini seme）、能耐苦（suilacun be kirime mutembi）、能作事（baita be arame mutembi）、好男兒（sain haha juse）、大丈夫（yekengge haha）八個詞彙；第二十八課內容為：每五人（sunja niyalma tome）、為一列（emu faida obumbi）、我居長（bi coohai da ombi）、手持刀（gala loho jafambi）、我為將（bi coohai hafan ombi）、向前行（julesi yabumbi）、彼為兵（ce cooha obumbi）、在後行（amala yabumbi）八個詞彙；第二十九課內容為：一年四季（emu aniyai duin forgon）、日春日夏（niyengniyeri sere juwari serengge）、曰秋曰冬（bolori sere tuweri serengge）、正月孟春（aniya biya niyengniyeri uju sembi）、二月仲春（juwe biya niyengniyeri dulimba sembi）、三月季春（ilan biya niyengniyeri dube sembi）六個詞彙；第三十課內容為：庭外海棠（tinggin i tuleri i fulana ilha）、窗前牡丹（fa juleri i modan ilha）、先後開花（nenden amaga ilha ilambi）、姊打皮毬（eyun sukū muhaliyan be forimbi）、妹上鞦韆（non ceku de cekudembi）、同遊同止（emde sargašame emde ilimbi）六個詞彙；第三十一課內容為：地面多水（na i oilo muke labdu）、有海有江（mederi bi ula bi）、有河有湖（bira bi tenggin bi）、門外垂柳（duka tule loli fodoho）、有池有泉（omo bi šeri bi）、有魚有鳥（nimaha bi gasha bi）六個詞彙；第三十二課內容為：日光初出（foson tuktan tucike）、沙鳥上下（coociyanli gasha dele fejile）、孤帆遠來（emhun kotoli i jahūdai goro ci jihe）、平田麥茂（necin usin i maise luku）、四面皆青（duin dere gemu niowanggiyan）、中伏一雉（dolo emke ulhūma dedumbi）六個詞彙；第三十三課內容為：雨初晴（aga tuktan galga）、池水清（omo i muke bolgo oho）、游魚逐水（irenere nimaha muke de amcambi）、時上時下（gaitai dele gaitai fejile）、一童子（emu ajige jui）、持釣竿（welmiyeku be jafame）、伸入池中（omo i dolo saniyafi）、魚皆散去（nimaha gemu facaha）八個詞彙；第三十四課內容為：直為柱（undu tura obumbi）、橫為梁（hetu mulu obumbi）、屋上有梁（booi dele mulu bi）、屋中有柱（booi dolo tura bi）、渴思飲（kangkaha manggi omire be gūniki seme）、饑思食（uruke manggi jetere be gūniki sembi）、南人食米（julergi ba i niyalma bele i buda be jeki seme）、北人食麥（amargi ba i niyalma maise i ufa be jeki sembi）八個短句；第三十五課內容為：左手執弓（hashū ergi gala de beri jafame）、右手抽矢（ici ergi gala de niru be tatafi）、向空中（untuhun i dolo i baru）、射飛鳥（deyere gasha be gabtaki sembi）、肩荷快槍（meiren de hūdun miyoocan be meihereme）、腰垂長刀（dara de golmin loho be lakiyame）、挽匹馬（emke morin kutuleme）、出城去（hoton ci tucime genehe）八個短句；第三十六課內容為：畫眉叫（yadali cecike jilgambi）、孔雀飛（tojin deyembi）、鹿能走林（buhū weji de feksime mutembi）、猴能升木（monio moo de wesime mutembi）、柏十丈（mailasun juwan juda）、屋三間（boo ilan giyalan）、月季兩盆（biyalari ilha juwe fengse）、石硯一方（wehe i yuwan emu hošonggo）八個短句；第三十七課內容為：黃牛背（suwayan ihan i fisa de）、坐牧童（aduci ajige jui teme）、口吹短笛（angga de foholon hetu ficakū be ficame）、東西往來

（wesihun wasihūn amasi julesi yabumbi）、一黑豕（emke sahaliyan ulgiyan）、臥泥中（lifaha i dolo dedufi）、夕陽在山（dabsiha šun alin de wasifi）、有人喚豕（ulgiyan be hūlara niyalma bi）八個短句；第三十八課內容為：棉成布（kubun be boso banjinaci ombi）、絲成帛（sirge be suje banjinaci ombi）、布可為衣（boso be etuke araci ombi）、帛可為帶（suje be umiyesun araci ombi）、水生珠（muke de nicuhe banjimbi）、山生玉（alin de gu banjimbi）、明珠形圓（genggiyen nicuhe i arbun muheliyen）、良玉色白（sain gu i boco šanyan）八個短句；第三十九課內容為：我長兄（mini ahūngga ahūn）、客地方（gūwabsi bade genefi）、一紙家書（emu afaha booi jasigan）、問兄好安（ahūn i sain elhe be dacilambi）、春光去（niyengniyeri i elden de duleke）、兄不回（ahūn bederehekū ofi）、弟在家中（deo booi dolo teme）、思兄無已（ahūn be gūniha seme wajirakū）八個短句；第四十課內容為：四月天（duin biyai erinde）、大麥黃（amba maise suwayan oho）、南風入戶（julergi edun boode dosifi）、單衣不冷（emursu etuku beikuwen akū）、雨水足（aga muke elefi）、田工忙（usisi weilere de ekšefi）、婦女採桑（hehe sargan jui nimalan be gurume）、兒童送飯（ajige jui bude be benembi）八個短句；第四十一課內容為：几上有茶（derei delede cai bi）、茶味清香（cai amtan bolgo wangga）、一杯奉客（emu hūntahan be antaha de alibufi）、一杯自飲（emu hūntahan be beye onimbi）、案上有書（deretu dele bithe bi）、書中有畫（bithei dolo nirugan bi）、母取一冊（eme emu debtelin be gaifi）、指畫教我（nirugan be jorime mimbe tacibumbi）八個短句；第四十二課內容為：五月五日（sunja biyai sunjangga inenggi）、名天中節（abka dulimba hacin inenggi seme gebulehe）、先生放假（sefu šolo be sindafi）、弟子回家（šabi boode marifi）、父母兄弟（ama eme ahūn deo）、設筵家庭（booi tinggin de sarin be dagilame）、角黍形尖（lala juhe efen i arbun jofohonggo）、黃魚味美（suwayan nimaha amtan sain）八個短句；第四十三課內容為：瓦屋兩間（wasei boo juwe giyalan）、四面短垣（duin dalgan foholon fu）、前有草場（julergi orhoi ongko bi）、後近茅舍（amargi elben i boode hanci）、兄弟二人（ahūn deo juwe niyalma）、同一學堂（uhe emu tacikūi tanggin de bi）、朝來誦習（erde jifi hūlame tacimbi）、夕去遊散（yamji genefi sula sargašambi）八個短句；第四十四課內容：姊執我手（eyun mini gala be jafame）、降階看花（terkin ci wasinjifi ilha tuwaki）、我欲采花（bi ilha be guruki seme）、姊急搖手（eyun hahi gala lasihimbi）、兩客同來（juwe antaha emde jifi）、一老一少（emu sakda emu asigan）、我問客姓（bi antaha i hala be dacilaki）、客問我年（antaha mini se be fonjimbi）八個短句；第四十五課內容為：早起披衣（erde ilifi etuku be nerefi）、同立庭畔（emde tinggin i dalbade ilime）、仰視浮雲（hargašame neoro tugi tuwaci）、四面一色（duin dere boco adali）、三兩飛鳥（juwe ilan deyere gasha）、出沒雲間（tugi i sidende tucire dosire）、紅日上升（gehun šun wesihun mukdeke）、雲去天青（tugi samsiha abka lamun oho）八個短句；第四十六課內容為：夏日晴明（juwari inenggi gehun gahūn）、采果庭前（tinggin i juleri de tubihe be fatafi）、黃梅解渴（suwayan jušuri i kangkaha be suci ombi）、桃李清甘（toro foyoro i amtan bolgo jancuhūn）、筍老成竹（cuse mooi arsun sakdafi cuse moo banjinaha）、削竹

為筐（cuse moo be giyafi šoro be hiyadaha）、持筐閒行（šoro be mayalame sula yabume）、拾豆桑下（nimalan mooi fejile de turi be tunggiyembi）八個短句；第四十七課內容為：日初出（šun tuktan tucike）、兒童上學去（ajige jui tacikū de dosinafi）、日將入（šun arkan dosika）、兒童回家來（ajige jui boode bederenjihe）、哥哥年九歲（ahūn uyun se）、打大鼓（amba tungken be tūmbi）、妹妹年七歲（non nadan se）、持竹刀（cuse mooi huwesi be jafame）八個短句；第四十八課內容為：黑雲飛（sahaliyan tugi dekdefi）、大雨至（turame agaha）、雨後見虹（agaha amala nioron gocifi）、虹現雲收（nioron gocika amala tugi hetehe）、天氣晴明（abkai sukdun gahūn）、夕陽紅（dabsiha šun fulgiyan）、放學回（tacikū ci sindafi bederefi）、左持紗布（hashū gala cece fungku be jafame）、右執紙扇（ici gala hoošan fusheku be jafame）、散步庭中（tinggin i dorgide elhei oksohoi）十個短句；第四十九課內容為：貓大鼠小（kesike amba singgeri ajige）、鼠見貓（singgeri kesike be sabuci）、入穴中（yeru dolo dosika）、貓伺几側（kesike derei dalbade hiracame）、鼠不敢出（singgeri gelhun akū tucirakū）、犬大貓小（indahūn amba kesike ajige）、貓見犬（kesike indahūn sabuci）、登屋上（booi ninggude tafafi）、犬不能逐（indahūn amcame muterakū）、向貓狂吠（kesike baru balai gūwambi）十個短句；第五十課內容為：荷花開花（šu ilha tuktan fushufi）、乘小舟（ajige jahūdai de teme）、入湖中（tenggin i dolo dosifi）、晚風吹來（yamji edun dame jihe）、四面清香（duin dere bolgo wangga）、有一老人（emu sakda niyalma bi）、提小筐（ajige šoro be yodame）、

入城市（hoton i hūdai bade dosifi）、買魚兩尾（juwe nimaha be udafi）、步行回家（yafahalame boode bederehebi）十個短句。

　　第五十一課內容為：五月大雨（sunja biyade turame agaha）、田中水高（usin i dolo muke den ofi）、農人分秧（usisi fursun be sarkiyafi）、秧針出水（fursun i dube muke ci tucifi）、長二三寸（golmin ici juwe ilan jurhun）、岸旁水車（dalin i dalbade šurdebure tatakū）、上下往復（dele fejile šurdebume）、有三四人（ilan duin niyalma bi）、在水車上（šurdebure tatakū de bifi）、口唱田歌（angga de usin i ucun be uculehebi）十個短句；第五十二課內容為：清水一缸（bolgo muke emu angara）、中畜金魚（dolo boconggo nisiha be ujime）、上浮水草（dergi sokji dekdeme）、魚游水動（nimaha ireneci muke aššafi）、魚伏水定（nimaha deduci muke toktombi）、堂前有柏（tanggin i julergi mailasun bi）、柏上有巢（mailasun ninggude feye bi）、巢內有鳥（feye i dolo gaha bi）、日出鳥飛（šun tucifi gaha deyehe）、日入鳥啼（šun dosifi gaha jilgambi）十個短句；第五十三課內容為：我手執帶（bi gala umiyesun be jafame）、引貓近前（kesike be yarhūdame juleri de isime）、帶急提起（umiyesun be hahi yodafi）、貓向前迎（kesike juleri i baru okdome）、兩爪上捧（juwe ošoho wesihun joolambi）、二人共飯（juwe niyalma emde buda jeme）、小犬走來（nuhere feksinjifi）、搖尾求食（sihešeme ulebure baiki）、後足坐地（amargi bethe bade teme）、前足向上（julergi bethe wesihun tukiyembi）十個短句；第五十四課內容為：首居上（uju dergi de bi）、足居下（bethe fejergi de bi）、胸居前（cejen julergide bi）、背居後（fisa amargide bi）、首下為肩（ujui fejergi meiren ombi）、肩垂兩手（meiren i fejile lakdahūn juwe gala）、眉在上（faitan dergide bi）、目在下（yasa fejergide bi）、唇在外（femen tulergide bi）、舌在內（ilenggu

dorgide bi）、鼻在中央（oforo dulimba de bi）、兩旁有耳（juwe
dalbade šan bi）十二個短句；第五十五課內容為：古畫一幅
（julgei nirugan emu afaha）、畫馬八匹（jakūn morin be nirufi）、
或起或臥（eici ilime eici dedume）、或俯或仰（eici bujume eici
hargame）、形狀不一（arbun i durun adali akū）、庭前花木（tinggin
i julergi ilha moo）、松竹桃李（jakdan cuse moo toro foyoro）、
海棠牡丹（fulana ilha modan ilha）、東西並列（dergi wargi sasa
faidame）、高下成行（den fangkala jurgan obumbi）十個短句；
第五十六課內容為：為弟子時（deote juse ojoro fonde）、入孝
父母（dosici ama eme de hiyoošula）、出敬長上（tucici ungga
dangga be ginggule）、先生教我（sefu mimbe tacibufi）、毋忘
此言（ere gisun be ume onggoro sehe）、夏日正長（juwari i inenggi
jing golmin）、姊妹二人（eyun non juwe niyalma）、同作女工
（emde gala weilen be arame）、妹取絲來（non sirge be gajifi）、
乞姊穿針（eyun de ulme semire be baireo sehebi）十個短句；第
五十七課內容為：日東升（šun wesihun mukdeke）、室中明（booi
dolo genggiyen）、日西下（šun wasihūn wasifi）、室中暗（booi
dolo farhūn oho）、作事有時（baita araci toktoho erin bi）、或
遊或息（eici sargašame eici teyembi）、明星出（durgiya tucike）、
晚風清（yamji edun bolgo）、兄招弟（ahūn deo be elkime）、
去乘涼（sebderi de serguwešeme geneki seme）、院中閒步（hūwa
i dolo elhei oksohoi）、我唱汝和（bi uculeme si hūwaliyaki
sehebi）十二個短句；第五十八課內容為：布有長短（boso golmin
foholon bi）、量布用尺（boso be miyalici jušuru baitalambi）、
十分為寸（juwan fuwen jurhun ombi）、十寸為尺（juwan jurhun
jušuru ombi）、十尺為丈（juwan jurhun juda ombi）、米有多
少（bele udu bi）、量米用升（bele be miyalici moro hiyase
baitalambi）、十合為升（juwan oholiyo moro hiyase ombi）、

十升為斗（juwan moro hiyase hiyase ombi）、五斗為斛（sunja hiyase suntu ombi）十個短句；第五十九課內容為：春去夏來（niyengniyeri duleke juwari dosifi）、草木長茂（orho moo šak fik oho）、四月孟夏（duin biya juwari uju sembi）、五月仲夏（sunja biya juwari dulimba sembi）、六月季夏（ninggun biya juwari dube sembi）、采瓜田中（usin i dolo hengke be gurufi）、敬奉父母（ama eme de gingguleme uilefi）、父命取刀（ama huwesi be gajime）、剖瓜一半（hengke be emu dulin hūwakiyame）、分給弟妹（deo non de dendeme bu seme afabuhabi）十個短句；第六十課內容為：入學堂（tacikūi tanggin de dosifi）、已半年（emgeri fontoho aniya oho）、國文科（gurun bithei tacibure bithe）、一冊完（emu debtelin be hūlame wajiha）、天氣炎暑（abkai sukdun fiyakiyame halhūn）、學堂放假（tacikūi tanggin ci šolo sindafi）、放假回（šolo sindafi mariha de）、見父母（ama eme de tuwabufi）、父母喜（ama eme de urgunjefi）、命兒前（jui be julesi jio）、溫書習字（bithe be urebu hergen be taci）、每日一時（inenggidari emke erin seme afabuhabi）十二個短句。

　　《滿蒙漢合璧教科書》第一冊第六十課有一段內容敘述說：「入學堂，已半年，國文科，一冊完，天氣炎暑，學堂放假」云云，可知當時學年度分為上、下兩個學期，上學期，春天開學，新生入學，一個學期半年，國文科讀完第一冊，計六十課，學習單字短句，由淺及深，循序漸進。譬如：「天」字的練習，教科書第一課學習「天」（abka）這個單字的讀音；第九課學習「天冷」（abka beikuwen）兩個字的造詞；第十二課學習「天初明」（abka tuktan gereke）三個字的造詞；第四十五課學習「雲去天青」（tugi samsiha abka lamun oho）四個字的造詞，符合幼童的教學方法。又如「大」字的練習，第四課學習「大」（amba）這一個單字的讀音；第七課學習「大牛」（amba ihan）兩個字的造詞；第十六課學習「虎力大」（tashai hūsun amba）三個字的造詞；第四十九課學習「貓大鼠小」（kesike amba singgeri ajige）四個字的造詞；又如「小」（ajige）這一個單字的練習，第四課學習「小」（ajige）的讀音；第七課學習「小犬」（ajige indahūn）兩個字的造詞；第四十九課學習犬大貓小（indahūn amba kesike ajige）四個字的造詞，都是由淺入深，漸進式的練習。

教科書中的滿漢文，頗多有待商榷之處，譬如：第一冊第九課「木工」，滿文讀作"moo faksi"，意即「木匠」。按「木工」，滿文當作"mooi jaka weilere hafan"，「木工」與「木匠」譯文有待商榷。「田夫」，滿文讀作"usisi"，意即「農夫」。「旦夕」，滿文讀作"erde yamji"，意即「朝夕」。第十四課「春風吹」，滿文讀作"niyengniyeri edun lasihibumbi"，句中"lasihibumbi"，意即「遭風」，滿漢文義有待商榷。「春風吹」滿文似當作"niyengniyeri edun dambi"。第十六課「兔走」，滿文讀作"gūlmahūn feksimbi"，意即「兔跑」，是指兔奔馳。第二十一課「晨星少」，滿文讀作"ulden i usiha komso"，句中「晨星」，滿文當作"erdei usiha"，此作"ulden i usiha"，疑誤。第二十六課「硯有池」，滿文讀作"yuwan de olgakū bi"，句中"olgakū"，當作"ulgakū"，意即「筆蘸」，此作"olgakū"，疑誤。第二十八課「我居長」，滿文讀作"bi coohai da ombi"，意即「我為伍長」。「我為將」，滿文讀作"bi coohai hafan ombi"，意即「我為軍官」，滿文含義較清晰。第四十二課「五月五日」，滿文讀作"sunja biyai sunjangga inenggi"，意即「五月端午」。「角黍形尖」，滿文讀作"lala juhe efen i arbun jofohonggo"，意即「棕子形尖」，「角黍」習稱「棕子」。第四十三課「同一學堂」，滿文讀作"uhe emu tacikūi tanggin de bi"，意即「同在一所學堂」。第四十四課「我問客姓」，滿文讀作"bi antaha i hala be dacilaki"，句中「問」，滿文讀作"dacilaki"，意即「請示」。第四十六課「黃梅解渴」，滿文讀作"suwayan jušuri i kangkaha be suci ombi"，意即「可以黃烏梅解渴」。第四十八課「黑雲飛」，滿文讀作"sahaliyan tugi dekdefi"，意即「黑雲浮起」。第五十二課「中畜金魚」，滿文讀作"dolo boconggo nisiha be ujime"，意即「中畜彩色小魚」。第五十三課「小犬走來」，滿文讀作"nuhere feksinjifi"，意即「小狗跑來」，句中"nuhere"，是指生後七、八個月的小狗。第五十五課「高下成行」，滿文讀作"den fangkala jurgan obumbi"，意即「高低成行」。第五十八課「五斗為斛」，滿文讀作"sunja hiyase suntu ombi"，句中「斛」，滿文當讀作"sunto"，此作"suntu"，疑誤。

　　《最新國文教科書》的編寫，有其體例，也有其用字筆劃的考慮，由淺入深，循序漸進。榮德譯出《滿蒙漢合璧教科書》第一冊，未附滿文十二字頭字母表，亦未附滿文字母筆順及虛字說明，確實是美中不足之處。

《滿蒙漢合璧教科書》第二冊課名漢滿文對照表

順　次	課　名		羅　馬　拼　音	備　註
	漢　文	滿　文		
第一課	學堂		tacikūi tanggin	
第二課	筆		fi	
第三課	荷		šu ilha	
第四課	孔融		kung žung	

順　次	課　名		羅　馬　拼　音	備　註
	漢　文	滿　文		
第五課	孝子		hiyoošungga jui	
第六課	曉日		gereke šun	
第七課	衣服		etuku adu	
第八課	蜻蜓		ulme hūlhatu	
第九課	採菱歌		ninggiya gurure ucun	
第十課	燈花		dengjan i niyaman	
第十一課	讀書		bithe hūlarangge	
第十二課	司馬溫公		sy ma wen gung	
第十三課	誑言		eitereku gisun	

順　次	課　名		羅　馬　拼　音	備　註
	漢　文	滿　文		
第十四課	食瓜		dungga jeterengge	
第十五課	遊戲		sargašame efirengge	
第十六課	牛		ihan	
第十七課	口		angga	
第十八課	貓鬪		kesike becunurengge	
第十九課	體操歌		beye be urebure ucun	
第二十課	公園		siden i yafan	
第二十一課	楊布		yang bu	
第二十二課	蟚		yerhuwe	
第二十三課	勿貪多		ume labdu doosidara	

順　次	課　名		羅　馬　拼　音	備　註
	漢　文	滿　文		
第二十四課	馴犬		nomhon indahūn	
第二十五課	猴戲		monio i jucun	
第二十六課	中秋		bolori dulimba	
第二十七課	雞		coko	
第二十八課	器具		tetun agūra	
第二十九課	潔淨		bolgo	
第三十課	蟋蟀		gurjen	
第三十一課	菊花		bojiri ilha	
第三十二課	米		bele	
第三十三課	日時		inenggi erin	
第三十四課	洗衣		etuku oborengge	
第三十五課	錢		jiha	

順　次	課　名		羅　馬　拼　音	備　註
	漢　文	滿　文		
第三十六課	鴉與鴨		gaha niyehe i emgi	
第三十七課	文彥博		wen yen be	
第三十八課	梟		hūšakū	
第三十九課	兵隊之戲		cooha meyen i efirengge	
第四十課	犬啣肉		indahūn yali be ašuregge	
第四十一課	守株待兔		moo tuwakiyame gūlmahūn aliyarangge	
第四十二課	居室		tere boo	
第四十三課	火		tuwa	

順　次	課名		羅馬拼音	備註
	漢文	滿文		
第四十四課	朋友相助		gucu gargan ishunde aisilarangge	
第四十五課	獅		arsalan	
第四十六課	歸家遇雨		boode bederere de aga tušarangge	
第四十七課	職業		afara baita	
第四十八課	父母之恩		ama eme i baili	
第四十九課	雪		nimanggi	
第五十課	方位		oron soorin	
第五十一課	姊妹		eyun non	

順次	課名		羅馬拼音	備註
	漢文	滿文		
第五十二課	衛生		banjire be karmarangge	
第五十三課	年月		aniya biya	
第五十四課	冬季		tuweri i forgon	
第五十五課	烹飪		carure bujurengge	
第五十六課	松竹梅		jakdan cuse moo nenden ilha	
第五十七課	冰		juhe	
第五十八課	不倒翁		tuherakū sakda niyalma	
第五十九課	考試		simnerengge	

順　次	課名		羅馬拼音	備註
	漢文	滿文		
第六十課	放假歌	[滿文]	šolo sindara ucun	

資料來源：《北京故宮珍本叢刊》，第 724 冊，海口，海南出版社，
2001 年 1 月。

《滿蒙漢合璧教科書》從第二冊起各冊俱標明目錄課名，
前表所列漢滿課名，可以互相對照。其中第十課「燈花」，滿
文讀作"dengjan i niyaman"，意即「燈心」。第十四課「食
瓜」，滿文讀作"dungga jeterengge"，意即「吃西瓜」。第
二十二課「螘」，滿文讀作"yerhuwe"，意即「螞蟻」。第
三十課「蟋蟀」，滿文讀作"gurjen"，習稱「促織」。第四
十一課「守株待兔」，滿文讀作"moo tuwakiyame gūlmahūn
aliyarangge"。按「守株待兔」，譯出規範滿文讀作"mukdehen
be tuwakiyame gūlmahūn be aliyambi"，又譯作"fuldun be
tuwakiyame gūlmahūn be aliyambi"，此作"moo tuwakiyame
gūlmahūn aliyarangge"，異。

各課內容，對照滿漢文，有助於理解其詞義，滿漢文義不
合，有待商榷之處頗多。原書第三課「根橫泥中」，滿文讀作
"fulehe lifahan i dolo hetu mutume"，意即「根橫長於泥中」；
「其名曰藕」，滿文讀作"terei gebu šu ilhai da sembi"，句中
"šu ilhai da"，又作"šu i da"，意即「藕」。第四課「命諸
子」，滿文讀作"geren juse be hūlame"，意即「喚諸子」。
第五課「黃兒」，滿文讀作"hūwang halai jui"，意即「黃姓

之子」；「其父年老」，滿文讀作"tere ama se sakdaka de"，
句中「其」，滿文當讀作"terei"，意即「他的」，此作"tere"，
疑誤；「侍奉甚勤」，滿文讀作"eršeme uilere de umesi
olhošombi"，意即「侍奉甚小心謹慎」；「父命入學」，滿文
讀作"ama tacikū de tosikini seme afabure ohode"，句中
"tosikini"，當作"dosikini"，意即「令入」，此作
"tosikini"，誤。第九課「不問紅與青」，滿文讀作"fulgiyan
niowanggiyan be bodorakū"，意即「無論紅與青」。第十課「今
夜燈結花」，滿文讀作"ere dobori dengjan i niyaman de
mampiha ilhai gese"，意即「今夜燈心打結似花」。句中
"dengjan i niyaman"，滿文又作"siberhen"，意即「燈心」。
第十一課「能為人言」，滿文讀作"niyalmai gisun be alhūdame
gisureme mutembi"，意即「能學人說話」。第十三課「偶持
釣竿出門外」，滿文讀作"emu inenggi welmiyeku be jafame
duka ci tulesi tucifi"，意即「有一日持釣竿出門外」。

　　原書第二冊第二十八課「席地而坐」，滿文讀作"na de
ukdun arafi teme"，意即「穴地而居」，滿漢文義，頗有出入。
第六十課「放假歌」中有一段內容說：「吾曹自到此，一年忽
將過，同學相親愛，先生勤教科，讀書已二冊，識字一千多」
等語，由此可知當時小學生，一學年分為上、下兩學期，各讀
一冊，一學年讀二冊，識字一千多，包含滿蒙漢三體，持之以
恆，當可收預期效果。

《滿蒙漢合璧教科書》第三冊課名漢滿文對照表

順　次	課　　名		羅　馬　拼　音	備　　註
	漢　文	滿　文		
第一課	元旦		aniya inenggi	
第二課	吉凶		sain ehe	
第三課	劉寬		lio kuwan	
第四課	多言無異		labdu gisurere de tusa akū	
第五課	橐駝		aciha temen	
第六課	人影		niyalmai helmen	
第七課	傅迪		fu di	
第八課	車		sejen	

順　次	課　　名		羅　馬　拼　音	備　註
	漢　文	滿　文		
第九課	黃鶯		gūlin cecike	
第十課	蕭遙欣		siyao yao sin	
第十一課	妝飾		miyamirengge	
第十二課	禁忌		targame sororongge	
第十三課	偶像		urgetu ūren	
第十四課	擊毬		muhaliyan forirengge	
第十五課	小兒戲具謠		ajige juse efiku i leyecun	

順　次	課　名		羅　馬　拼　音	備　註
	漢　文	滿　文		
第十六課	茶		cai	
第十七課	松		jakdan	
第十八課	牝狗		enihen	
第十九課	宋太祖		sung gurun i taidzu	
第二十課	韓樂吾		h'an lo u	
第二十一課	桑		nimalan moo	
第二十二課	蠶		biyoo umiyaha	
第二十三課	蜂		hibsu ejen	
第二十四課	蝴蝶		gefehe	

順　次	課　　名		羅　馬　拼　音	備　註
	漢　文	滿　文		
第二十五課	煙		dambagu	
第二十六課	酒		nure	
第二十七課	多食之害		labdu jetere jobolon	
第二十八課	麥		maise	
第二十九課	邴原		bing yuwan	
第三十課	鷸蚌相爭		hailun cecike tahūra ishunde temšehengge	
第三十一課	羣羊		feniyen honin	
第三十二課	狼		niohe	

順　次	課　名		羅　馬　拼　音	備　註
	漢　文	滿　文		
第三十三課	杞人憂天		ki gurun i niyalma abka jobohangge	
第三十四課	地球		na i muhaiyan	
第三十五課	續		sirahangge	
第三十六課	長江		golmin ula	
第三十七課	匡衡		kuwang heng	
第三十八課	繡球枕		šeolere cirku ilha	
第三十九課	鐵		sele	
第四十課	兵器		coohai agūra	

順　次	課　名		羅　馬　拼　音	備　註
	漢　文	滿　文		
第四十一課	競渡		temšeme doorengge	
第四十二課	愛兄		ahūn be gosirengge	
第四十三課	魏文侯		wei gurun i wen heo	
第四十四課	大言		amba gisun	
第四十五課	野豸		haita	
第四十六課	蟆		wakšan	
第四十七課	夏至諺		juwari den i dekdeni gisun	

順　次	課　名		羅　馬　拼　音	備　註
	漢　文	滿　文		
第四十八課	不潔之害		gingge akū i jobolon	
第四十九課	勤動		kiceme aššarangge	
第五十課	象		sufan	
第五十一課	鴉		gaha	
第五十二課	梟逢鳩		hūšahū dudu be ucararangge	
第五十三課	疫		geri	
第五十四課	二虎		juwe tasha	
第五十五課	憫農詩		usisi be jilara irgebun	

順　次	課　名		羅　馬　拼　音	備　註
	漢文	滿文		
第五十六課	紙		hoošan	
第五十七課	女子宜求學		sargan jui tacin be baici acarangge	
第五十八課	兄弟入學		ahūn deo tacikū de dosirangge	
第五十九課	大雨		amba aga	
第六十課	家書		booi jasigan	

資料來源：《故宮珍本叢刊》，第 724 冊，海口，海南出版社，2001年 1 月。

原書第三冊課名中第五課「橐駝」，滿文讀作 "aciha temen"，意即「馱駝」；第十三課「偶像」，滿文讀作 "urgetu ūren"，句中 "urgetu"，意即「俑」；第十九課「宋太祖」，滿文讀作 "sung gurun i taidzu"，意即「宋朝太祖」；第二十三課「蜂」，滿文讀作 "hibsu ejen"，意即「蜜蜂」；第三十課「鷸蚌相爭」，滿文讀作 "hailun cecike tahūra ishunde temšehengge"，句中 "hailun cecike"，意即「翠鳥」；第三十三課「杞人憂天」，滿文讀作“ki gurun i niyalma abka jobohangge”，句中“ki gurun i niyalma”，意即「杞國之人」；第四十三課「魏文侯」，滿文讀作“wei gurun i wen heo”，意即「魏國文侯」；第四十五課「野彘」，滿文讀作“haita”，意即「獠牙野猪」；第四十六課「蟆」，滿文讀作“wakšan”，意即「蝦蟆」；第五十五課「憫農詩」，滿文讀作“usisi be jilara irgebun”，意即「憐憫農夫之詩」。對照滿漢文，有助於了解其詞義。

原書第三冊第一課「赴叔父家賀年」，句中「叔父」，原書滿文讀作“eshen”，按規範滿文讀作“ecike”；「吾任汝弄之」，滿文讀作“bi sini cihai efimbi”，意即「我任你玩弄」；第二課「有鴉集庭樹」，滿文讀作“gaha hūwa i moo de dohangge bi”，意即「有鴉落在庭樹」；「引頸而鳴」，滿文讀作“monggon sampi garifi”，意即「伸長脖子鳴叫」。第四課「或問墨子曰」，滿文讀作“gūwa me dz de fonjime”，意即「別人問墨子曰」。第八課「御者坐車前」，滿文讀作“sejesi sejen i juleri de teme”，意即「車夫坐在車前」；第十一課「衣服麗都」，句中「麗都」，滿文讀作“yangsangga fujurungga”，意即「美好有文采」。第十五課「楊柳兒死」，滿文讀作“fulha fodoho sihara de”，意即「楊柳凋落時」。第十七課「葉狀如針」，滿文讀作“sata i arbun ulme i adali”，句中“sata”，意即「松針」。第十八課「牝狗將乳」，滿文讀作“enihen niyahan be bilere hamime”，意即「母狗將生狗崽」。第二十課「若明日何」，滿文讀作“uttu oci cimari muse antaka”，意即「若此明日咱們如何」；「吾等是明日死」，滿文讀作“muse cimari urume bucerengge inu”，意即「咱們是明日餓死」。第二十七課「餃」，滿文讀作“giyogiyan”，按規範滿文讀作“giyose”，此作“giyogiyan”，異。

　　原書第三十一課「羊悅謝狗」，滿文讀作 "honin urgunjefi indahūn be marafi"，意即「羊悅辭去狗」。第三十四課「問於師」，滿文讀作 "sefu i jaka de fonjime"，意即「問於師跟前」。第三十七課「力不能致書」，滿文讀作 "hūsun de bithe be udame muterakū"，意即「力不能買書」。第四十七課「家家打炭墼」，滿文讀作 "boo tome moo yaha i mukei feise be arahabi"，意即「家家製作木炭土坯」。第五十五課「四海無閑田」，滿文讀作 "duin mederi de waliyaha usin"，意即「四海無廢田」。對照滿漢文，確實有助於了解其詞義。

《滿蒙漢合璧教科書》第四冊課名漢滿文對照表

順　次	課　名		羅　馬　拼　音	備　註
	漢　文	滿　文		
第一課	太陽		šun	
第二課	蝙蝠		ferehe singgeri	
第三課	樂正子春		yo jeng dz cun	
第四課	瓦塔		wasei subargan	
第五課	星期		tokton i inenggi	

順 次	課 名		羅 馬 拼 音	備 註
	漢 文	滿 文		
第六課	園遊		yafan de sargašarangge	
第七課	貧富		yadahūn bayan	
第八課	范式		fan ši	
第九課	牧童誑語		aduci jui eitereku gisun	
第十課	鴉好諛		gaha haldabašara de amuran	
第十一課	田舍		usin ūlen	
第十二課	愛弟		deo be gosirengge	

順　次	課　　名		羅　馬　拼　音	備　　註
	漢　文	滿　文		
第十三課	小鳥		ajige gasha	
第十四課	鴿		guwecihe	
第十五課	體操之益		beye be urebure tusa	
第十六課	競走		surtenume yaburengge	
第十七課	拔河		hūcin šodoro efiku ojorongge	
第十八課	食果		tubihe jeterengge	
第十九課	不識字		hergen takarakūngge	

順　次	課　名		羅　馬　拼　音	備　註
	漢　文	滿　文		
第二十課	承宮		ceng gung	
第二十一課	游魚		irenere nimaha	
第二十二課	羊		honin	
第二十三課	中國		dulimbai gurun	
第二十四課	禹治水		ioi muke be dasahangge	
第二十五課	舟		jahūdai	
第二十六課	造屋		boo ararangge	
第二十七課	螳與蟬		yerhuwe emgi bingsiku	

順　次	課　名		羅　馬　拼　音	備　註
	漢　文	滿　文		
第二十八課	藤與桂		musiren šungga ilha i emgi	
第二十九課	刻舟求劍		jahūdai be folofi dabcikū be bairengge	
第三十課	驢		eihen	
第三十一課	勿謾語		ume eitereme gisurere	
第三十二課	華盛頓		hūwa šeng dun	
第三十三課	烏		gaha	
第三十四課	慈烏夜啼		holon gaha dobori jilgarangge	

順　次	課　名		羅　馬　拼　音	備　註
	漢　文	滿　文		
第三十五課	鴉片		yarsi dambagu	
第三十六課	纏足之害		bethe bohire jobolon	
第三十七課	續		sirarangge	
第三十八課	告假		šolo bairengge	
第三十九課	狐與鷺		dobi gūwasihiya i emgi	
第四十課	貪得之獅		doosidara arsalan	
第四十一課	羣鼠		geren singgeri	

順　次	課　名		羅　馬　拼　音	備　註
	漢　文	滿　文		
第四十二課	獸		gurgu	
第四十三課	陳平分肉		cen ping yali be denderengge	
第四十四課	秤		gin	
第四十五課	貿易		hūdašara hūlašarangge	
第四十六課	誠實童子		unenggi yalanggi ajige jui	
第四十七課	聚食		imiyame jeterengge	
第四十八課	管仲師老馬		guwan jung sakda morin be sefu oburengge	

順　次	課　　名		羅　馬　拼　音	備　註
	漢　文	滿　文		
第四十九課	三牛		ilan ihan	
第五十課	手足口腹		gala bethe angga hefeli	
第五十一課	孔子		kungdz	
第五十二課	鏡		buleku	
第五十三課	鴉		gaha	
第五十四課	新製布裘		ice araha boso jibca	
第五十五課	卜		foyodon	
第五十六課	鬼神		hutu enduri	

順　次	課　　名		羅　馬　拼　音	備　註
	漢　文	滿　文		
第五十七課	橘		jancuhūn jofohori	
第五十八課	完顏仲德之妻		wanggiyan jungde i sargan	
第五十九課	女子宜讀書		sargan jui bithe be hūlaci acarangge	
第六十課	朋友		gucu gargan	

資料來源：《北京故宮珍本叢刊》，第 724 冊，海口，海南出版社，
2001 年 1 月。

　　《滿蒙漢三文合璧教科書》第四冊，共六十課，對照滿漢
文課名，有助於了解其詞義。其中第五課「星期」，滿文讀作
"tokton i inenggi"，意即「固定的日子」。第十七課「拔河」，
滿文讀作 "hūcin šodoro efiku ojorongge"，意即「淘井遊戲」。
第二十七課「螘與蟬」，滿文讀作 "yerhuwe emgi bingsiku"，
意即「螞蟻與蟬」，句中「蟬」，習稱「秋涼兒」，是秋蟬的

一種。第二十八課「藤與桂」，滿文讀作 "musiren šungga ilha i emgi"，意即「藤與桂花」。第三十一課「勿謾語」，滿文讀作 "ume eitereme gisurere"，意即「勿說誑語」。第三十五課「鴉片」，滿文讀作 "yarsi dambagu"，意即「鴉片烟」。

　　原書六十課內容，詞彙豐富，對照滿漢文，有助於了解其文義。原書第三課「索讒鼎」，滿文讀作 "g'an ts'an i bai mucihiyan be gejureme gajire"，意即「索取甘讒地方之鼎」。第五課「星期」，有一段內容云：「學堂定章，在學六日，放假一日，放假日，名曰：星期。」上課六日，放假一日，時間固定。所謂「星期」，就是固定放假的一天。第十二課「常於牀前為講故事」，句中「故事」，原書滿文讀作 "fe baita"，意即「舊事」。按規範滿文，讀作 "julen"，又作 "juben"，此作 "fe baita"，文義不合。

　　原書第十五課「不任操也」，滿文讀作 "urebure be dosorakū kai"，意即「不堪操練也」。第十八課「波羅」，滿文讀作 "baramida"，意即「波羅蜜」；芡實，又作「菱芡」，滿文讀作 "gaha yasa"，意即「烏鴉眼」；「花紅」，滿文讀作 "nikan uli"，意即「漢人杜梨」。第二十三課「我中國居亞洲之東」，滿文讀作 "musei dulimbai gurun ya si ya jeo jubki i dergi ergide bihebi"，句中「亞洲」，滿文讀作 "ya si ya jeo jubki"，意即「亞細亞洲」。第二十六課「廚房廁所宜隔遠」，滿文讀作 "budai boo tula genere ba be aldangga giyalan de acambi"，句中 "tula genere ba"，當作 "tule genere ba"，意即「去外面的地方」，是指「廁所」。

　　原書第四十一課「言之非艱」，滿文讀作 "gisurere de ja"，意即「言之容易」。第四十二課「其猛者挺修角」，句中「修角」，滿文讀作 "godohon uihe" ，意即「高直的角」。第四十三課「祭於社」，滿文讀作 "boigon i enduri de wecefi" ，句中「社」，規範滿文讀作 "boihoju" ，此作 "boigon i enduri" ，異。第四十五課「每得布，必歸柯氏」，滿文讀作 "boso be jodome banjinaha dari, urunakū ke halangga de uncafi" ，意即「每織成布，必賣給柯氏」。第五十課「故合則兩利，離則兩傷」，句中「離則兩傷」，滿文讀作 "fakcaci juwe ergi koro ombi" ，意即「離則兩害」。第五十五課「為行人語休咎」，滿文讀作 "yabure niyalma de sain ehe be foyodoro de" ，意即「為行人占卜休咎時」。原書六十課內容，對照滿漢文後，可知其文義，詳略不同。

《滿蒙漢合璧教科書》第五冊課名漢滿文對照表

順　次	課　名		羅　馬　拼　音	備　註
	漢　文	滿　文		
第一課	立身		beyebe iliburengge	
第二課	田仲		tiyan jung	
第三課	野馬		bigan i morin	
第四課	童汪踦		buya juse wang ki	

順　次	課　　名		羅　馬　拼　音	備　註
	漢　文	滿　文		
第五課	楚滅陳	ᠴᡠ ᠭᡠᡵᡠᠨ ᠴᡝᠨ ᠭᡠᡵᡠᠨ ᠪᡝ	cu gurun cen gurun be mukiyebuhengge	
第六課	山	ᠠᠯᡳᠨ	alin	
第七課	湖	ᡨᡝᠩᡤᡳᠨ	tenggin	
第八課	叢樹	ᠸᡝᠵᡳ ᠮᠣᠣ	weji moo	
第九課	刺虎	ᡨᠠᠰᡥᠠ ᡶᡝᠯᡝᡵᡝᠩᡤᡝ	tasha felerengge	
第十課	花	ᡳᠯᡥᠠ	ilha	
第十一課	春日謠	ᠨᡳ�1ᡝᠩᠨᡳ1ᡝᡵᡳ	niyengniyeri inenggi leyecun	
第十二課	續	ᠰᡳᡵᠠᡵᠠᠩᡤᡝ	sirarangge	
第十三課	子奇	ᡯ ᡴᡳ	dz ki	

順　次	課　　　名		羅　馬　拼　音	備　註
	漢　文	滿　文		
第十四課	盧氏		lu halangga	
第十五課	陳世恩		cen ši en̠	
第十六課	雨		aga	
第十七課	清明		hangsi	
第十八課	紙鳶		deyenggu	
第十九課	五德		sunja erdemu	
第二十課	祀蛇		meihe jukterengge	
第二十一課	張天師		jang tiyan ši	
第二十二課	國王子		gurun wang ni jui	

順　次	課　名		羅　馬　拼　音	備　註
	漢　文	滿　文		
第二十三課	鳥	ᡤᠠᠰᡥᠠ	gasha	
第二十四課	鴉食貝		gaha ubiyoo jeterengge	
第二十五課	墨		behe	
第二十六課	帳簿		boje	
第二十七課	撲滿		jiha iktambure tetun	
第二十八課	瘞金		aisin umburengge	
第二十九課	茅容		mao žung	
第三十課	秦西巴		cin hi ba	

順　次	課　名		羅　馬　拼　音	備　註
	漢　文	滿　文		
第三十一課	人之一生		niyalmai emu banjirengge	
第三十二課	音樂		mudan kumun	
第三十三課	物類		jakai duwali	
第三十四課	糖		šatan	
第三十五課	豆		turi	
第三十六課	海大魚		mederi amba nimaha	
第三十七課	死國		gurun de bucerengge	

順　次	課　名		羅　馬　拼　音	備　註
	漢　文	滿　文		
第三十八課	京師		gemun hecen	
第三十九課	上海		šang hai mederi	
第四十課	商		hūdašarangge	
第四十一課	愚公移山		mentuhun gung alin guriburengge	
第四十二課	曲突徙薪		jun be mudan obume deijiku be guriburengge	
第四十三課	少婦殺賊		asihan hehe hūlha warangge	

順　次	課　名		羅　馬　拼　音	備　註
	漢　文	滿　文		
第四十四課	詠懷詩		gūnin gingsire irgebun	
第四十五課	五路財神		sunja jugūn i enduri ulin i enduri	
第四十六課	夢蛙		juwali tolgirengge	
第四十七課	盲跛相助		dogo doholon ishunde aisilarangge	
第四十八課	漆室女		ci ši ba i sargan jui	

順　次	課　名		羅　馬　拼　音	備　註
	漢　文	滿　文		
第四十九課	治家		boo dasarangge	
第五十課	孟母		mengdz i eme	
第五十一課	劉愚之妻		lio ioi i sargan	
第五十二課	學堂衛生		tacikūi tanggin banjire be karmarangge	
第五十三課	溫泉		bulukan šeri	
第五十四課	石灰		doho	
第五十五課	草		orho	

順　次	課　　名		羅　馬　拼　音	備　註
	漢　文	滿　文		
第五十六課	煙草之害	ᡩᠠᠮᠪᠠᡤᡠ	dambagu orho i jobolon	
第五十七課	豕	ᡠᠯᡤᡳᠶᠠᠨ	ulgiyan	
第五十八課	牧者	ᠠᡩᡠᠴᡳ	aduci	
第五十九課	驢與騾	ᡝᡳᡥᡝᠨ	eihen emgi lorin	
第六十課	假書	ᠪᡳᡨᡥᡝ	bithe juwen gairengge	

資料來源：《北京故宮珍本叢刊》，第 725 冊，海口，海南出版社，
2001 年 1 月。

原書第五冊，共六十課，對照課名有助於了解其詞義。第四課「童汪踦」，滿文讀作 "buya juse wang ki"，意即「小童汪踦」。第五課「楚滅陳」，滿文讀作 "cu gurun cen gurun be mukiyebuhengge"，意即「楚國滅陳國」。第二十七課「撲滿」，滿文讀作 "jiha iktambure tetun"，意即「積錢器」。第四十二課「曲突徙薪」，滿文讀作 "jun be mudan obume deijiku be guriburengge"，意即「彎灶移柴」，比喻防患於未然。第四十八課「漆室女」，滿文讀作 "ci ši ba i sargan jui"，意即「漆室地方之女」，春秋魯國漆室邑女，故事出自《列女傳》。第六十課「假書」，滿文讀作 "bithe juwen gairengge"，意即「借書」。對照滿漢文，確實可以了解漢文課名詞義。

　　原書內容，屬於文言，譯出語體滿文，淺顯易懂。原書第一課「皆須自食其力」，滿文讀作 "gemu urunakū beyei facihiyašame inenggi hetumbume"，意即「皆須自立度日」。第三課「乃謀諸人」，滿文讀作 "uthai niyalma de hebešeme"，意即「乃謀之於人」，就是乃與人商議；「諾之」，滿文讀作 "oha"，意即「依從了」。第四課「公叔禺人見之」，滿文讀作 "gung šu ioi žin ucarafi"，意即「公叔禺人遇見後」。第六課「多高山峻嶺」，滿文讀作 "den alin amba dabagan labdu"，意即「多高山大嶺」；「居民不知樹木」，滿文讀作 "tehe irgen moo be tebure be sarkū"，意即「居民不知種樹」；「貨棄於地」，滿文讀作 "ulin na de waliyame"，意即「財棄於地」。漢文「財貨」，滿文讀作 "ulin nadan"。第八課「風能拔大樹」，滿文讀作 "edun amba moo be lasihibume tuheme mutembi"，意即「風能吹倒大樹」。第十一課「春日至」，滿文讀作 "niyengniyeri abka isinjire de"，意即「春天至」。第十二課「春日遲」，滿文讀作 "niyengniyeri šun golmin"，意即「春日長」。第十四課「為賊捽捶幾死」，滿文讀作 "iletu hūlha de jafabume tantame elei bucembi"，意即「為強盜所拿捶打幾死」。第十五課「伯屢戒不聽」，滿文讀作 "ahūn mudan mudan i targabure gisun gaihakū"，意即「兄屢戒不聽」；「以待季」，滿文讀作 "ilaci deo be aliyame"，意即「等待三弟」。

第十六課「浹旬不已」，滿文讀作"juwan inenggi dulefi nakarakū"，意即「經過十日不停」。

原書第十七課「三春多佳日」，滿文讀作"dubei niyengniyeri sain inenggi labdu"，意即「暮春多佳日」。第二十五課「取其炱」，滿文讀作"terei ku be gaifi"，意即「取其烟灰」。第二十六課「不給」，滿文讀作"tesurakū oci"，意即「若是不足」。第二十七課「兒不知所措」，滿文讀作"jui baitalarangge be sarkū"，意即「兒不知所用」。第二十九課「眾皆夷踞相對」，滿文讀作"geren niyalma gemu dodome ishunde bakcilame"，意即「眾人都蹲著相對」；「容獨危坐」，滿文讀作"moo žung emhun tob seme teme"，意即「茅容獨自端坐」。第三十課「孟孫獵得麑」，滿文讀作"meng sun fiyaju be buthašame bahafi"，意即「孟孫獵得鹿羔」，「麑」，是母鹿之子。第三十三課「地球上之物，種類之多，不可紀極」，句中「不可紀極」，滿文讀作"ejeme wacihiyaci ojorakū"，意即「記不完」。第三十四課「如筍籜然」，滿文讀作"cuse mooi arsun i notho i adali"，意即「如竹筍皮」。第三十六課「靚郭君為齊相」，滿文讀作"jing guwe giyūn tiyan ing ci gurun i aisilabukū ofi"，意即「靚郭君田嬰為齊國相」。第三十七課「內其祿而外其身」，滿文讀作"terei fulun be jeci tetendere terei beye be waliyatai obuci acambi"，意即「既食其俸祿，則當捨其身」。

原書第三十八課「皇城」，滿文讀作"dorgi hoton"，意即「內城」。按「皇城」即「京城」，乾隆十四年（1749）十二月新定滿文名稱，讀作"gemun hecen"，此作"dorgi hoton"，疑誤；「午門」，滿文讀作"julergi dulimbai duka"，意即「南中門」。第四十課「而不必他騖」，滿文讀作 "urunakū gūwa baire be baiburakū kai"，意即「而不必他求」。第四十一課「曾不能毀山之一毛」，滿文讀作 "alin i emu orho be efuleme muterakū"，意即「不能毀山之一草」。第四十二課「焦頭爛額在上行」，滿文讀作 "uju šolobure šenggin fucihiyalaburengge dele teku de teki"，意即「焦頭爛額者坐在上座」。第四十五課「朔望必奉以香火」，滿文讀作 "šungge wangga inenggi urunakū hiyan dengjan be uilembi"，句中「朔」規範滿文讀作 "šongge inenggi"，此作 "šungge"，疑誤。第四十八課「子欲嫁耶」，滿文讀作 "gege tusuki sembidere"，意即「姊姊想嫁吧」。第四十九課「而不教以職業」，滿文讀作 "encehen be taciburakū"，意即「而不教以技能」。第四十九課「然後授室」，滿文讀作 "teni urun gaimbi"，意即「纔娶媳婦」。第五十六課「得煙可以自振」，滿文讀作 "dambagu gocici ini cisui yendebuci ombi"，意即「抽煙可以自然振作」。第五十七課「豕孕四月而產」，滿文讀作 "mehen duin biya de sucilefi bilembi"，意即「母豬懷胎四個月而產子」。原書「豕」，滿文或譯作 "ulgiyan"，意即「豬」；或譯作 "mehen"，意即「母豬」。「豕畏熱而好浴，不得良水」，滿文讀作 "ulgiyan halhūn de geleme elbišere de amuran bolgo muke be baharakū oci"，句中「豕」，滿文讀作 "ulgiyan"，意即「豬」；「良水」滿文讀作 "bolgo muke"，意即「潔淨的水」。原書漢文，屬於文言，詞句簡潔。滿文多屬於語體，原書譯出滿文，淺顯易解。

《滿蒙漢合璧教科書》第六冊課名漢滿文對照表

順　次	課　名		羅　馬　拼　音	備　註
	漢　文	滿　文		
第一課	地球大勢		na i muhaliyan i amba arbun	
第二課	我國疆域		musei gurun i jase jecen	
第三課	續		sirarangge	
第四課	徐偃王		sioi yan wang	
第五課	孔子順		kung dz šuwen	
第六課	牡鹿		mafuta	
第七課	螺與小魚		buren emgi ajige nimaha	

順 次	課 名		羅 馬 拼 音	備 註
	漢 文	滿 文		
第八課	凌霄花		wesingge ilha	
第九課	露		silenggi	
第十課	續		sirarangge	
第十一課	雹		bono	
第十二課	爭影		belmen be temšerengge	
第十三課	山鼠抱德		alin i singgeri erdemu karularangge	
第十四課	奇異植物		ferguwecuke aldungga tebure jaka	

順　次	課　名		羅　馬　拼　音	備　註
	漢　文	滿　文		
第十五課	押忽大珠		ya hū amba nicuhe	
第十六課	周幽王		jeo gurun i io wang	
第十七課	荀灌		hiyūn guwan	
第十八課	慎疾		nimere be olhošorongge	
第十九課	戒惰		banuhūn be targarangge	
第二十課	汽機		sukdun i šurdere tetun	

順　次	課　名		羅　馬　拼　音	備　註
	漢　文	滿　文		
第二十一課	續		sirarangge	
第二十二課	舟車		jahūdai sejen	
第二十三課	指南針		julesi jorikū	
第二十四課	樵夫		moo sacire niyalma	
第二十五課	舟人		šuruci niyalma	
第二十六課	跳繩		futa fekurengge	
第二十七課	雞雀		coko cecike	

順　次	課　名		羅　馬　拼　音	備　註
	漢　文	滿　文		
第二十八課	蟲		umiyaha	
第二十九課	狐欺山羊		dobi niman be holtorongge	
第三十課	二蟹		juwe katuri	
第三十一課	愛兄		ahūn de hajilarangge	
第三十二課	薄葬		nekeliyen icihiyame sindarangge	
第三十三課	梟鳴		hūšahū guwenderengge	

順　次	課　名		羅　馬　拼　音	備　註
	漢　文	滿　文		
第三十四課	羣螘		geren yerhuwe	
第三十五課	高瓊		g'ao kiong	
第三十六課	金錯刀行		aisin i kiyalmaha loho i irgebun	
第三十七課	回聲		uran urandarangge	
第三十八課	捉迷藏		yasa dalibume somitara be jafara efin	
第三十九課	廢物		waliyaha jaka	

順　次	課　名		羅　馬　拼　音	備　註
	漢　文	滿　文		
第四十課	油	ᠨᡳᠮᡝᠩᡤᡳ	nimenggi	
第四十一課	醬	ᠮᡳᠰᡠᠨ	misun	
第四十二課	織布	ᠪᠣᠰᠣ ᠵᠣᡩᠣᡵᠣᠩᡤᡝ	boso jodorongge	
第四十三課	共織	᠊ᠵᠣᡩᠣᡵᠣᠩᡤᡝ	emgi jodorongge	
第四十四課	遇熊	ᠯᡝᡶᡠ ᠪᡝ ᡠᠴᠠᡵᠠᡵᠠᠩᡤᡝ	lefu be ucararangge	
第四十五課	天津	ᡨᡳᠶᠠᠨ ᠵᡳᠨ ᠪᠠ	tiyan jin ba	
第四十六課	漢口	ᡥᠠᠨ ᡴᡝᠣ ᠠᠩᡤᠠ	han keo angga	

順　次	課　名		羅　馬　拼　音	備　註
	漢　文	滿　文		
第四十七課	猴		monio	
第四十八課	虎		tasha	
第四十九課	戒妄		balai gisun be targaburengge	
第五十課	村人		gašan i niyalma	
第五十一課	畫鬼		hutu jirurengge	
第五十二課	漆		šugin	
第五十三課	煤		wehe yaha	
第五十四課	室梅		booi nenden ilha	

順　次	課　名		羅　馬　拼　音	備　註
	漢文	滿文		
第五十五課	寬待童僕		takūršara ajige jui be oncodome tuwarangge	
第五十六課	齊景公		ci gurun i ging gung	
第五十七課	物質		jakai giru	
第五十八課	冰		juhe	
第五十九課	孔子高		kung dz gao	
第六十課	魯寡母		lu gurun de anggasi emeke	

資料來源：《北京故宮珍本叢刊》，第 725 冊，海口，海南出版社，2001 年 1 月。

　　《滿蒙漢合璧教科書》第六冊，共六十課，前表所列各課課名，滿漢對照後，可了解其詞義。第八課「凌霄花」，滿文讀作“wesingge ilha”，意即「上升的花」，是一種蔓生植物，是紫葳的別名。第二十五課「舟人」，滿文讀作“šuruci niyalma”，意即「水手」。第三十四課「羣螘」，滿文讀作“geren yerhuwe”，意即「群蟻」。第三十六課「金錯刀行」，滿文讀作“aisin i kiyalmaha loho i irgebun”，意即「金鑲刀詩」。第三十八課「捉迷藏」，滿文讀作“yasa dalibume somitara be jafara efin”，意即「蒙眼捉拿躲藏遊戲」。第四十九課「戒妄」，滿文讀作“balai gisun be targaburengge”，意即「戒妄言」。第五十一課「畫鬼」，滿文讀作“hutu jirurengge”，句中“jirurengge”，當作“jijurengge”，此作“jirurengge”，疑誤。第六十課「魯寡母」，滿文讀作“lu gurun de anggasi emeke”，意即「魯國守寡婆婆」。滿漢詞義，詳略不同，互相對照，有助於了解其詞義。

　　課文內容，滿漢文義，逐句對照後，亦有助於了解其文義。原書第二課「我國居亞細亞之東南」，滿文讀作“musei gurun ya si ya jeo jubki i dergi julergi de bifi”，意即「我國居亞細亞洲之東南」，漢文省略「洲」字；「西北界西比利亞」，句中「西比利亞」，滿文讀作“si be lii ya”，漢譯當作「西伯利亞」。第四課「漢東諸侯」，滿文讀作“han šui mukei dergi goloi beise”，意即「漢水東諸侯」。第九課「祓除庭院」，滿文讀作“tinggin hūwa be erime geterembure de”，意即「掃除庭院」。第十三課「觸其題」，滿文讀作“terei šenggin be cunggūšaha”，意即「觸其額」；「繫以巨緪」，滿文讀作“muwa futa i hūwaitafi”，意即「繫以粗繩」。第十六課「萬端故不笑」，滿文讀作“eiten hacin i argadacibe kemuni injehekū”，意即「雖萬端用計猶未笑」。第二十三課「不辨東南西北」，滿文讀作“dergi wargi julergi amargi be ilgarakū de”，意即「不辨東西南北」，原書「辦」，當作「辨」；「一端常向北」，滿文讀作 "emu sahaliyan dube enteheme amargi foroko ici"，意即「一黑端恒向北」；「一端常向南」，滿文讀作 "emu fulgiyan dube enteheme julergi foroko ici"，意即「一紅端恒向南」。

　　原書第二十四課「樵曰」，滿文讀作 "moo sacire niyalma jabume"，意即「樵夫曰」。第二十六課「皆曰諾」，滿文讀作 "gemu hendume inu seme"，意即「皆曰是」。第三十課「一蟹八跪皆蛻」，滿文讀作 "emu katuri i jakūn bethe gemu turibuhe"，意即「一隻螃蟹的八隻腿都脫落了」；「過害則相委」，滿文讀作 "jobolon de ucaraci ishunde waliyambi"，意即「遇害則相棄」，句中「過」，當作「遇」。第三十三課「無與吉凶之事也」，滿文讀作 "sain ehe i baita de dalji akū kai"，意即「與吉凶之事不相干也」。第三十六課「一片丹心報天子」，句中「丹心」，滿文讀作 "senggi mujilen"，意即「血心」。第五十四課「吾冒霜雪」，滿文讀作 "bi gecen nimanggi hukšeme"，意即「我頂著霜雪」；「凌風寒」，滿文讀作 "edun šahūrun latunjime"，意即「風寒來侵犯」。第五十五課「不以家自隨」，滿文讀作 "boigon anggala be beyede dahalaburakū"，意即「不以家口自隨」。第五十六課「民苦皲瘃」，滿文讀作 "irgon yaribume jakjahūn de jobome"，意即「民苦於手足凍傷皲裂」；「乃令出裘發粟」，滿文讀作 "uthai jibca be salabume jeku be tucibufi"，意即「就散給皮襖發出米粟」。第五十八課「插膽瓶中」，句中「膽瓶」，滿文讀作 "dasihiyakū i malu"，意即「撣瓶」。第五十九課「徒抗手而已」，滿文讀作 "damu gala be tukiyeme wajiha"，意即「只是舉手而已」。第六十課「臘日休作」，滿文讀作 "gurgu butafi wecere inenggi ergembume"，意即「獵獸祭祀日休息」，古代

年底漁獵既畢舉行祭祀的日子，稱為臘日，是日無事休息。通
過滿漢對照，有助於了解漢文的詞義。

《滿蒙漢合璧教科書》第七冊課名漢滿文對照表

順　　次	課　　名		羅　馬　拼　音	備　　註
	漢　文	滿　文		
第一課	空氣		untuhun sukdun	
第二課	續		sirarangge	
第三課	走馬燈		morin feksire arbun i dengjan	
第四課	勤勉		kiceme faššarangge	
第五課	時辰鐘		erileme guwendere jungken	

順　次	課　名		羅　馬　拼　音	備　註
	漢　文	滿　文		
第六課	續		sirarangge	
第七課	黔之驢		guijeo i eihen	
第八課	臨江之麋		lin giyang ni ba i suwa buhū	
第九課	永某氏之鼠		yung jeo tere halangga i singgeri	
第十課	飛鳥		deyere gasha	
第十一課	家禽		booi gasha	

順　次	課　名		羅　馬　拼　音	備　註
	漢　文	滿　文		
第十二課	牛馬		ihan morin	
第十三課	牡丹芍藥		modan ilha šodan ilha	
第十四課	杏園中棗樹		guilehe yafan i doloi soro moo	
第十五課	少慧		asihan sektu	
第十六課	鮑氏子		boo halangga jui	
第十七課	寒暖		šahūrun halukan	

順　次	課　名		羅　馬　拼　音	備　註
	漢　文	滿　文		
第十八課	五帶之生物		sunja jugūn i banjire jaka	
第十九課	續		sirarangge	
第二十課	四行		duin yabun	
第二十一課	緹縈		ti žung	
第二十二課	太湖		tai hū tenggin	
第二十三課	石鍾山		ši jung šan alin	
第二十四課	虎邱		hū kio munggan	

順　次	課　名		羅　馬　拼　音	備　註
	漢　文	滿　文		
第二十五課	陸運		olhon de teoderengge	
第二十六課	水運		muke de teoderengge	
第二十七課	旅館		tatara kuren	
第二十八課	戒惰		banuhūn be targarangge	
第二十九課	陶侃		too k'an	
第三十課	誠實學生		unenggi yalanggi tacikūi jui	

順　次	課　　名		羅　馬　拼　音	備　註
	漢　文	滿　文		
第三十一課	李園童子		foyoro i yafan i ajige jui	
第三十二課	論葬		burkire be leolerengge	
第三十三課	續		sirarangge	
第三十四課	譏堪輿		na takara be darirengge	
第三十五課	爭毹		muhaliyan be temšerengge	
第三十六課	同類相殘		emu duwali ishunde ebdererengge	

順 次	課 名		羅 馬 拼 音	備 註
	漢 文	滿 文		
第三十七課	麻		olo	
第三十八課	蔬菜		sogi	
第三十九課	異寶		encu boobai	
第四十課	趙奢		joo še	
第四十一課	綿羊		honin	
第四十二課	傳書鴿		jasigan be ulara guwecihe	
第四十三課	尚勇		baturu be wesihulerengge	
第四十四課	趙武靈王		joo gurun i u ling wang	
第四十五課	魏乳母		wei gurun i huhun i eniye	

順　次	課　名		羅　馬　拼　音	備　註
	漢 文	滿 文		
第四十六課	家用		booi baitalan	
第四十七課	續		sirarangge	
第四十八課	郵政		giyamulara dasan	
第四十九課	電報		talkiyan i serki	
第五十課	電話		talkiyan i gisun	
第五十一課	嵩山		sun šan alin	

順　次	課　名		羅　馬　拼　音	備　註
	漢　文	滿　文		
第五十二課	洞庭湖		dung ting hū tenggin	
第五十三課	腦		fehi	
第五十四課	傳染病		ulame icebure nimeku	
第五十五課	續		sirarangge	
第五十六課	雷電		akjan talkiyan	
第五十七課	續		sirarangge	
第五十八課	製糕		efen weilerengge	

順　次	課　　名		羅　馬　拼　音	備　註
	漢　文	滿　文		
第五十九課	續		sirarangge	
第六十課	投報		beneme bure amasi karularangge	

資料來源：《北京故宮珍本叢刊》，第725冊，海口，海南出版社，
2001年1月。

對照原書第七冊滿漢文課名，有助於了解課名的詞義。其
中第七課「黔之驢」，滿文讀作"guijeo i eihen"，意即「貴
州之驢」；第八課「臨江之麋」，句中「麋」，滿文讀作"suwa
buhū"，意即「梅花鹿」；第九課「永某氏之鼠」，滿文讀作
"yung jeo tere halangga i singgeri"，意即「永州某氏之鼠」；
第三十七課「麻」，滿文讀作"olo"，意即「線麻」或「繩麻」；
第四十四課「趙武靈王」，滿文讀作"joo gurun i u ling
wang"，意即「趙國武靈王」；第四十五課「魏乳母」，滿文
讀作"wei gurun i huhun i eniye"，意即「魏國乳母」；第四
十九課「電報」，滿文讀作"talkiyan i serki"，句中"serki"，
意即「跑報人」。按「電報」，規範滿文當作"talkiyan i serkin"，
對照滿漢文，有助於了解其詞義。

原書第七冊各課內容，對照滿漢文，亦有助於了解其詞
義。第二課「昔時某國有囚百四十六人」，滿文讀作"seibeni fon
de tere gurun de weilengge niyalma emu tanggū dehi ninggun

niyalma"，句中"tere gurun"，意即「某國」；"weilengge niyalma"，意即「罪犯」，原書作「囚」。第三課「帶犬行者」，滿文讀作"indahūn be elgeme yaburengge"，意即「遛狗者」。第四課「其蜜蜂乎」，滿文讀作"terei hibasu ejen dere"，句中"hibasu"，誤，當作"hibsu"。第五課「鐘有六十分」，滿文讀作"jungken tome ninju fuwen bi"，意即「每鐘點有六十分」；「分有六十秒」，滿文讀作"fuwen tome ninju miyori bi"，意即「每分有六十秒」。第八課「畋得麋麗」，句中「麋麗」，滿文讀作"suwa huhū i fiyaju"，意即「梅花鹿之鹿羔」。第九課「椸無完衣」，滿文讀作"golbun de muyahūn etuku akū"，句中「椸」，滿文當作"golbon"，意即「衣架」，此作"golbun"，異。第十課「翡翠」，滿文讀作"ulgiyan cecike"，滿漢文義不合，按「翡翠」，是指「翡鳥」與「翠鳥」。「翡鳥」，滿文讀作"hailun cecike"，「翠鳥」，滿文讀作"ulgiyan cecike"；「雁」，滿文讀作"kanjiha niongniyaha"，意即「賓鴻」；「繡眼」，滿文讀作"jinjiba"，又作「粉眼」。第十一課「其足如鰭」，滿文讀作"terei ošoho ucika i adali"，意即「其爪指如魚前鰭」，滿漢文義稍有出入。第十二課「芻豆」，滿文讀作"soco orho turi"，意即「羊草豆」。第十三課「大者徑尺」，滿文讀作"amba serengge jušuru de isime"，意即「大者及尺」；「覆之以蕢」，滿文讀作"orhoi dasime"，意即「以草覆之」。第十五課「以鼠矢投蜜中」，句中「鼠矢」，滿文讀作"singgeri hamu"，意即「鼠屎」。

緹縈是漢朝孝女，「縈」讀如"yeng"。《滿蒙漢合璧教科書》第七冊，第二十一課「緹縈」，滿文讀作"ti žung"，疑誤。第二十三課「下臨無極」，滿文讀作"wasihūn enggeleme fere akū”，意即「下臨無底」。第三十一課「必饜李」，滿文讀作 “urunakū foyoro i ebimbidere”，意即「想必飽食李子吧」。第三十六課「松授之以椐樹之枝」，句中「椐樹」，滿文讀作 “jalgari moo”，意即「靈壽木」。第三十七課「漚之以水」，滿文讀作 “muke i ebeniyefi”，意即「以水浸泡之」。第三十八課「好鳥時鳴」，滿文讀作 “sain gasha erin akū guwendere”，意即「好鳥不時鳴叫」；「金針」，滿文讀作 “niohe sube”，意即「黃花菜」；「茱萸」，滿文讀作 “fuseri”，意即「花椒」。

　　原書第四十三課「見到黿張腹而怒」，句中「黿」，滿文讀作 “wakšan”，意即「蝦蟆」。第五十一課「自河以南」，滿文讀作 “suwayan bira ci julesi”，意即「自黃河以南」；「淮以北」，滿文讀作 “hūwai šui muke ci amasi”，意即「自淮水以北」。第五十四課「或謂之瘟」，滿文讀作 “ememu geri sembi”，意即「或叫做瘟疫」。第六十課「傷惠傷廉」，滿文讀作 “fulehun be gūtubume hanja be gūtubume”，意即「玷辱恩惠、玷辱廉潔」；「無聊」，滿文讀作 “yokto akū”，意即「沒趣」；「製成四罐」，滿文讀作 “duin tongmo be weileme banjinafi”，句中 “tongmo”，規範滿文讀作 “dongmo”，意即「茶桶」、「茶筒」，或作「茶罐」，原書滿文讀作 “tongmo”，疑誤；「先生」，滿文讀作 “tere tere sefu”，意即「某某先生」，原書滿漢文義，頗有出入。對照滿漢文，是不可忽視的問題。

《滿蒙漢合璧教科書》第八冊課名漢滿文對照表

順　次	課　名		羅　馬　拼　音	備　註
	漢　文	滿　文		
第一課	獨立自尊一		emhun ilifi beye wesihulerengge emu	
第二課	獨立自尊二		emhun ilifi beye wesihulerengge juwe	
第三課	獨立自尊三		emhun ilifi beye wesihulerengge ilan	
第四課	萬里長城		tumen ba i golmin hecen	
第五課	海底		mederi fere	
第六課	星命		feten usiha hesebun	

順　次	課　　名		羅　馬　拼　音	備　註
	漢文	滿文		
第七課	擇日		inenggi sonjorongge	
第八課	水汽循環之理		mukei sukdun i šurdere giyan	
第九課	續		sirarangge	
第十課	勸孝		hiyoošulara be huwekiyeburengge	
第十一課	續		sirarangge	
第十二課	燕詩		cibin i irgebun	
第十三課	顯微鏡		badarambungga buleku	

順　次	課　名		羅　馬　拼　音	備　註
	漢　文	滿　文		
第十四課	種痘		sogiya tarirengge	
第十五課	續		sirarangge	
第十六課	貓與狐		kesike emgi dobi	
第十七課	賑饑		yuyurengge be salame aituburengge	
第十八課	泰山		tai šan alin	
第十九課	重九約友人登高書		uyungge inenggi gucu niyalma be boljome den i ici tafara jasigan	

順　次	課　名		羅　馬　拼　音	備　註
	漢　文	滿　文		
第二十課	藝菊		bojiri ilha be tarirengge	
第二十一課	鸚鵡		yengguhe	
第二十二課	豹		yarha	
第二十三課	先學後遊		neneme tacifi amala sargašarangge	
第二十四課	墻保己一		jiyoo boo ji ii	
第二十五課	堅忍		akdun kirirengge	
第二十六課	兵役		coohai takūran	

順　次	課　名		羅　馬　拼　音	備　註
	漢　文	滿　文		
第二十七課	續		sirarangge	
第二十八課	女將		hehe jiyanggiyūn	
第二十九課	動物自衛之具		aššara jakai beye karmara agūra	
第三十課	樹藝		tarime teburengge	
第三十一課	清潔		genggiyen bolgo	
第三十二課	毋側聽		ume hūlhame donjire	

順　次	課　名		羅　馬　拼　音	備　註
	漢　文	滿　文		
第三十三課	毋窺私書		ume cisu bithe be hiracara	
第三十四課	遊歷之樂		sargašame dulere sebjen	
第三十五課	沙漠		gobi	
第三十六課	續		sirarangge	
第三十七課	鑲金		aisin be anahūnjarangge	
第三十八課	戒爭		temšere be targarangge	
第三十九課	魚		nimaha	

順　　次	課　　名		羅　馬　拼　音	備　　註
	漢　文	滿　文		
第四十課	蜘蛛		helmehen	
第四十一課	力學		hūsutuleme tacirengge	
第四十二課	續		sirarangge	
第四十三課	采珠		nicuhe gururengge	
第四十四課	金屬		aisin i duwali	
第四十五課	錢幣		jiha ulin	
第四十六課	續		sirarangge	

順　次	課　　名		羅　馬　拼　音	備　註
	漢　文	滿　文		
第四十七課	續		sirarangge	
第四十八課	吹竹		cuse moo fulgiyerengge	
第四十九課	不欺死友		bucehe gucu be eitererakūngge	
第五十課	雪人		nimanggi i niyalma	
第五十一課	白雪歌		šeyen nimangi i ucun	
第五十二課	基督教		gi du i tacihiyan	
第五十三課	續		sirarangge	

順　次	課　名		羅　馬　拼　音	備　註
	漢　文	滿　文		
第五十四課	義和團		i he tuwan	
第五十五課	續		sirarangge	
第五十六課	無鬼		hutu akū	
第五十七課	農		usisi	
第五十八課	租稅		turgen cifun	
第五十九課	續		sirarangge	
第六十課	合同		acabungggga boji	

資料來源：《北京故宮珍本叢刊》，第 725 冊，海口，海南出版社，
2001 年 1 月。

　　《滿蒙漢合璧教科書》第八冊，計六十課，第十三課「顯微鏡」，滿文讀作 "badarambungga buleku"，意即「放大鏡」。第二十課「藝菊」，滿文讀作 "bojiri ilha be tarirengge"，意即「種菊」。第三十課「樹藝」，滿文讀作 "tarime teburengge"，意即「種植」。第三十二課「毋側聽」，滿文讀作 "ume hūlhame donjire"，意即「毋竊聽」。第五十七課「農」，滿文讀作 "usisi"，意即「農夫」。對照滿文，有助於了解漢文的詞義。

　　除課名外，各課內容，滿漢詞義，亦可相互對照。其中第一課「蘿施松上」，滿文讀作 "hūša siren jakdan moo i ninggude hayahangge"，意即「藤蘿纏繞松上」。第二課「皆祿之」，滿文讀作 "gemu fulun bufi"，意即「皆給與俸祿」；「而濫與焉」，滿文讀作 "bing biyang ni ada ficakū de ton arame"，意即「濫竽充數」，句中「竽」，滿文讀作 "ada ficakū"，意即「排簫」。第四課「一統中夏」，滿文讀作 "dulimba gurun be emu obume uherilehebi"，意即「一統中國」，句中「中夏」，滿文讀作 "dulimba gurun"，意即「中國」。第五課「水母」，滿文讀作 "sengguji"，意即「海蛇」；「錦渦」，滿文讀作 "gin we buren"，意即「錦渦海螺」；「海賊」，滿文讀作 "mederi gūlmahūn"，意即「海兔」。第六課「術士」，滿文讀作 "fangga niyalma"，意即「有法術的人」，又作「方士」。第九課「亦有汗孔散汽於外」，句中「汗孔」，滿文讀作 "nei funiyehe"，意即「汗毛」。第十四課「患者或不救」，句中「患者」，滿文讀作 "mama eršerengge"，意即「患痘」，或「出花」，滿文又作 "mama tucimbi"。第十六課「坐於危枝」，滿文讀作 "den gargan i ninggude teme"，意即「坐於高枝上」；「亦何至遽殞其命」，滿文讀作 "inu ainu gaitai irgen be bucere de isibumbihe"，句中 "irgen"，誤，當作 "ergen"，意即「命」。

　　原書第二十一課「鸚鵡，能言鳥也，產於熱帶」，句中「熱帶」，滿文讀作"fulgiyan jugūn"，意即「赤道」；「常以軟腐之木為薦」，句中「薦」，滿文讀作"sekji"，意即「鋪墊用的乾草」。第二十四課「喪明」，滿文讀作"yasa efebuhe"，意即「眼失明」；「大風」，滿文讀作"ayan edun"，句中"ayan"，與"amba"，同義。第二十六課「勝兵」，滿文讀作"etenggi cooha"，意即「強兵」，或「強盛的兵」。第二十八課「親執桴鼓」，滿文讀作"beye gisun jafame tunggen be tūhai"，意即「親自執鼓擊鼓」；「親織薄為屋」，滿文讀作"beye ulhū hiyadame boo arafi"，意即「親自織補蘆葦築屋」。第二十九課「蜂之針毒螫」，滿文讀作"suilan i uncehen i šolonggo horonggo šešerengge"，意即「大馬蜂尾之尖毒螫」。第三十六課「先跽其前足」，滿文讀作"neneme terei fihe niyakūrafi"，意即「先跪其前腿」。

　　原書第三十八課「諦視」，滿文讀作"narhūšame cincilame"，意即「詳細看」；「甲羊挺足登橋」，句中「挺足」，滿文讀作"fatha saniyafi"，意即「伸蹄」；「既接近」，滿文讀作"hanci adaha manggi"，意即「附近時」。第四十課「即胃之」，滿文讀作"uthai lakiyafi"，意即「即懸掛」。

　　原書第四十三課「一船可二十人」，滿文讀作"emu jahūdai orin niyalma baktaci ombi"，意即「一船可容二十人」；「雙函嚴閉」，滿文讀作"juru notho teng seme yaksifi"，意即「雙殼緊閉」；「內蠔猶未死也」，句中「內蠔」，滿文讀作"dorgi i yali"，意即「內肉」。第四十八課「楚之南」，滿文讀作"hūnan i julergi"，意即「湖南之南」。第五十一課「胡天八月即飛雪」，句中「胡天」，滿文讀作"monggo ba"，意即「蒙古地方」。

　　原書第八冊末頁標明「宣統二年歲次庚戌秋月，奉天蒙文學堂名譽監督、花翎副都統銜、前蒙古協領臣榮德謹譯」字樣。宣統二年（1910）九月二十五日，錫良於〈續譯蒙學教科書繕訂成冊進呈御覽〉一摺奏聞「茲該員復將五、六、七、八冊續行譯出，分訂六本，裝成一函，稟請恭呈御覽，伏候欽定前來。臣覆查譯本，詞句明顯，義意洽當，洵足為開通蒙智之資。」原摺內所稱「該員」，就是譯者榮德。對照《滿蒙漢合璧教科書》與錫良奏摺，可以說明榮德所譯欽定教科書，共計八冊。屈六生先生指出，《滿蒙漢合璧教科書》共十冊，前六冊，每冊分六十課，後四冊因課文較長，每冊分三十冊。林士鉉先生撰〈《滿蒙漢合璧教科書》與清末蒙古教育改革初探〉一文指出，檢閱收入於故宮珍本叢刊的《滿蒙漢合璧教科書》第七、八冊各有六十課，可知所謂「後四冊」應是第七、八冊分別各作「二本」裝訂，所以原書應有「八冊十本」。

　　屈六生先生撰〈論清末滿語的發展─兼論《滿蒙漢三合教科書》〉一文指出，雖然滿語文在清代總的趨勢是逐漸衰弱，但並不排除在某個時期某個地區其局部向更高層次發展，在黑龍江、吉林和內蒙呼倫貝爾地區，滿語文的應用較之京師和關內駐防點至少延長了六、七十年。

　　清末推行新政，改革教育，八旗官學、宗學等舊式塾學先後改為新式學堂，大力引進近代科學知識。舊式滿蒙課文不能適應變革的新趨勢。當時京師東北的八旗學堂、滿蒙學堂亟需新式教材。於是東三省總督錫良、奉天巡撫程德全委託旗人學者榮德，及其弟子們，將學部審定，由上海商務印書館刊行的漢文初級教科書，譯成滿蒙文字，定書名為《滿蒙漢三文合璧教科書》，簡稱《滿蒙漢合璧教科書》，共八冊。內容豐富，涉及社會生活的各個方面。屈六生先生按意義分類，包括：文教衛生、政治經濟法律軍事、公交財貿通訊、科技自然地理等方面。原文將各類舉例進行分類後指出，滿語新詞語的構成，基本上是採用複合構詞法，按照滿語構詞規則將兩個以上固有詞彙組合成一個新詞語，從滿語固有詞彙中挖掘新義，而極少採用錫伯語常用的創造新詞和大量借詞的方法。原書主譯榮德為滿語文在清末的發展作出了可貴的貢獻。屈六生先生同時指出，《滿蒙漢合璧教科書》在清末條件艱苦、時間倉促，來不及廣泛徵求意見，又未能得到長期應用和修改補充，而出現一些小問題。

　　誠然，《滿蒙漢合璧教科書》八冊，四八〇課中的滿文繙譯，頗多有待商榷，譬如：原書第一冊第五十九課「五斗為斛」，句中「斛」，規範滿文讀作 "sunto"，原書讀作 "suntu"，疑誤。原書第一冊，未附滿文十二字頭字母表，亦未附滿文字母筆順說明，美中不足。第二冊「其父年老」，規範滿文讀作 "terei ama se sakdaka de"，句中 "terei"，原書譯作 "tere"，疑誤。原書第三冊「餃」，亦即「餃子」，規範滿文讀作 "giyose"，原書譯作 "giyogiyan"，異。原書第四冊「常於牀前為講故事」，句中「故事」，規範滿文讀作 "julen"，又作 "juben"，原書譯作 "fe baita"，意即「舊事」，滿漢文義不合。「祭於社」的「社」，規範滿文讀作 "boihoju"，原書譯作 "boigon i enduri"，異。皇城，又稱「京城」，乾隆十四年（1749）十二月新定滿文名稱，讀作 "gemun hecen"，原書第五冊譯作 "dorgi hoton"，意即「內城」，滿漢文義不合。「朔望必奉以香火」，句中「朔」，是「朔日」，規範滿文讀作 "šongge inenggi"，原書譯作 "šungge"，疑誤。原書第七冊「製成四罐」，句中「罐」，規範滿文讀作 "dongmo"，意即「茶罐」，原書讀作 "tongmo"，誤。第八冊「亦何至遽殞其命」，句中「命」，規範滿文讀作 "ergen"，原書譯作 "irgen"，意即「民人」，誤。此外，尚待商榷的問題，不勝枚舉。

瑕不掩瑜，漢文教科書，通過滿文的繙譯，有助於了解教科書中的文義。譬如：原書第三冊「衣服麗都」，句中「麗都」，又作「都麗」，滿文譯作 "yangsangga fujurungga"，意即「美好有文采」；「力不能致書」，滿文譯作 "hūsun de bithe be udame muterakū"，意即「力不能買書」。第四冊「螘與蟬」，滿文譯作 "yerhuwe emgi bingsiku"，意即「螞蟻與蟓」。句中「蟓」，習稱「秋涼兒」，是秋蟬的一種；「廚房廁所宜隔遠」，句中「廁所」，滿文譯作 "tula genere ba"，規範滿文讀作 "tule genere ba"，意即「去外面的地方」；「每得布，必歸柯氏」，滿文譯作 "boso be jodome banjinaha dari, urunakū ke halangga de uncafi"，意即「每織成布，必賣給柯氏」。原書第五冊「假書」，滿文譯作 "bithe juwen gairengge"，意即「借書」；「居民不知樹木」，滿文譯作 "tehe irgen moo be tebure be sarkū"，意即「居民不知種樹」；「眾皆夷踞相對」，句中「夷踞」，滿文譯作 "dodome"，意即「蹲著」；「然後授室」，滿文譯作 "teni urun gaimbi"，意即「纔娶媳婦」。原書第六冊「一蟹八跪皆蛻」，滿文譯作 "emu katuri i jakūn bethe gemu turibuhe"，意即「一隻螃蟹的八隻腿都脫落了」。原書第七冊「以鼠矢投蜜中」，滿文譯作 "singgeri hamu i hibsu i dolo dosimbufi"，句中「鼠矢」，滿文譯作"singgeri hamu"，意即「鼠屎」。漢文內容，屬於文言，譯出滿文，淺顯易解。《最新國文教科書》因有滿文、蒙文的譯本，而多了兩種語文保存漢文本的思想，榮德等人為滿文在清末的發展，確實作出了可貴的貢獻。

海疆鎖鑰

—《故宮檔案與清代臺灣史研究》導讀

　　清宮文物，主要是我國歷代宮廷的舊藏，北平故宮博物院即由清宮遞嬗而來。北平故宮博物院原藏清宮檔案，從民國三十八年（1949）以後，分存海峽兩岸。臺北國立故宮博物院現藏清宮檔案，按照清宮當年存放的地點，大致分為《宮中檔》、《軍機處檔》、《內閣部院檔》、《國史館暨清史館檔》及各項雜檔等五大類。

　　檔案是一種直接史料，發掘檔案，掌握直接史料，就是重建信史的正確途逕。近數十年來，由於清宮檔案的不斷發現及積極整理，充分帶動了清史的研究。

　　臺灣與閩粵內地一衣帶水，明朝末年，內地漢人大量渡海來臺。鄭芝龍等人入臺後，獎勵拓墾，泉、漳等府民人相繼東渡，篳路藍縷，墾殖荒陬，經過先民的慘澹經營，於是提供內地漢人一個適宜安居和落地生根的海外樂土。清聖祖康熙二十三年（1684），清廷將臺灣納入版圖後，繼續保存臺灣的郡縣行政制度，設府治於臺南府城，領臺灣、鳳山、諸羅三縣，並劃歸廈門為一區，設臺廈道，臺灣府隸屬於福建省，開科取士，實施和福建內地一致的行政制度，就是將臺灣作為清朝內地看待，清廷的治臺政策確實有其積極性，對臺灣日後的歷史發展，影響深遠。清代臺灣史是清史的一部分，清宮檔案的整理不僅帶動了清史研究，同時也帶動了臺灣史的研究。

人口的流動，主要是人口因壓力差而產生流動規律。已開發人口密集地區，形成了人口高壓地區，開發中地曠人稀地區，則為人口低壓地區，於是人口大量從高壓地區快速流向低壓地區。臺灣地土膏腴，四時多暄，物產豐富。明朝末葉，內地漢人因避戰亂，而紛紛渡海入臺。荷蘭人佔據臺灣後，由於勞力的需要，而獎勵漢人的移殖，以增加蔗糖的生產。鄭成功實施寓兵於農的政策，更奠定了漢族在臺灣經營的基礎。康熙年間（1662-1722），閩粵地區的流動人口，相繼冒險渡海來臺，發展農業，內地兵糧與民食，多取給於臺灣所產的米穀，臺灣遂成為內地的穀倉。

在內地漢人大量移殖臺灣之前，島上雖有原住民分社散處，但因土曠人稀，可以容納閩粵沿海的流動人口。閩粵民人移殖臺灣，對臺灣的開發與經營，具有重大的意義。閩粵內地渡臺民人，起初多春時往耕，秋成回籍，隻身去來，習以為常。其後由於海禁漸嚴，一歸不能復往，其在臺立有產業者，不願棄其田園，遂就地住居，漸成聚落。閩粵移民渡海入臺之初，缺乏以血緣紐帶作為聚落組成的條件，通常是同一條船，或相同一批渡海來臺的同鄉聚居一處，或採取祖籍居地的關係，依附於來自祖籍同姓或異姓村落，而形成了以地緣關係為紐帶的地緣村落。同鄉的移民遷到同鄉所居住的地方，與同鄉的移民共同組成地緣村落。基於祖籍的不同地緣，益以習俗、語言等文化價值取向的差異，大致形成泉州庄、漳州庄及廣東客家庄，以地緣為分界，於是形成了早期的移墾社會。

　　早期臺灣移墾社會裡的地方社會共同體，是以地緣、血緣和共同利益關係等等因素相互作用下維繫起來的，這種地方社會共同體是屬於一種鄉族組織的共同體，它可以反映清代臺灣移墾社會的組織特徵。其同姓不同宗者，則以泛家族主義的概念合同組成一種宗族式的鄉族組織。至於不同宗又不同姓的異姓結拜組織，也是以泛家族主義的概念結盟拜會，形成一種虛擬宗族的地方社會共同體，可以稱為秘密會黨。在早期臺灣移墾社會裡，秘密會黨的活動，頗為頻繁，結盟拜會，分類械鬥，蔚為風氣，可以反映臺灣移墾社會的特徵。

　　人口的變遷，移墾社會的發展與行政區的調整，關係極為密切。早期渡海來臺的閩粵漢人，主要是從福建沿海對渡臺灣西部海岸，其拓墾方向，主要分佈於臺灣前山平地。清朝將臺灣納入版圖後，設立臺灣府，府治在臺南府城，領臺灣、鳳山、諸羅三縣。雍正元年（1723），將諸羅縣北分設一縣為彰化縣，建縣治於半線，淡水增設捕盜同知一員。新設立的彰化縣，荒地甚廣，可以開墾，徵收賦稅。鳳山縣所轄瑯嶠，地勢險峻，移巡檢於崑麓，開墾生界原住民鹿場。雍正九年（1731），割大甲以北至三貂嶺下遠望坑刑名錢穀諸務，歸淡水同知管轄。乾隆末年，南路鳳山縣城移建埤頭街，將東港下淡水巡檢移駐鳳山舊城。北路斗六門添設縣丞一員，原設巡檢一員移駐大武壠。

　　嘉慶十五年（1810），以遠望坑迤北而東至蘇澳止，計地一百三十里，增設噶瑪蘭通判，並經閩浙總督方維甸奏准開墾。同治十三年（1874），沈葆楨為防列強窺伺而奏請於南路鳳山縣瑯嶠猴洞築城設官，增設恆春縣。隨著移墾重心的向北轉移，以及八里坌、滬尾的開港通商，臺灣北路的行政區劃，亦多調整。光緒元年（1875），沈葆楨設立臺北府。自彰化大甲溪起至頭重溪止，改設新竹縣，裁去淡水同知；自頭重溪起至中壢，北劃遠望坑為界，改設淡水縣；噶瑪蘭廳改設宜蘭縣，原設通判，移駐雞籠。臺北府治設於大加蚋保的艋舺庄。光緒十一年（1885），中法戰役後，為鞏固臺灣防務，臺灣正式建省。

　　設立行政中心，是臺灣經營過程中的重要措施。臺灣孤懸外海，缺乏藩籬之蔽，為加強防衛，亟需修築城垣。清初領有臺灣以後，府廳各縣，僅以莿竹木柵環插為城，難以防守。乾隆五十三年（1788），清軍平定林爽文之役以後，福康安等奏請將臺南府城改築土城。雍正元年（1723），諸羅縣城修築土城。林爽文之役以後，諸羅縣改名嘉義縣，縣城按照舊規，加高培厚。嘉慶、道光年間（1796-1850），彰化縣城，改建磚城。鳳山縣城，移回興隆里舊城，改建石城。臺灣建省後，以臺北府城為省會，一方面說明臺灣發展史由南向北的過程，一方面說明臺北地利條件的優越。

　　臺灣與閩粵內地，一衣帶水，先民絡繹渡臺，篳路藍縷，墾殖荒陬，由於臺灣的自然環境，較為特殊，它孤懸外海，宛如海上孤舟，較易產生同舟共濟的共識。臺灣建省後，正經界，籌軍防，興文教，社會漸趨整合，族群加速融合，地域觀念日益淡化，臺灣終於成為閩粵等內地民人落地生根的海外樂土。劉銘傳等人慘澹經營臺灣的貢獻，確實值得肯定。

　　歷史學並非單純史料的堆砌，也不僅是史事的整理。史學研究者和檔案工作者，都應當儘可能重視理論研究，但不能以論代史，無視原始檔案資料的存在，不尊重客觀的歷史事實。

　　庭院深深，清宮檔案可以走出庫房，近年以來，因整理清宮臺灣檔案，出席學術研討會，所發表的論文，多涉及清代臺灣史研究，雖然只是臺灣史的片羽鱗爪，缺乏系統，不能成一家之言。然而每篇都充分利用第一手史料，不作空論，嘗試整理出版，題為《海疆鎖鑰—故宮檔案與清代臺灣史研究》，錯謬疏漏，在所難免，敬祈讀者不吝教正。

莊 吉 發 謹 識

二〇一九年四月

《宮中檔》，康熙五十八年四月二十九日，閩浙總督覺羅滿保滿文奏摺

福建巡撫臣鐘音謹

奏為

奏明事竊照臺灣地方孤懸海外凡刊名案積

貯散御以及兵制番情往在均關緊要向蒙

欽點御史前往巡察如有應行條奏事件令熟察官

之例具本條奏俾海表臣民知所長懼責

重也乾隆十七年欽奉

上諭巡察臺灣御史著三年一次簡放事竣即四

必簡遴御史著為例欽此巡察御史遠在臺洋御

史初至閱歷一切海洋情形及民番風土利弊

俱未深悉即過臺之後辦稽核各文武

并武弁較同官武職務科道相沿精詳或以地

情悚察委到者恐不免互相隱飾之處且

地方衙門具報現行督查久矣果不致臣久

落書可考與處體查重地實

所關應行調劑以裨地方者且與總督陽洋諮

剖正緝巡察御史親歷其地委係戰其以補察

撫揚臺之未遠令蒙

敕差官保李友安奉旨另將郡與圖形數一一應

辦應委事宜條分縷晰俟抵省城之日逐一參

如使之先悉梗概以便到後接其虛實諳力清

發應臺民土政綏實有裨益仰副

聖明周恤臺民綏靖海表之至意除俟督鏟庫之風

察關防隨期文送周用外理合恭摺具

奏伏祈

皇上唐鑒謹

乾隆二十一年二月　十七　日

《宮中檔》，乾隆二十一年二月十七日，鐘音奏摺

福建巡撫臣官綱跪

奏為欽奉

上諭事竊照兩年

上諭欽遵

上諭為戴仲冬該督拮据各屬於戶口增減倉貯發

用一，洋主具摺奉拮据此次欽

上諭飭得工之於朝朕心特披覽及

臺摺奏在於民教上督催督拮

而直省編查保甲之真心典存即於此今容易辦

體兩力之不毋憂此次等各主案既屆仲央

奏報之期綱接方政敏速之益注達萬分弱善特扎

陸之四十年打理商戶敷奏，

府二的屬并鹽場竈戶實在逃匿民戶另

婦大共一丁七十一萬八千八百又主著此方焼

大小男一十百五十七口各屬清冊居民實

左主著保查丁大小男婦共一十七萬二千四百三十

九口又十府二的屬報戶口清冊各數二

動用約實在存各器數三百三十一萬九千二百六十五千不守牛

零信時在另詳細具奏冊報部查核紀冊謹賁同

大學士管行園辦徵營目三寶恭詞恭摺具

請

音確核實委閩司四柱清冊核好各項倉穀實

奏分析等

奏繕造叩聆伏查閩省福朱等九

奏

御覽伏祈

皇上唐鑒謹

乾隆四十四年十二月十六日奉

硃批冊另發覽欽此

十二月十八日

《軍機處檔・月摺包》，乾隆四十四年十二月十六日，富綱奏摺錄副

兼署閩浙總督楊建遜撫臣徐繼畬會院

奏為查明鳳山縣治移駐埤頭毋庸改建石城與隆舊城亦

無閡呂行分防恭摺覆

奏仰祈

聖鑒事竊查臺鳳山縣城原建於興隆里地方乾隆五
十一年奏請移駐埤頭棚竹為城嗣因埤頭距海較
遠又於嘉慶十一年奏請移四興隆舊治按復奏明
查照舊城基址移向東北建築石城迨道光二十七
年前督臣劉韻珂渡臺閱伍到該縣紳者士庶簽名
呈叩以與隆里舊城地勢卑隘壅患以埤
頭作為縣治當查埤頭居民八十餘戶興隆居民不過

五百餘家因興隆僻處海隅規模狹隘埤頭地當中
道氣局寬宏而鳳山文武員弁又向在埤頭駐劄體
察與情把揆形勢均當以埤頭為鳳山縣治退會同
奏議仍援前

欽差大學士公福康安奏請移駐之業即將鳳山縣城移駐埤
頭俾免遷移而資控扼經軍機大臣會同兵部照例核
覆並令將埤地方應否改建石城與隆舊城應否另
行分防詳請奏議次第奏辦等因於道光二十七年
十一月十二日具奏奉

旨依議欽此欽遵行到閩當經劉韻珂撥行台灣鎮道委議
籌辦去後茲據台灣道徐宗幹督同台
灣府裕鐸查明埤頭棚竹為城屺時已久根本既堅
茂桉黃朝芳阡其城身之軍固定不下於石城若復
改建則石城垣則所需工貴計甚不貲苦將與隆原有

石城移建埤頭別多年料物一經折卸即又未必全行合
用似不若於竹城之內再行加築土垣籍資捍衛其所
需土垣經費即由該官紳等自行捐辦無庸動項至與
隆地方原有巡檢一員北總一弁駐劄分防亦無須另
行籌設事情移改當由福建布政使慶端薷署按察使督
糧道尚同慶核覆由具會詳請

奏前來目查與隆地方係鳳山舊治北縣城雖已移駐
埤頭而該處切近海濱防衛之本不便輕議裁撤況與
隆與埤頭相距止十三里原建石城既可為本地之保障
且足為埤頭之外斷現在埤頭地方據該鎮道等查
明舊有竹城極為堅固酌加築土垣即可藉以捍衛
自無須改建石城亦不必將與隆舊城建埤頭仍當
貴令該官神等自行捐辦應即責成該鎮道府督同該縣
隨時補種種植以期日益宏壯至與隆地方烟
戶本屬無多既有巡檢把總在彼駐劄足資彈壓巡防
仍於工竣後由該鎮道府核實驗收具報除洛支兵二部
外所有查明鳳山縣新舊二城毋庸改建分防各緣由理

合恭摺覆

奏伏乞

皇上聖鑒訓示再福建巡撫係臣本任無庸會衘合併陳明謹

奏

咸豐元年二月十一日奉

硃批知道了欽此

《月摺檔》，咸豐元年二月十一日，徐繼畬奏摺抄件

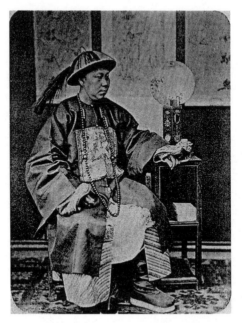

沈葆楨留影　同治十三年（1874）

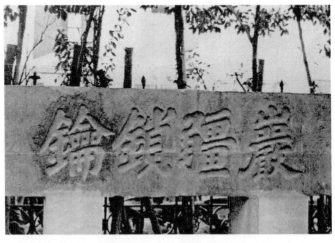

保存於臺北新公園碑林之北門外郭門額「巖疆鎖鑰」

（民國八十一年攝）

正大光明

——評陳捷先教授著《雍正寫真》

辛亥革命推翻清朝政權以後，政治上的禁忌，雖然已經解除，但是，反滿的情緒，仍然十分高昂，清朝政府的功過得失，人言嘖嘖，否定多於肯定。孟森著《清代史》指出，「清一代武功文治，幅員人材，皆有可觀。明初代元，以胡俗爲厭。天下旣定，即表章元世祖之治，惜其子孫不能遵守。後代於前代，評量政治之得失，以爲法戒，乃所以爲史學。革命時之鼓煽種族，以作敵愾之氣，乃軍旅之事，非學問之事也。故史學上之清史，自當占中國累朝史中較盛之一朝，不應故爲貶抑，自失學者態度。」

歷史研究，筆則筆，削則削，清朝歷史是我國歷代以來較強盛的朝代，其成敗得失，足爲後世殷鑒，貶抑清朝歷史，無異於自形縮短中國歷史。陳捷先教授著作等身，所著《雍正寫真》，利用可信史料，論述雍正朝紛繁複雜的歷史問題，剖析了流言的眞假，肯定了雍正皇帝的事功成就，探賾發微，深入淺出，確實是一部可讀性很高的暢銷著作。

摒棄種族成見的新論點

清朝入關後，統治中國歷時二百六十八年（1644-1911），其間，康熙皇帝在位六十一年（1662-1722），雍正皇帝在位十三年（1723-1735），乾隆皇帝在位六十年（1736-1795）。這三朝皇帝在位共一百三十四年，恰好佔了清朝歷史的一半，其文治武功，遠邁漢唐；這三朝的歷史即所謂盛清時期，倘若缺少了雍正朝的歷史，則盛清時期的文治武功，必然大爲遜色。

陳教授在《雍正寫眞》前言中指出，「雍正皇帝勤於政事，勇於改革，是一位難得的帝王，清朝盛世沒有他，就無法建立，中衰時代，可能提早來臨。」誠然，雍正皇帝是促進清朝歷史向前發展的重要人物，也是清朝歷史承先啓後的政治家，他的歷史成就與地位，是應該受到肯定的。

《雍正寫眞》一書也指出，辛亥革命以後，「推翻滿清」的種族革命口號成功，清朝的「醜事惡政」全都被渲染開來，根本偏離了史實，一直被大家目爲「暴君」的雍正皇帝，當然就被更加醜化，更加貶損，而深入人心。今天很多史料公開了，清史也被人重新作評價了，雍正皇帝的生平、事功與歷史地位也都有了新的詮釋。因此，陳教授希望現代的人，能摒除前人的種族成見，審愼的看清朝歷史，審愼的看雍正皇帝。陳教授的論述是客觀的，態度是審愼的。

揭發即位謠言的眞相

雍正皇帝登基以後，對他不利的八卦新聞就蜚短流長，謠言滿天飛。長期以來，對雍正皇帝的負面評價，固然有一部分與他的個性、作風有關，大部分卻是他當時的政敵或失意政客編造出來的，加上種族成見的推波助瀾，歷史小說的虛構杜撰，終於讓人們相信雍正皇帝是一位兇殘的暴君，是個喜怒不定的獨裁者。

直到今天，還有不少人相信雍正皇帝矯詔篡位，謀父逼母，弒兄屠弟，貪財好利，誅戮忠臣，衆口鑠金。陳教授指出，根據不可靠的證據定人於罪，那是不公平的。《雍正寫眞》一書就是利用可信的歷史檔案，剖析雍正皇帝的性格、爲人與政治得失，進行縱向和橫向研究，從而讓讀者認識眞正雍正皇帝的面目，認識眞正的清朝。

康熙皇帝向來反對服用人參，他認爲亂服人參，與病不投，對身體有損無益，南方人一病不支者，俱係動輒服用人參之故。但雍正皇帝即位不久，京師就開始傳說康熙皇帝在暢春園病重時，雍正皇帝曾進一碗人參湯，結果過了不久，康熙皇帝就崩了駕，雍正皇帝就登了位。此外，還傳說康熙皇帝原欲傳十四阿哥允禵，雍正皇帝將「十」字改爲「于」字，而篡了十四阿哥的天下。

《雍正寫眞》一書指出，改「十」字爲「于」字的傳說，是無稽之談。再則，康熙皇帝年近古稀，他自從兩度廢黜皇太子以後，身心交瘁，諸病時發，終於一病不起崩了駕。因此，陳教授認爲康熙皇帝既然一向反對用人參進補，雍正皇帝怎麼可能進人參湯呢？陳教授的分析是符合歷史事實的。康熙皇帝因爲喝了人參湯而駕崩的傳說，確實不足採信。失敗者輸不起，必然會在雍正皇帝繼位的是否合法問題上大作文章，誣謗謠言遂不脛而走，後世相信謠言，也正是同情失敗者的常情。

刻薄寡恩事出有因

富豪家庭，惟恐子弟衆多，多則亂生，帝王之家，何獨不然。康熙皇帝子女衆多，爲歷代所罕見。據《清史稿·后妃傳》的記載，康熙皇帝的后妃嬪貴人有姓氏可查者共三十二人，所生皇子共三十五人，皇女共二十人。皇太子胤礽被廢以後，皇子們個個都有帝王夢，彼此樹黨暗鬥，以角逐皇位。雍正皇帝即位後，他的政敵仍然心有未甘，尤其是皇八子允禩、皇九子允禟等一黨人的勢力最大。

雍正皇帝秋後算帳，那些曾經參與過康熙末年皇位繼承鬥爭的兄弟們，一個也不曾輕易地放過。他最恨允禩、允禟，因而對他們的整肅手段也最殘忍，不單是百般侮辱，而且命令削奪他們的宗室身分，更改不雅名字，也有人懷疑他們是被雍正皇帝指使人毒害致死的。

《雍正寫真》已指出，論人貴平心，尤須審時勢，因為繼承鬥爭是康熙皇帝引發的，所以責難雍正皇帝一人，是不是真正的公平，值得考慮。《清史稿·世宗本紀論》也有一段論述說：

> 聖祖政尚寬仁，世宗以嚴明繼之。論者比於漢之文景，獨孔懷之誼，疑於未篤。然淮南暴亢，有自取之咎，不盡出於文帝之寡恩也。

誠然，兄弟鬩牆，骨肉相殘，允禩等諸兄弟也有自取之咎，並非盡出雍正皇帝一人的刻薄寡恩。

歷史上最勤勞的皇帝

康熙皇帝一心想做儒家的仁君，他的用人施政，一向主張與民休息，治國之道，貴在不擾民，與其多一事，不如少一事。這種少做少錯的政治主張，固然使他在歷史上留下了仁君的美譽，但也因官場的因循苟且，怠玩推諉而衍生出政治廢弛、百弊叢生的現象。

雍正皇帝即位後，認為新政府不能再存有以不生事為貴的念頭，為政應當「觀乎其時，審乎其事，當寬則寬，當嚴則嚴。」為官者一定要負責實心的辦事，雍正皇帝勉勵臣工多多做事，勤勞做事，認真做事，因循玩愒是絕對有害的。《雍正寫真》指出，雍正皇帝上臺以後的施政思想與目標，顯然是適合當時局勢的。澄清吏治，鼓勵官員實心從政，可以清除康熙年間以來的政治弊端。由於雍正皇帝的勵精圖治，終於使雍正朝的政治呈現新興的氣象。

雍正年間，因勢利導，推行多項新政。《雍正寫真》指出，雍正一朝可以正面肯定的事情很多，他宵旰勤政，嚴格認真，是一般帝王所不能匹比的，雍正朝的吏治澄清，行政效率提高，政治上軌道，都與雍正皇帝的勤勞工作有關。

雍正皇帝推行務實政治，任命可信官吏，大力改革，成立會考府、軍機處，使中央行政事權歸於統一。他大刀闊斧的推行賦役改革，攤丁入地，取消了貧民的人頭稅。火耗歸公，變私收為官徵。窮追虧空，限期補足。農民的賦稅負擔減輕了，國家財政也逐漸好轉，府庫日益充實。雍正皇帝先後豁除了山陝、江南、閩粵等地的賤民階級，允許他們開戶為民，改業從良，改變了賤民千百年來沉淪已久的命運，較之歷代帝王，雍正皇帝的表現，確實值得大書特書。此外，厲行保甲、加強宗族制度、擴大墾田、興修水利、改革旗務等等，都是有利於社會經濟向前發展的重要措施，雍正皇帝的事功成就是值得肯定的。

雍正皇帝勤求治理，正大光明。他在位期間，政績卓著，在中國歷史上的地位，可以媲美唐宋賢君。《雍正寫真》利用可信史料，以五十個子題，論述雍正朝紛繁複雜的歷史問題，剖析了流言的真假，肯定了雍正皇帝的事功成就，還原歷史，探賾發微，深入淺出。陳教授以生動流暢的文筆，勾勒出一個清晰的歷史發展的輪廓，相信《雍正寫真》的問世，必將獲得廣大讀者的推崇。

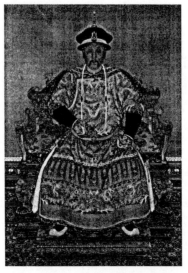

《雍正帝朝服像》軸

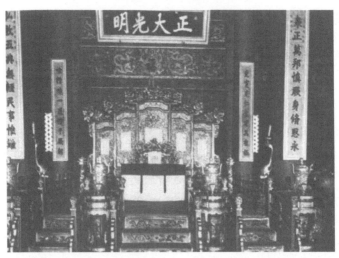

▲乾清宮內部。雍正皇帝即位後，爲免子孫爲爭皇位而自相殘殺，確定了「秘密建儲」制度，即將皇位繼承者姓名預先寫下，封匣藏於順治皇帝御筆所書的「正大光明」匾額後面，迨在位皇帝駕崩後，即於柩前開匣宣讀。

可留心訪問有內外科好醫生其深達修養性命之

人或道士或講道之儒士俗家備遇緣訪得時必委

曲開導令其樂從方好不可迫之以勢擾以安其

家一面奏聞一面著人優待送至京城朕有用處

朕力代朕訪求之不妨預存疑難之懷後為送此人

朕亦不怪也朕自有試用之道况有聞他者之人了

遠將姓名來歷容慶以聞朕再傳諭詳皆採訪查

不可視為其文後事可留神博問廣訪以副朕意

慎密為之

雍正皇帝遍訪術士冀求靈丹之親書密諭

奉

天承運

皇帝詔曰從來帝王之治天下未嘗不以敬

天法

祖為首務敬

天法

祖之實在柔遠能邇休養蒼生共四海之利為利一天下之心為心保邦於未危

致治於未亂夙夜孜孜寤寐不遑為久遠之國計庶乎近之今朕年屆七

旬在位六十一年實賴

天地

宗社之默佑非朕涼德之所至也歷觀史冊自黃帝甲子迄今四千三百五十餘

年共三百一帝如朕在位之久者甚少朕臨御至二十年時不敢逆料至

三十年三十年時不敢逆料至四十年今已六十一年矣尚書洪範所載

一曰壽二曰富三曰康寧四曰攸好德五曰考終命五福以考終命列於

第五者誠以其難得故也今朕年已登耆富有四海子孫百五十餘人天

下安樂朕之福亦云厚矣即或有不虞心亦泰然念自御極以來雖不敢

自謂能移風易俗家給人足上擬三代明聖之主而欲致海宇昇平人民

樂業孜孜汲汲小心敬慎夙夜不遑未嘗少懈數十年來殫心竭力有如

一日此豈僅勞苦二字所能該括耶前代帝王或享年不永史論概以為

酖色所致此皆書生好為譏評雖純全盡美之主亦必抉摘瑕疵朕今為

前代帝王剖白言之蓋由天下事繁不勝勞憊之所致也諸葛亮云鞠躬

盡瘁而後已為人臣者惟諸葛亮能如此耳若帝王仔肩甚重無可旁

諉豈臣下所可比擬乎臣下可仕則仕可止則止年老致政而歸抱子弄孫

猶得優游自適為君者勤劬一生了無休息之日如舜雖稱無為而治然

身殁於蒼梧乃巡狩而崩未嘗非勤勞政事處行周歷

不遑寧處豈可謂之崇尚清靜自持于無為乎易遯卦六爻未嘗言及人主

之事可見人主原無宴息之地可以退藏鞠躬盡瘁誠謂此也自古得天

康熙六十一年十一月十三日，康熙皇帝遺詔（一）

下之正莫如我朝

太祖

太宗初無取天下之心甯兵及京城諸大臣咸云當乘

太宗皇帝曰明與我國素非和好今欲取之甚易但念你中國之主不忍取也後流賊李

自成攻破京城崇禎自縊臣民相率來迎乃剪滅闖寇入承大統稽查典禮安

葬崇禎昔漢高祖係泗上亭長明太祖一皇覺寺僧項羽起兵攻秦而天下卒歸

於漢元末陳友諒等蜂起而天下卒歸於明我朝承席

先烈應

天順人撫有區宇以此見亂臣賊子無非為真主驅除也元泰王即有天命應享壽

考者不能使之不壽應事太平者不能使之不事太平朕自幼讀書於

古今道理粗能通曉又何至平生未嘗妄殺一人平定三藩掃清漠北皆出一心運

籌戶部帑金亦非用師儻未散妄費謝不及一二萬念較之河工歲費三百餘萬尚不及百

分之一昔梁武帝亦創業英雄後至臺城之禍隋文帝亦開剏之主不克令終皆由辦理

不善也朕之子孫百有餘人朕年已七十諸王大臣官員軍民以及蒙古人

等無不愛惜朕年邁之人今雖以壽終朕亦愉悅至

太祖皇帝之子禮親王饒餘王之子孫現今俱各安全朕身後若能念心保

全朕亦欣然安逝雍親王皇四子胤禛人品貴重深肖朕躬必能克承大

統著繼朕登基即皇帝位即遵典制持服二十七日釋服布告中外咸使

聞知

康熙六十一年十一月十三日，康熙皇帝遺詔（二）

署理大將軍印務公臣延信　四川陝西總督臣

年羹堯為密陳下悃仰祈

聖訓以免貽悞事竊惟

國家大事莫重於用兵委任人臣莫重於軍務臣

等智識短淺過蒙

聖主委任令會同辦理軍務雖思之又思慎之又慎

難保盡合撫宜是以共相勉勵寧遲毋急寧慎

重毋輕愚倘有錯悞臣等覆罪之事甚小上關

聖主用人之處甚大臣等請嗣後凡有緊要事情先

睿覽伏求

聖主批示以便繕摺奏

聞雖未免煩瀆

宸聰然往返之間為期不過一月既經

聖慮自有

乾斷不獨臣等覆有遵循而軍務大事可免錯悞矣

理合

奏明臣等不勝悚惕之至

臣要勝辰不秋思妄自地等今覽吾不齊吾子

不見朕吾不秋朕覽之三者務提事往勾虛世悞

科免為省保未閱商的心地方情形均安可以奏陳

棄驛速奏再舊之陸料多士人閱悞未免有不便不

深知波臣正大銷了世八妻

恭諸吾考恩旨服之勉家往吾惡吾字代事一

雍正元年正月初二日具

教奉嗜諭之希吾大臣欠某傳見保之謝再細小

恂侯者告

《硃批奏摺》，雍正元年正月初二日，年羹堯奏摺

陝西總督臣岳鍾琪謹

奏為奏

聞事竊查提臣馮允中鎮臣表維藩張元佐三人年

甲臣已查明具

奏其副將王剛年歲因未逐到亦繇

奏明往案今據副將王剛開稱現年四十六歲四

月十六日子時生癸亥丁巳戊子壬子等因

開送前來理合具

奏伏乞

皇上睿鑒為此謹

奏

王剛八十想壽甚好的為名中看逃甚不相宜逃

似已逃之乎乎守查雖覆未甚不宜望防壽云云

張元佐上好正壯之運諸此楊者未將王廷瑞逃聲

陳琳此三人命運甚好者正好若有行勤此二人可以入個悞

對人不重用坤甲年壽盡對人印將小臺一併州奏

妥愛承擬將掌中需圖人貿不端另特六字逐柰三

青命運之理精撥望爾不乎全不情吻朕忠諸懷

求全一致賦敬之妄想

雍正西間燿緒四明嗣導惜其兒芽以王遠必剛

奉中青方明之人陛用地一般也

上天省必同求生之

《硃批奏摺》，雍正六年四月二十九日，岳鍾琪奏摺